武汉大学校长的办学理念

周叶中　涂上飙　编著

WUHAN UNIVERSITY PRESS
武汉大学出版社

图书在版编目(CIP)数据

武汉大学校长的办学理念/周叶中,涂上飙编著.—武汉：武汉大学出版社,2017.5
ISBN 978-7-307-16192-4

Ⅰ.武…　Ⅱ.①周…　②涂…　Ⅲ.武汉大学—办学经验—研究
Ⅳ.G649.286.31

中国版本图书馆 CIP 数据核字(2017)第 067185 号

责任编辑:胡　荣　　　责任校对:汪欣怡　　　版式设计:马　佳

出版发行:**武汉大学出版社**　(430072　武昌　珞珈山)
(电子邮件:cbs22@whu.edu.cn　网址:www.wdp.com.cn)
印刷:武汉鑫佳捷印务有限公司
开本:720×1000　1/16　印张:16.75　字数:273 千字　插页:1
版次:2017 年 5 月第 1 版　　2017 年 5 月第 1 次印刷
ISBN 978-7-307-16192-4　　定价:45.00 元

目　录

一、大学的源与流

大学理念是在大学的产生和发展过程中不断形成的。要弄清大学理念必须先了解大学发展的历史。大学的历史不光是学校发展过程的记录，更是学校决策制定、规划设计和理念产生的基础。

（一）什么是大学

大学是什么？这是研究大学理念首先必须回答的一个问题。大学作为一种社会存在，日前越来越引起人们的关注。在欧洲，大学与教堂是逾千年而熠熠生辉的。它为什么有如此强大的生命力？这是因为，它从一产生起就对人类产生着重大影响。其影响主要体现在如下两个方面：

一是推动着社会的发展。欧洲中世纪的大学，一旦产生就成为一支推动社会发展的重要力量。在神权尚处于绝度优势的时候，大学为教会培养神职人员；当王权强大起来与神权抗衡的时候，大学又与王权一道战胜神权。到了近代，世界逐步由分散走向整体，大学开始由博雅教育向科学教育转变。这一转变的结果是人类文明的巨大进步，社会物质财富的极大丰富。到了现代，大学伴随着功能的日益完善，其影响已涵盖包括自然界、社会及人本身的各个领域。大学从初期的象牙塔走向社会的中心，受到前所未有的关注。

二是影响着人们的精神世界。人类历史上发生的许多重大精神活动，都与大学有着密切关系。起源于意大利的影响整个欧洲达几个世纪的文艺复兴运动，由马丁路德发起的最后导致宗教走向衰弱的德国宗教改革运动，由伏尔泰、孟德斯鸠、卢梭等人发起的长达两个世纪的法国思想启蒙运动，都是由大学的教授、学生们发起，从大学起步再走向社会。它们的发展，不仅促进了社会的巨大进步，更使人们从神权、王权的精神枷锁中解放了出来，促进了人的自我完善。在中国，1915 年由大学文人发起的新文化运动，1919 年由北大发起的"五四"运动，不仅促进了一个新时代的到来，更使人们从封建的牢笼中解放了出来。

由于大学的发展是一个历史过程，人们对大学的认识也是不断深化的。

1. 大学是学人们的社团

在中世纪，大学被认为是一帮学习者的社团，如"同乡会""教授会"等。雅斯贝尔斯说，"大学是由学者和学生共同组成的追求真理的社团"。[①] 赫钦斯也说，"大学是供学人们进行思想和知识交流，并从中进行文化保留、传播和创造的智慧之家"。[②] 他们来自世界各地，其目的是为了探讨学问、追求真理。为了保证此目的的实现，他们通过与教会和世俗政权的斗争，获得了迁移、免税、自由学术等多项权利。这些人远离喧闹，自由探讨学术，从而造就了人格、开发了智力。此时的大学被称为"象牙塔"。自此，大学里大学自治、学术自由、独立批判的理念就此产生。

2. 大学是探索和传播高深学问的地方

持这一观点者，又分为两类。其区别在于大学是探索和传播"高深"学问还是探索和传播"普遍"学问。

(1)大学是探索和传播高深学问的地方

大学进入近代以后，随着社会的发展，人们认识社会和自然的需要，大学由最初的人才培养功能向科学研究功能迈进，1810 年柏林大学的创办最终完成了这一转变。此时，探索和传播高深学问的地方就被认为是大学。西方一位学者指出："每一个较大规模的现代社会，无论它的政治、经济或宗教制度是什么类型的，都需要建立一个机构来传递深奥的知识，分析、批判现存的知识，并探索新的学问领域。换言之，凡需要人们进行理智分析、鉴别、阐述或关注的地方，那

---

① 韩延明著：《大学理念论纲》，人民出版社 2003 年版，第 26~27 页。

② 韩延明著：《大学理念论纲》，人民出版社 2003 年版，第 27 页。

里就会有大学。”①

受西方观念的影响，蔡元培先生也持这一观点。民国元年，蔡元培主持起草了《大学令》，认为“大学以教授高深学术、养成硕学闳材、应国家需要为宗旨”②。他在就任北京大学校长后，曾经明确指出：“大学者，研究高深学问(higher learning)者也。”③中国大学从产生到现在，研究高深学问一直是其中一项主要职能。

(2)大学是探索和传播普遍学问的地方

有人认为，中世纪的牛津、剑桥、巴黎等大学都是探索和传播普遍学问的地方。教育家纽曼就持这一观点。他说：“大学这个名称本身就反对任何限制……大学应当教授普遍知识……这种普遍性是大学的本质特征，是大学区别于其他学术机构之所在。”④这一观点一直为大学所认同，现在的牛津大学设立10多个学部，涵盖人文、社会、自然等所有领域。哈佛大学的11个学院也是无所不包。中国的大学从产生时起就致力于传播普遍知识，起初设立8科46门，后设立8大学院40多个学系，现在学系设置得更多。

3. 大学是社会前进的动力站

大学是探索和传播高深学问的地方，是从具有的内在性而言。如果从外在性而言，大学就是社会前进的动力站。西方诸多学者持这一观点，英国教育家哈罗德·帕金说，“大学是人类社会的动力站”；加西亚说，“大学是国家最进步力量的先驱”；洪堡说，“大学是社会的道德灵魂”；西奥多说，大学是“人类社会有史以来最能促进社会变革的机构”。⑤

大学是社会前进的动力站，在今天以大学为基础建立的科技园上表现得十分突出。美国硅谷科学工业园就是以斯坦福大学和伯克利加州大学为基础形成的。

---

① [美]约翰·布鲁贝克著：《高等教育哲学》，王承绪等译，浙江教育出版社1998年版，第2页。

② 宋恩荣、章咸主编：《中华民国教育法规选编(1912—1949)》，江苏教育出版社1990年版，第402页。

③ 高平叔编：《蔡元培教育论著选》，人民教育出版社1991年版，第22页。

④ Newman, John Henry Cardinal. The Idea of a University: Defined and Illustrated. Chicago: Loyola University Press, 1987, p. 39.

⑤ 参见刘献君：《高等学校的定位》，载《高等教育研究》2003年第1期。

还有美国波士顿科研中心，离不开哈佛大学和麻省理工学院；美国“科技研究三角园区”，也离不开北卡罗来纳大学、北卡罗来纳州立大学和杜克大学的支撑。在中国也是一样，中关村科技园离不开北京大学、清华大学的支撑；东湖高新区的发展离不开武汉大学、华中科技大学的依托。

4. 大学是一个学术共同体

在中世纪，大学就是一个学生和教师自由探讨学术的地方。到了近代，以德国为首的大学开创了大学的研究功能，大学的学术氛围空前浓厚。在当下，大学的行政化倾向越来越明显，受社会的干扰越来越严重。因此，强调大学是一个学术共同体，是回归大学本质的需要。认为大学是一个学术共同体，其含义有：大学的产生、发展都应该以学术为核心，要排除来自权力和社会各方面的干扰。这个共同体的主体是从事学术活动的教授和学生，其他任何力量的存在都是为教授和学生的活动服务的。学术是大学的目的，大学应该为学术而学术，为科学而科学，对真理的追求不能因为外在环境的变化而改变。因此，这个学术共同体应有自己的核心价值理念，即以校长的办学理念为主体的大学精神。教授和学生都应该以学术作为生存方式。学术共同体应不断完善制度安排，制定大家认同的学术道德与学术规范，并切实得到遵循。

5. 大学是一个具有四个功能的有机体

许多教育理论与实践家都认为，当今的大学是一个有着多种功能的有机体。牛津大学校长鲁卡斯认为，“大学的工作是提供有意义的信息，即发明和传授知识。大学的首要功能是保存那些国家特有的文化，并促进其在与其他文化相碰撞中或是相互理解中的有效结合”。① 在这里，鲁卡斯提到大学的传授知识、创造知识及传承文化三个功能。欧洲大学联合会主席罗曼齐说：“大学享有充分的自由，大学的知识属于人民，大学是崇高的传统思想文化的捍卫者；大学既创造知识，也传播知识；大学对研究自由和教学自由给予保障；精神和文化是人类尊严

---

① 转引自马万华：《迎来大学灿烂的明天》，载《高等教育研究》1998 年第 4 期。

的实质内容，而大学则是维护精神和文化的中心。”①同样，罗曼齐也认为大学具有上述三种功能。

在美国，学者们将大学的功能推进了一步，认为大学还有社会服务的功能，大学是一个有着多种功能的有机体。哈佛大学校长陆登庭就说：“哈佛大学和与之类似的大学具有某种结构，学校的创立、组织和管理方式与社会中其他组织的情况有很多相似之处。他们都是由大量专门和特别的学术单元造成的有机体(organisms)。”②在这个有机体中，它不仅具有教育人的功能、探讨高深学问的功能，而且还有从事社会服务以及传承创新文化的功能。可见，大学是一个进行人才培养、开展科学研究、提供社会服务和引领社会文化的综合性机构或场所。

(二)世界大学的发展历史

世界现代意义的大学发展经历了中世纪、近代和现代三个发展阶段。

1. 中世纪的大学

人类文明经历了农业、工业和现代文明。与之相随，大学也呈现出了不同的时代特征。在人类文明的四大发明源地，人们都发现了高等教育的一些踪迹。欧洲古希腊、古罗马时代也有开展高等教育的文献记载。教育史家认为真正现代意义上的大学教育是在欧洲12世纪以后。11世纪，随着欧洲的手工业、商业、城市以及国际贸易的发展，在城市中出现了一些学习和研究的学生和教师组织，成为最初的大学雏形。当时比较有名的大学有：1158年建立的意大利博洛尼亚大学(有的上溯到1088年，被称为“欧洲大学之母”)、1168年建立的英国牛津大学、1180年建立的法国巴黎大学、1209年建立的英国剑桥大学和1231年建立的意大利萨莱诺大学、1348年建立的德国查理大学和捷克的布拉格大学、1365年奥地利的维也纳大学等。

中世纪的欧洲大学具有行会组织的特征。它们拥有许多特权，如内部自治、

---

① 转引自韩延明著:《大学理念论纲》，人民出版社2003年版，第27页。

② 教育部中外大学校长论坛领导小组编:《中外大学校长论坛文集》，高等教育出版社2002年版，第11页。

免除赋税和服兵役、迁移校址等。一般设有文学、法学、医学和神学等学科，使用拉丁语教学，教学方法为讲演、背诵和辩论。管理体制分为三种类型：第一类是由学生主管学校的校务，称为"学生大学"。教师评聘、学费数额、课时多少及学期长短等均由学生决定，意大利、西班牙、葡萄牙等地的大学多是此种类型。第二类是"教师大学"，学校一切事务主要由教师管理。巴黎大学，以及欧洲北部的英格兰、苏格兰、德国、瑞典、丹麦等地的大学，多为此类。第三类是前两类的结合体，为"混合型大学"，它由学生和教师共同管理学校。

12 世纪兴起的欧洲大学，到 13、14 世纪已十分普遍。此时的大学具有职业性、世界性、特权性和宗教性的特点。它们的发展解决了当时生产和生活中的一些实际问题，为 14 世纪兴起的文艺复兴运动做了准备，也为近代欧美大学的建立及高等教育体系的建立奠定了基础。

2. 近代的大学

哥伦布、麦哲伦开辟新航路后，促进了欧洲工商业的迅猛发展。工商业的发展，促进了系列思想运动的开展。于是出现了以人本、人道和人文主义为主题的文艺复兴运动，以马丁·路德为先锋的反对基督教的宗教改革运动，以及席卷整个欧洲以法国伏尔泰、孟德斯鸠和卢梭为典型代表的启蒙运动。经济的发展，思想运动的推动，英、美、法等国，经过资产阶级革命和民族独立运动，先行建立了君主立宪或共和的资本主义制度。

经济、政治发展，促使近代的大学走上近代化的道路。此时的大学出现了两支：一支是传统的大学在发展中进入到一个保守时代。其特征是大学的国际性逐渐丧失，地域化、区域化日益明显，逐步依靠世俗政权。这类大学的学生排斥贫穷，认可贵族的世俗观。知识被认为是一种财富、一种占有。专业教育、职业教育被排斥在大学课程以外，把为统治阶级培养社会精英人才作为唯一功能。独占高等教育的学位授予权，对一些新型的高等教育机构不承认其有学位授予权。

另一支是一批应用实用主义的大学不断产生。前一支的大学开展的是精英式的博雅教育，巴黎大学、哈佛学院、牛津大学、剑桥大学等都是。它们的任务是为统治阶级培养专门人才以及负责保存和传递文化。18 世纪以后，以机器生产代替手工劳动的工业革命传遍欧美各国，人类社会的蒸汽和电气时代相继到来。

随着资本主义经济和自然科学的发展，大学中的实用主义教育得以兴起。一批以注重自然科学和技术教育的大学兴起，如英国的达勒姆大学、曼彻斯特欧文大学、埃克赛特大学、伯明翰大学、利物浦大学、威尔士大学，法国的路桥学校、皇家军事学校、矿业学校、巴黎高等师范学校、巴黎理工大学，德国的柏林工业大学、卡尔斯鲁尼大学、汉诺威工科大学、慕尼黑工科大学、亚琛高等工业学校等。美国是大学中推进实用主义教育最迅速的国家，到南北战争前夕，大学发展到 182 所，教学内容主要是自然科学和实用知识。

3. 现代的大学

19 世纪以后，西方的大学逐步向现代转变。此时的大学呈现出三个方面的特征：实现了大学功能的第三个转变，大学由精英教育向大众教育转变，大学教育逐步走向国际化。

(1)实现了大学功能的第三个转变。工业革命以前的大学，由于以精英式的博雅教育为主，其主要功能都是培养人才。工业革命以后，因解决工业革命中科学与技术问题的需要，大学中发展知识的功能得以兴起。这一功劳得归功于普鲁士教育部长威廉·冯·洪堡的办学主张。他主张大学应提倡“大学自治”、“学术自由”和“教学与科研结合”。根据洪堡的主张，1810 年柏林大学建立。学校提出了“教学自由”和“学习自由”的口号。教授在“学校的管理、教学和科研上都有较大的权力；学生没有固定的学习年限，没有严格的考试制度，选学课程不受限制，有很大的自由度。学生的学习和教师教学研究活动被看作是一种可以自由安排的活动”。

如果说大学的第一个职能——人才培养起源于中世纪大学的初创之时，第二个职能——发展知识(科学研究)产生于 19 世纪初叶柏林大学冯·洪堡的大学改革，那么第三个职能——社会服务则诞生于 19 世纪末 20 世纪初美国赠地学院创办的时代。

在中世纪，大学与社会基本上是一种相互隔离的状态，大学虽偶尔也与社会发生联系，但顶多只是大学服务职能的萌芽。到了 16 世纪末，随着新大陆的被发现、新航线的开辟。资本主义的发展对具有新知识和新技术的人才非常渴求。1596 年，以培养商业和科技人才为目的的格雷沙姆学院建立，它除了开设传统的七艺课程，还开设了适应社会需要的物理、地理、航海等课程。还通过举办咨询和讲座直接服务于社会，开创了高校服务于社会的先河。到了18世纪以后，这种带有社会服务性质的活动，在大学里仍时有发生。1799年苏格兰的格拉斯哥大学就开办了有讲习班，向工人讲授实验哲学、讲授其他科学知识。这种讲习班在商人的支持下于1823年发展成为讲习所，在此基础上后来还发展成为技术学院。

16世纪末至19世纪中期，欧洲虽出现了大学服务于社会的现象，但总体来看属于一种个别现象，未得到当时大学的普遍接受和认可。

19世纪末，由于美国赠地学院的创办，而将大学的社会服务职能提上议事日程。1862年，美国总统林肯签署了著名的《莫里尔法案》。该法案规定，联邦政府按1860年分配的名额，每州凡有国会议员一人可获得三万英亩的公共土地或相等的土地期票赠与各州，作为建立一所从事农业和机械工程教育的学院的经费资助，并要求所建立的农业和机械工程学院的主要课程应依照各州议会所分别规定的方式，授予农业和机械专业有关的知识。所有这些学院在美国历史上统称为“赠地学院”。到1922年，美国共新建和改建了69所赠地学院，这其中具有典型意义的是康乃尔大学。

《莫里尔法案》的颁布和赠地学院的建立给美国高等教育带来了一场革命，并使美国高等教育逐步发展成世界高等教育的范例。它打破了美国高校封闭的体制，大学向工农子女、中产阶级子女打开大门，在大学与社会之间建立了更为密切的联系，为社会服务成为高校第三个职能；它在学术性科目之外确立了应用科学研究及农业、工艺学科在大学中的地位；它开创了联邦政府资助高等学校的先例，同时使州政府对高校的财政拨款制度化，推动了州立大学的发展。至此，大学跳出了“象牙之塔”，开始了与社会各个领域的全面合作，大学逐步成为了社会生活的“中心”。

(2)大学由精英教育向大众教育转变。进入现代，西方大学向世俗化、平民化转移。其主要体现在大学规模的扩张，大学课程向科学和实用转变以及学分制的推行。1779年，弗吉尼亚州州长杰弗逊提出了选修制的建议，允许学生自由上他们喜欢上的课。1870年哈佛大学开始打破按固定班级开课的做法，不断增加选修课。到20世纪初，选修制占据美国大学的主导地位，大多数美国较大的大学效法哈佛大学实施选修制。在发展规模上，大学不断扩张，到19世纪中期，欧洲的大学达到98所，“二战”以后达到200所，学生数量达到60万人。而美国大学的发展最为迅速，到1940年，各类学校达到1700所，每年入学人数达到150万，占适龄青年的16%。20世纪70年代，美国成为世界上第一个建立高等教育大众化体系的国家。

在高等教育大众化的过程中，新兴的大学承担着高等教育大众化的主要任务，如英国的开放大学、德国的职业大学、美国的社区学院等。传统定义上的大学，仍承担着“精英教育”的任务。

(3)大学教育逐步走向国际化。此时，教育的国际化趋势日益明显。国际化最初表现的是学习德国的科研模式，“二战”以后，大学在教学、学科、交流以及联盟等方方面面，都日益呈现出国际化。如在大学中开设国际方面的课程，加深对异国历史和文化的了解；学生和教师在国家间的互访、合作教学和合作研究日益频繁；大学间的国际联盟组织不断在发展，其中最具影响的是欧洲一体化进程中的博洛尼亚进程和环太平洋地区大学联盟。

博洛尼亚进程(Bologna Process)，是29个欧洲国家于1999年在意大利博洛尼亚提出的欧洲高等教育改革计划，该计划的目标是整合欧盟的高教资源，打通教育体制。“博洛尼亚进程”的发起者和参与国家希望，到2010年，欧洲“博洛尼亚进程”签约国中的任何一个国家的大学毕业生的毕业证书和成绩，都将获得其他签约国家的承认，大学毕业生可以毫无障碍地在其他欧洲国家申请学习硕士阶段的课程或者寻找就业机会，实现欧洲高教和科技一体化，建成欧洲高等教育区，为欧洲一体化进程做出贡献。

环太平洋大学联盟(APRU，Association of Pacific Rim Universities)成立于1997年，由42所地处太平洋周边国家和地区的高水平研究型大学组成。目前，其组织委员会和秘书处均设于新加坡国立大学，主要活动包括治理论坛、战略提议、网络合作和国际项目等。建立APRU的目的是为太平洋地区的综合研究型大学的校长们建立一个相互交流思路以协同发展的平台，大力推动环太平洋地区经济体在科学、教育和文化方面的合作。APRU对于其成员大学的要求包括：学术优异、重视研究、全球视野和创新动力。联盟成员必须为本国居于领先地位的大学，教育质量优异，以发展研究为学校宗旨，具有强烈的国际化和创新的取向。

目前，APRU 的成员大学包括斯坦福大学、加州大学、东京大学、新加坡国立大学、墨尔本大学等。APRU 的中国成员大学包括：北京大学、清华大学、复旦大学、南京大学、中国科技大学和浙江大学。北京大学于 1997 年加入该组织，并积极参与各项活动。

（三）中国大学的发展历史

中国现代意义上的大学起源于晚清，是在民族文化一度断裂的基础上逐步发展起来的，到现在也只有百余年的历史。但有的教育史家认为，中国的古代就有高等教育。

1. 古代的大学

“大学”一词在中国很早就出现了，儒家经典《大学》中说：“大学之道，在明明德，在亲民，在止于至善。”秦代的《学记》一书中也有“大学之教”、“大学之法”的词汇，宋代朱熹曾注解说：“大学者，大人之学也。”

“大学”在奴隶社会就有了，商朝、周朝的学校名称为“庠”、“序”、“辟雍”等，有“大学”、“小学”之分，称之为官学。秦朝统一中国后，继续设立官学，以吏为师。西汉建国后，接受儒学大师董仲舒的建议，“兴太学，以养天下士”。公元前 124 年，在长安创办太学。太学的教师称五经博士，博士首长称祭酒。太学学生西汉称“博士弟子”或“弟子”，东汉称“诸生”或“太学生”。学生可由教育行政长官补送，也可由郡国举送。汉武帝时，只有学生 50 人，汉成帝时达到 3000 人，东汉顺帝时达到 30000 人。教学以经学作为教材。教学有集会讲经、自行研习、教师点拨、讨论辩难、疑义相析等形式。考试的办法主要有四种：射策（抽签考试）、开卷、对策（提问作答）、口试。自从汉代建立太学以来，为历朝各代所效仿。两晋以后，除了设立太学外，还设立了国子学。五品以上官员子弟入国子学，六品以下入太学。国子祭酒兼管太学，但教师分国子博士和太学博士。到了宋代，官学中除了国子学、太学之外，还出现了国子监（宋仁宗时期）。元代的中央官学分为三块：普通国子学、蒙古国子学和回回国子学（监）。清朝时的官学通称太学，也叫国子监。中央官学以传授人文知识为主，主要是培养历朝各代所需要的治国人才。

作为培养高级人才的补充途径，当时还有三种：私学、科举和书院。

孔丘是中国私学的早期代表人物，以他为代表传承下来的儒家，以《六经》为教材，以“六艺”为课程，自筹经费，以专门的教师，不分种族、地域和阶级，“有教无类”地培养人才。以后历朝各代都纷纷效仿，在国家统一的时候，私学的发展会受到限制，当国家处于分裂的的时候，私学却相对盛行。

科举制始于隋朝，唐朝成为定制，宋代日益完善。宋代的科举由皇帝直接控制，殿试成为定制。元代科举仍分为乡试、会试、殿试(廷试)三级，仍设特科和常科两大类。明代的科举走向僵化，考试一律使用八股文，即文章的谋篇布局必须遵循破题、承题、起讲、入手、起股、中股、后股、束股八个程序。考试的内容将元代规定依“四书”命题，改为以“朱注”的内容为标准答案。清代的科考程序更为复杂，内容特别空疏，方法也很死板，还将武举设为定制。伴随着中国教育逐步走向近代化，1905 年科举被废除。存在了 1300 年的科举制终于寿终正寝。

书院之设始于唐代，起初是皇家藏书和校勘经籍之所，有时也作为皇帝讲书和以文会友的地方。书院是介于私学和官学之间的特殊的教学组织形式，大多建在名山大川之中，书院师生朝夕相处，相聚讲学，研讨学术。宋代因实行“重文”的国策，书院大兴，最多时达到 397 所，白鹿洞(江西庐山五老峰)、嵩阳(河南登封县太室山)、岳麓(长沙岳麓山抱黄洞)、应天府(河南商丘)、茅山(江苏三茅山)和石鼓(湖南衡阳北石鼓山)成为当时著名的六大书院。明代中后期，书院林立，以东林书院影响最大。顾炎武等东林党人，以此为基地，培养人才，也进行舆论宣传。清朝加强了对书院的控制，由官方出资在省城办了一批书院，如武昌的江汉书院、杭州的敷文书院，加速了书院的官学化进程。随着中国教育的近代化，1901 年 9 月，清政府令各省书院一律改为具有新式教育性质的大学堂。

中国古代的教育以改善现世的人生、现实的社会，促进社会的生存和发展为己任，几千年来呈现过繁花似锦的景象，它的学制、课程、教科书、教法和文化典籍，都曾经被邻近的国家全盘移植。然而，当工业文明来临的时候，中国始终停留在农业文明阶段。教育最终没能完成自我更新，最后在痛苦的呻吟之中沉寂下去。

2. 近代的大学

伴随着工业革命的向前推进，西方的资本主义国家为了占领海外市场和原料产地，加速了殖民侵略的步伐。到 19 世纪末，整个世界基本被欧美主要资本主义国家瓜分完毕。资本主义为了侵占、掠夺具有辉煌农耕文明的中国，想方设法加紧了侵略的步伐。1840 年，英国以鸦片在中国虎门被销毁为由，发起了鸦片战争，清政府战败。1842 年在南京签订了第一个不平等条约中英《南京条约》，割让香港、赔款、开放五处通商、英货进口协商等。从此，中国开始丧失独立自主的地位，一步步沦为半殖民地半封建的社会。为了进一步打开中国市场，1856 年英法再次发动对中国的战争，于 1860 年占领北京并火烧圆明园，清政府被迫与英、法两国签订《北京条约》。开天津为商埠，九龙半岛南部割让给英国，准许招募华工出国，赔偿两国军费。中国半殖民地半封建化的程度进一步加深了。1894 年日本发动对华侵略战争，中国战败。1895 年签订中日《马关条约》，日本割去台湾、辽东半岛等地，准许在中国开设工厂以及赔款等。《马关条约》的签订，大大加重了中国的民族灾难。1900 年，为镇压中国人民的反抗斗争，英、美、俄、日、德、法、意、奥八国组成联军，攻占了北京。1901 年清政府被迫签订了不平等的《辛丑条约》，赔偿白银 4. 5 亿两，并保证严禁人民反帝活动，允许外国在中国驻军等。清政府完全成为帝国主义统治中国的工具，中国半殖民半封建的社会形成。

在中国民族危机日益加深的条件下，19 世纪 60 年代清朝政府的一些官员掀起了一场向西方学习的洋务运动。他们在创办新式军事工业、民用工业，训练新式军队的同时，也兴办了一些新式学堂。中国近代的高等教育以及大学的创办就是在洋务运动的实践中发展起来的。

新式学堂大体有三类：语言类，如京师同文馆；军事类，如天津水师学堂；技术类，如福州船政学堂。在这些学堂中，京师同文馆、天津中西学堂、上海的南洋公学以及京师大学堂值得一提。

京师同文馆，创设于 1862 年，目的在于培养与外国进行交涉、议和、签约和通商的外交人才。最开始仅设有英文馆，后增加法文、俄文、德文、东文

(日)等馆。从学习译文到各门学科知识，共8年时间。办学经费从海关的办公室中拨付，外文教师为洋教习。1888年在校学生最多为125名。1902年，京师同文馆并入京师大学堂，改名译学馆。京师同文馆是中国近代教育的正式起步，是中国教育开始摆脱传统羁绊的表征，是新旧教育的分水岭。它在存在的40年中，为晚清培养了大批外交人才。民国前后，大批从事洋务的人才都来自该馆。

天津中西学堂创设于1895年，也称天津西学学堂，由天津海关道盛宣怀上奏设立。学堂分头等和二等学堂。头等相当于大学本科，二等为大学预科，年限均为4年。头等学堂设有法律学门、土木学门、采矿冶金学门及机械工学门。二等学堂招收13~15岁的学生，学习英文、数学和各国历史等课程。中国自古以来只有大学、小学之分，无中学教育。二等学堂的开设，实为中国中学教育的发端，直到1898年《奏定京师大学堂章程》颁布后，中国才有中学之名称。头等学堂创办的工科类专业，也成为中国工科类学校创办之始。1902年，天津中西学堂更名为北洋大学堂，也就是后来的天津大学。

南洋公学由大理寺少卿盛宣怀于1896年(光绪二十二年)12月在上海创设。公学设有4院，即师范院、外院、中院、上院。师范院即师范学堂，为中国创设师范教育之始。外院即附属小学堂。中院即二等学堂，属中学性质。上院相当于头等学堂，属大学性质。上院的学科先后设有政治、商务、铁路、电机等科，逐步发展成为一所工科大学，为交通大学的前身。

京师大学堂是1898年由康有为上奏，光绪皇帝批准建立。它以“中学为体，西学为用，中西兼用，观其会通”为宗旨。创设之初，设有学院、中学、小学，戊戌变法失败后停办。1902年复办，大学堂设速成、预备二科。速成科设化学馆和师范馆，预备科设政科和艺科。1903年设进士、译学和实业馆。1910年发展成为一所有经、法、文、格致、农、工、商七科的综合性大学。京师大学堂不仅是培养人才之所，也是全国最高的教育行政机关，各省学堂均归大学堂管辖。在1905年国子监撤销之前，它主要管理与“新学”相关的文教事务。京师大学堂是近代中国第一所新兴的综合性大学，它借鉴了以日本为代表的西方资本主义制度，对中国的学术路向和新文化运动都有明显的影响，为北京大学的前身。

几千年的农业文明，终于没能抵挡住西方船坚炮利的工业文明。以儒学为指导核心的中国古代教育，不可逆转地走向衰败，被迫开始移植西方的教育模式。

3. 民国时期的大学

民国以 1912 年算起到 1949 年结束为 37 年。民国是一个多元化的高等教育时期。由于国家实质上的未统一，教育也就出现了多样性。1912 年 1 月 1 日，中华民国诞生，孙中山在南京就任临时大总统。同年 3 月，袁世凯篡权，进入历时 16 年的北洋军阀统治时期。此时与军阀政府并存的还有广东国民政府和武汉国民政府。1927 年 4 月，蒋介石在南京建立了国民政府，但与之并存的政府还有共产党于 1931 年建立的工农民主政府，1937 年更名为陕甘宁边区政府；1932 年，清废帝溥仪在日本扶植下成立了“满洲国”；1940 年，汪精卫在日本人的扶持下，在南京建立了“汪伪国民政府”。因此，这一时期的高等教育呈现出多样性的特点，种类繁多。此时的大学主要是三类大学的发展变化，它们是公立大学、私立大学和教会大学。

(1)公立大学。公立大学包括国立和省立两类，它们是民国社会经济发展所需人才的主渠道。

民国建立后，不久就陷入北洋军阀集团的统治时期，社会动荡不安，大学的建设处于一种不断变化之中，国立大学的数量也十分有限，到 1922 年，可以确认的国立大学只有北京大学、北洋大学、交通大学、东南大学和上海商科大学 5 所。

1927 年 4 月，蒋介石在南京建立民国政府后，加大了国立大学建设的步伐，先后有一批大学在合并调整改组后，变为国立大学。1927 年 4 月南京国民政府将东南大学、河海工科大学等 9 所学校组建成第四中山大学，1928 年 5 月改名国立中央大学。1928 年 7 月以后，国立浙江大学、国立武汉大学、国立清华大学相继成立。它们与 1926 年 7 月成立的国立中山大学，成为中国第一批国立大学。

20 世纪 30 年代，又有一批学校转为国立。1931 年，国立成都大学、国立成都师范大学和公立四川大学合并成国立四川大学，1932 年国立山东大学成立，1937 年 5 月国立东北大学建立，1937 年 7 月国立湖南大学、国立厦门大学成立，1938 年 7 月国立云南大学建立，1939 年 8 月，国立广西大学建立。

20 世纪 40 年代，有更多的学校变为国立。1942 年国立河南大学、国立贵州大学成立，1943 年国立山西大学成立，1944 年国立重庆大学、国立兰州大学成立，1946年国立安徽大学成立。

其他还有：国立政治大学、国立西北大学、国立同济大学、国立暨南大学、国立复旦大学、国立英士大学、国立中正大学、国立长春大学、国立台湾大学等。

当时国民政府规定，大学（university）设立时，可以设置文、法、理、工、农、医、商、教育（师范）八大学院，有三个以上学院才能称为大学，且三个学院中除有文、理学院外，必须设置一个工科类的学院才可以。因此，这些学校在成立时，一般都有三个以上的学院，在发展的过程中会有一些变化，到新中国成立前国立大学一般设置有四个以上的学院，有的达到七个学院。如中央大学、浙江大学、中山大学都有七个学院，武汉大学、四川大学、重庆大学等都有六个学院。

中国的大学在民族危亡的时候，即抗日战争时期都有一段迁移、分散，甚至停办的历史。当时东北沦陷，华北、华东、华南、华中危亡的时候，许多大学都向西北、西南迁移了。如北大、清华与南开联合组成的西南联合大学迁到云南，武汉大学迁到四川乐山。

据1948年出版的《第二次教育年鉴》统计，国民政府在退出大陆前有国立大学31所。

"国立"大学学校经费由中央下拨，其校长由国民政府中央任命而称为国立大学。"省立"大学是省政府筹措经费和任命人员。

省立大学的设置要求与国立大学一样，只是管理权的差别。20世纪30年代省立大学有：山东、湖南、河南、广西、云南等大学（据1934年的统计资料），因国立大学在获取经费、获得社会声誉以及就业等各个方面都处于优势，省立大学都最终转为国立大学，如山西大学、山东大学、河南大学、安徽大学、湖南大学、广西大学、重庆大学、贵州大学、云南大学、西北大学、兰州大学、东北大学等都是先省立后国立的。

在公立大学中，还有一些学校是由其他部委管理的，如交通大学由交通部管理，清华大学最初由外交部管理，河海工科大学（现河海大学）由国家水利局管理。

（2）私立大学。私立大学是在挽救民族危亡，在教育救国的声浪中逐步发展起来的。虽然清政府对私学严厉禁止，但还是有不少私学发展起来，如 1876 年的上海格致书院，1879 年的北京通艺学堂、绍兴中西学堂，1903 年的通州师范等。进入民国之前，准许创办私立学校，于是私立学校不断得到发展。下列私立学校值得一提，它们是民国私立学校发展的一个基础。

中国公学，设立于 1906 年。虽然晚清政府当时不允许设立私立大学，但 1905 年日本政府颁布了侮辱中国留学生的《取缔清国留学生规则》，大批留学生罢课回国。为了让回国的留学生继续学习，同盟会的会员在上海办了中国公学，其师生员工大部分为革命党人。

复旦大学，也是一所私立大学。它由爱国民主人士马良(字相伯)创办。1900 年八国联军攻陷北京后，他决定捐献自己的家产，依托耶稣会团体办学，初名震旦学院，结果法国天主教会夺取了学院的领导权，并逼迫马相伯离校，学校师生愤而离校。1905 年 7 月，马相伯被迫将学校改为复旦公学。1917 年，复旦创办本科，改校名为私立复旦大学。设立文、理、商三科。1941 年复旦大学由私立改为国立，下设文、理、法、商、农 5 个学院，22 个系。

南开大学，作为一所私立学校，是由清翰林、学部侍郎严修(字范孙)在自己家塾的基础上，由严氏家中教员张伯苓担任校长发展而来的。1919 年 9 月 25 日，南开大学正式成立。抗战时期与北京大学、清华大学先后组成长沙临时大学和西南联合大学。1946 年秋迁回天津，下设文学、理学、政治经济、工学 4 个学院和 3 个研究所。

同济大学，可上溯到 1907 年德国医学博士埃里希·宝隆在上海创办的同济德文医学堂，1912 年改名同济医工学堂。1917 年由中国人从德国人手中接办，1924 年更名为同济医工大学。1927 年 8 月，南京国民政府将同济由私立改为国立，命名为国立同济大学。抗战时期曾 6 次迁校，1946 年 4 月返回上海。到 1948 年为止，设有医、工、理、法、文 5 个学院。

厦门大学，也是一所典型的私立大学。1921 年由爱国华侨陈嘉庚捐资兴建，1930 年设有文、理、法、商、教育 5 个学院，19 个系；1937 年改为国立。

以上是几所规模比较大，且一直对现在都有很大影响的私立学校。除此之外，还有一些私立大学，虽然在新中国成立后归并到其他大学，组成新的大学，名称不复存在，但在民国这些大学怀抱教育救国的信念，为当时社会经济发展、民族振兴，作出了自己的贡献，这些大学有：

朝阳大学，创办于1912年，由汪有龄等人在北京创办，以培养司法人才为主，设有法律、经济两科。后因不符合政府颁布的大学设置条件，改为朝阳学院。1949年后，其人员和校舍归落并到中国人民大学。

中国大学，初名国民大学，由宋教仁、黄兴等1912年在北京创立。1917年更名为中国大学。1949年以后，其人员分别归并到北京师范大学、山西大学和中国人民大学。

中法大学，是以法国退回的庚款为经济基础，由中国旅法同乡会于1920年在北京创办的一所私立大学。1950年，学校撤销，文史、法文系并入北京大学。数、理、化三系并入北京工业学院，经济、生物两系并入南开大学。

大同大学，是由原清华学堂的十多个教师离开到上海设立的，1923年正式更名为大同大学，设有文、理、商、工4个学院。1952年学校的院系归并到复旦、同济和交通等大学。

大厦大学，是1924年由厦门大学分离出来的一部分师生在上海组建的。1951年，大厦大学与光华大学、东亚体育专科学校合并组建成华东师范大学。光华大学是1925年圣约翰大学的部分师生不满校方干涉学生参加“五卅运动”，而离校另组的大学，意为“光我中华”之意。

中华大学，是著名教育家陈时先生于1912年5月13日在武昌昙华林创办。起初办有预科，后逐步办有法律、政治经济、交通、教育、中文、数学等科类本科。设有文学、理学、商学三学院，共8系1科。抗战时期迁往重庆，抗战胜利后迁回武昌。1952年院系调整，中华大学与华中大学、中原大学成为华中师范学院的一个组成部分。

民国时期的私立大学，虽然具有资金短缺、规模有限，甚至存在办学不规范的行为，但它在扩大高等教育规模、填补高等教育空白、推进高等教育变革、健全高等教育体系、改变高度社会化的社会传统以及壮大市民社会力量等方方面面都发挥了不可替代的作用。

(3)教会大学。外国资本主义、帝国主义在对中国进行经济军事侵略、政治压迫的同时，也开始进行文化的渗透，于是基督教中的新教(耶稣教)、天主教(公教)和东正教势力接踵而至。它们在进行传教的同时，也从事教育事业，以便更好地通过基督教教育来达到征服中华民族、服务资本主义的目的。

基督教组织在中国办学，晚清就已经开始了。1850 年天主教会在上海创办有徐汇公学，1864 年美国传教士狄考文在山东登州办有文会馆，1881 年林乐知在上海创办有中西书院等。此时的教育多以小学、中学教育为主，1877 年以后才逐步开展高等教育。整个民国时期，办学规模比较大，在国内外有一定影响的教会大学有：

燕京大学(yen ching university)，1916 年创办，由汇文大学和华北协和大学合并而成，司徒雷登为校长，校址在北京西部海淀一带(现北京大学所在地)。1929 年向民国政府立案，设立文、理、法 3 个学院，20 个学系。1934 年设立研究院。它设置的新闻学、社会学专业在当时都十分有名。

圣约翰大学，1879 年美国圣公会在上海创办圣约翰书院，先后设立文理学部、神学部、医学部和预科。1890 年设大学部。1905 年升格为圣约翰大学，先后设置神、文、理、医、工等学院。

东吴大学，1901 年美国基督教监理会将苏州博习书院、苏州中西书院和上海中西书院三校合并为东吴大学。开办之初，分设文、理两个学院。1911 年将上海中西书院教职员移并苏州东吴大学，以上海中西书院旧址开办了东吴第二中学，1915 年改为东吴大学法科。1927 年春，又更名为东吴法学院。苏州东吴大学本部成为文理学院。1952 年，原址建立江苏师范学院。

金陵大学，由南京汇文书院、宏育书院于 1910 年合并而成，美国传教士包文任校长。1911 年，金陵大学向美国纽约州注册立案，毕业后可同时接受纽约大学的文凭与学位。学校宗教气氛非常浓厚，宗教仪式十分严格，宗教课为必修课。1913 年，增设国语科；1914 年，又增设师范专修科、农业科和森林科；1916 年合称为农林科。其中，农科闻名全国。1930 年调整为文、理、农三个学院。

辅仁大学，由 1925 年美国传教士奥图尔筹办而成，定名“辅仁社”。1927 年 6 月，改名为“私立北平辅仁大学”。学制分为本科 4 年，预科 2~3 年。1929 年 6 月，集文科各系成立文学院，又添设理学院、教育学院。1931 年 8 月，教育部准予立案。1946 年，在校师生人数居全国教会大学之冠。1952 年高校院系调整时，哲学、经济、社会、西语 4 个系分别调至北大、人大、中央财经学院、北京外国语学院；其余 3 个学院、11 个系并入北京师范大学。

华中大学，1924 年 2 月由文华大学、武昌博文书院大学部、汉口博学书院大学部合并组建而成，校址设在武昌昙华林文华大学原址。初设文、理、商、图书馆学四科。1929 年 8 月湖南雅礼大学、湖滨大学并入华中大学以后，改为文、理、教育三个学院。1931 年国民政府教育部批准立案。1951 年，华中大学与中原大学教育学院合并，改为公立华中大学。1952 年在华中大学原址上改建华中高等师范学校。1953 年，又改名为华中师范学院，并迁至武昌南湖桂子山新址。

华西协和大学，1905 年英国、美国和加拿大三国基督教会联合在成都创办了华西协和高级中学。1910 年成立大学部，设文、理、教育三科。1913 年增设医科，1914 年又设牙科。医牙科成绩显著。1933 年，华西协和大学始向国民政府注册立案。同年调整为文、理、医牙三个学院，成为我国近代最早以医牙学科为特点而著称的综合性教会大学。新中国成立后，改为人民华西大学。

岭南大学，创建于 1916 年，它虽为美国传教士创办，但不属于任何一个教派和教会组织。前身为 1888 年在广州设立的格致学院。1900 年迁至澳门，改名为岭南学堂。1904 年迁回广州，易名岭南大学。先后设文、理、农、商、工、医等学院。

除了上述的教会大学外，当时还有杭州的之江大学、济南的齐鲁大学、福州的华南女子大学、南京的金陵女子大学、上海的沪江大学、福州的协和大学、上海的震旦大学等。

中国的教会大学大部分为基督新教所办，天主教的大学只有震旦大学、辅仁大学和天津沽大学。

教会大学一般都是教会的一个或几个差会举办，也有差会与其他组织合办的。办学的经费以教会的资助为主，国内外募捐及学费收入也是其重要来源。早期的教会大学，宗教色彩明显，宗教课程作为必修课，学生要定时作礼拜，有的大学还设有神学院。20 世纪 20 年代，中国发生了一场“非基督教运动”，教会大学不得不将宗教课由必修改为选修，学生的礼拜改为自由参加。此时，南京国民政府借助民众的力量，加大了收回教育权的活动，要求教会大学必须向中国教育部立案。到 30 年代，教会大学大部分办理了立案手续，以传教为主的大学也逐步转变为以传授文化科学知识为主。

新中国成立后，教会大学并到其他大学，组成了新的大学。如燕京大学部分专业合并到北京大学、清华大学，北京大学现校址为原燕京大学校址；辅仁大学主体合并到北京师范大学；东吴大学的原校址成为现在的苏州大学，部分专业并入其中；金陵大学部分专业并入南京大学，原校址成为南京大学现校址；岭南大学并入中山大学，原校址成为现中山大学的校址；华中大学成为现华中师范大学的一部分；华西协和大学成为现四川大学的一部分等。

教会大学是中国现代高等教育的一个重要组成部分，它开展的一系列教育教学活动、学位授予和学科建设活动以及取得的办学成绩，都对现代高等教育的发展有着深远影响。

(4)革命大学。五四运动以后，中国革命进入到新民主主义革命阶段。共产党领导的新民主主义革命，逐渐占据了历史舞台。为了培养革命所需要的人才，共产党人也先后创办了自己的一些大学。

1921年，毛泽东在长沙创办了湖南自修大学。1922年，共产党在上海创办了上海大学。此后，还创办了中法大学、劳动学院以及农民运动讲习所等。1937年创办了陕北公学，1938年创办了鲁迅艺术文学院，1939年创办了中国女子大学、华北联合大学以及自然科学院。1940年成立了中国医科大学，1941年成立了延安大学、民族学院、军事学院等。新中国成立前夕在解放区建立有东北军政大学、东北大学、哈尔滨大学、东北铁路学院、辽宁学院、吉林民主学院、华北大学、人民革命大学以及中原大学等。

抗日军政大学和中共中央党校是两所最具特色和影响力的学校。抗日军政大学的前身是1931年设立的中央红军学校，1933年改为中国工农红军大学，1936年改为中国抗日红军大学，1937年改名为中国人民抗日军事政治大学，首任校长为林彪，下设12个分校。1945年抗战结束时，完成其历史使命。

中共中央党校起源于1933年在江西中央革命根据地创办的马克思共产主义大学，1935年到陕北后改为中央党校。1942年以前主要培养团级以上党和军队的中级管理政工干部。1942年，党校改为培养党的政治、军事、文化干部的学校，毛泽东任校长。

(5)其他大学。在民族危亡时期，东北伪满洲国、汪伪国民政府以及日本占领台湾时期等都办有大学，主要推行奴化教育。东北伪满洲国办有新京医科大学、奉天农业大学、新京工业大学等。汪伪国民政府在其所统治的北京、南京、上海等地办有所谓的“中央大学”、“国立北京大学”、“广东大学”、“交通大学”、“浙江大学”等。日占领台湾时期建有“帝国台北大学”等。

4. 新中国的大学

(1)计划经济时代的大学。新中国成立后，通过接收教会大学、接管民国的大学和改造国立大学，在积极探索中，建立了新的高等教育体系。计划经济时代的大学教育大体分为三个阶段，1949 年到 1956 年是学习苏联经验，依据苏联的办学模式对高等学校进行调整、改造与建设；1956 年到 1965 年是自主探索阶段，先是高等教育的大跃进，后根据实际情况进行了调整；1966 年到 1976 年是十年“文革”时期，高等教育陷入停滞和倒退状态。

为了学习苏联的办学经验，国家首先在中国人民大学和哈尔滨工业大学进行试点。在两所院校试点的基础上，1952 年全国高等院校进行了有计划、分步骤的院系调整，调整前全国有 215 所院校。这些高等院校分别调整成三大类型，即综合性大学、多科性工业高等学校和高等工业专门学校。

综合大学主要是以培养高校师资和从事研究的科研人员为主。经过调整北京大学、复旦大学、南京大学、武汉大学、中山大学、南开大学、东北人民大学和山东大学成为新的综合性大学。学科以文、理为主，将原有的工、农、医、法、师范等科调出。

多科性的工业高等学校，以原有理工学科比较突出的大学为基础进行调整，调整成综合性的工科大学，如清华大学、浙江大学、交通大学和天津大学等均是。

高等工业、专门学院是以一门学科为主组建的专门学院，如武汉地质学院、武汉建材学院、武汉汽车工业学院、武汉水利学院等。

此外按学科门类，还调整一批师范(如华中师范学院)、医药(如湖北医学院)、农林(如华中农学院)、语言(如北京语言学院)、财经(如湖北财经学院)、政法(如华东政法学院)、体育(如武汉体育学院)、艺术(如湖北美术学院)等院校。

经过调整，中央高等教育部对全国高等学校实行统一的管理，制定有统一的高校发展计划，统一的专业设置、教学计划、教学大纲和教材，实行统一招生培养和分配等，具有高度计划性、统一性。

1956 年国家的经济建设取得了巨大成就。1958 年党中央提出了“大跃进”的口号，随之在教育中也出现了大跃进现象，工厂、农村都纷纷办起了高等教育。1960 年全日制高校由 1957 年的 229 所增加到 791 所，各类高等学校达到 1289 所。1961 年国家进入三年自然灾害时期，高等院校的迅速发展也出现了一些问题，于是中央提出了“调整、巩固、充实、提高”的八字方针，对高校进行调整并出台了《教育部直属高等学校暂行工作条件》(即“高校六十条”)，高等教育逐步走上正轨。

1966 年，“无产阶级文化大革命”爆发，高等学校的正常教学秩序被打乱，正常招生被停止，70 年代后改为招收工农兵学员。

(2)改革开放后的大学。改革开放以后，高等学校迎来了发展的春天，1977 年 12 月 18 日，党的十一届二中全会的召开，作出了把工作重点转移到社会主义现代化建设和实行改革开放的战略决策。1985 年 5 月，改革开放的第一次全国教育工作会议召开，通过了《中共中央关于教育体制改革的决定》，提出了高等教育改革的八大任务及高等教育发展的战略目标。1993 年，党中央、国务院发布了《中国教育改革和发展纲要》，确定了到 20 世纪末我国教育改革和发展的基本目标和任务。1995 年，党中央提出实施“科教兴国”发展战略，将教育放在了优先发展的地位。

在高等教育的大发展、大变本、大调整过程中，国家推行的“211 工程”，“985 工程”建设以及高校的大调整合并战略对高校的发展有着至关重要的影响。随着“211 工程”和“958 工程”的实施，高等教育向着建设世界高水平大学和世界一流大学的目标迈进。

“211 工程”是中共中央、国务院为了迎接世界新技术革命的挑战，决定面向 21 世纪，集中中央和地方各方面的力量，分期分批地重点建设 100 所左右的高等学校和一批重点学科、专业，使其到 2000 年左右在教育质量、科学研究、管理水平及办学效益等方面有较大提高，在教育改革方面有明显进展，力争在 21 世纪初有一批高等学校和学科、专业接近或达到国际一流大学的水平。这是我国为落实科教兴国战略而实施的一项跨世纪的战略工程，也是新中国成立以来在高等教育领域进行的规模最大的重点建设项目。“211 工程”自“九五”期间立项建设，中央和地方共投入资金 180 亿元，建设了一批高等院校和重点学科，改善了一批高等学校的教学和科研条件，一批重点学科已成为国家科技创新和高层次人才培养的重要基地。

截至 2011 年 3 月 31 日，全国共有 112 所“211”高校，其中华北电力大学、中国石油大学、中国地质大学、中国矿业大学拥有两个校区，实际高校为 116 所。

“985 工程”是 1998 年 5 月 4 日，江泽民总书记在庆祝北京大学建校 100 周年大会上提出的。他说：“为了实现现代化，我国要有若干所具有世界先进水平的一流大学。”为贯彻落实党中央科教兴国的战略和江泽民同志的号召，教育部决定在实施“面向 21 世纪教育振兴行动计划”中，重点支持北京大学、清华大学等部分高等学校创建世界一流大学和高水平大学，简称“985”工程。截至 2011 年 3 月 31 日，全国共有 39 所“985”高校。

高校合并是新时代高教改革的又一重大举措。知识经济时代的到来，全球经济的一体化，新兴产业层出不穷，信息技术突飞猛进，对中国的发展是一个严峻的考验。中国在国际经济的大背景下要得到良性发展，必须对经济、科技、教育等体制进行进一步的改革。

为适应经济一体化对人才的需要，中国在 20 世纪 90 年代开始对高校进行新一轮的合并调整。1993 年 5 月，江西大学和江西工业大学合并，组建南昌大学，拉开了高校合并的序幕。此后，合并取得进展，新的高校不断涌现，到 1997 年，全国有 159 所高校合并成 74 所。1998 年以后，合并出现了一批新的巨大型的综合性大学，如浙江大学、武汉大学、吉林大学等。合并后的高校不仅学科门类齐全，而且在科研能力、学术水平以及条件保障等方面都上了一个新的水平和台阶。

合并中一些有影响的高校有：清华大学 1999 年将原中央工艺美术学院并入。北京大学 2000 年与北京医科大学合并，组建了新的北京大学。哈尔滨工业大学 2000 年与哈尔滨建筑大学合并，组建新的哈尔滨工业大学。武汉大学 2000 年与武汉水利电力大学、武汉测绘科技大学、湖北医科大学合并，组成新的武汉大学。华中科技大学由原华中理工大学、同济医科大学、武汉城市建设学院和科技部干部管理学院于2000年合并成立。武汉理工大学由原武汉工业大学、武汉汽车工业大学、武汉交通科技大学合并组成。浙江大学1998年由原浙江大学、杭州大学、浙江农业大学和浙江医科大学组建。四川大学由原四川大学、成都科技大学、华西医科大学三所大学于1994年和2000年两次合并组建而成。吉林大学由原吉林大学、吉林工业大学、白求恩医科大学、长春科技大学、长春邮电学院共五所高校合并建成。西安交通大学2000年将西安医科大学、陕西财经学院并入。同济大学1996年原上海城市建设学院和上海建筑材料工业学院并入，2000年与上海铁道大学合并，组建成新的同济大学。复旦大学2000年与上海医科大学合并，成立新的复旦大学。中南大学由湖南医科大学、长沙铁道学院、中南工业大学合并组建。东南大学2000年将南京铁道医学院、南京交通高等专科学校、南京地质学校并入东南大学。

高校合并，整合了资源、优化了学科，为在21世纪建立一批世界高水平和一流大学奠定了坚实基础。

二、大学校长及理念

（一）大学校长的产生及作用

1. 大学校长的产生

大学校长是在大学的发展中不断演变产生的。在中世纪的大学里，一开始是没有明确的校长一说的。大学由教师和学生共同管理，或者由教授管理，也有学生负责管理的。后来慢慢有一个相当于校长的管理者，但没有多少权利。随着大学的规模扩大、机构增多、学科细化以及功能拓展等，大家都觉得需要一名专门的领导来处理学校管理事务，于是大学校长由一个虚职变为实职了，现代意义上的校长也就产生了。

大学校长产生以后，应该充当一个什么样的角色？一般都认为校长是学校的最高行政首长，对外充当学校代表，对内负责学校管理。

为了能当好学校的行政首长，校长首先应该是一个教育家。大学教育是一项高端的智能活动，有其自己的基本规律。因此，校长不但要有丰富的教育管理实践，还应该在实践的基础上对教育有一些规律性的认识，形成自己的办学理念。古今中外一些有成就的校长，无一例外地都有自己的治校思想。

其次，校长还应该是一个学者。从目前的大学校长来看，有学术型、教学型、事务型几种类型。但大学尤其是研究型大学，它的学术性决定了校长应该是一个学者专家。没有学问、学养、学品，就不可能了解、懂得、关心学术。历史上有作为、有影响、有声望的校长，都是闻名遐迩的学者。

最后，校长还应该是一个守德之人。英国大学的育人理念，是要把学生培养成为一个“绅士”，即强调大学的德性养成教育。大学是一个传授知识的地方，传授知识的目的是为了造福人类。为了实现其目的，知识的传授就需要道德的干预。没有道德的干预，造福人类就会成为一句空话。因此，作为大学的行政首长，应该是一个守德之人。否则就无法规范、引导、倡导、提倡德性养成教育。

2. 大学校长的作用

现代大学如果从中世纪算起，已有近千年的历史了。在发展过程中，有三种力量在影响着大学。一是政治的干预。从历史上看，大学的生存和发展都或多或少地会受到来自政府的干预。国家的政策支持、规划布局、投资取向等都会影响到大学。二是社会的关注。早期处在象牙塔的大学，社会关注度不高。进入近代以后，科学教育逐步处于优势，也诞生了大学的科学研究功能，大学越来越受到社会的关注。到了现代，大学走出了象牙塔，迈向社会的中心，大学的关注度与日俱增。社会的评价、认可、褒贬等都会对大学产生影响。三是内部的制衡。大学内部包含教师、学生、管理者三方人员，他们各有独立性及利益需求。三方力量的此消彼长，必将会影响大学的发展。政治和社会的影响，只是一种外因，对大学的影响不大；内部的制衡是一种内因，会直接地影响大学的发展。所以，大学校长的作用就是如何把握处理好这三种力量。

校长作用的发挥，在于其职责权利的大小和自身的品格素质。这里只讲一讲校长的职责权利。从横向来看，大学校长的职责权利有多种不同的模式。

欧洲大陆的一些大学，一直是内部学术权利与外部政治权利处于优势，内部行政权利相对弱小。如意大利、法国、德国内部教授的权利很大，校长的权利很小。校长的权利一度小到连聘任教授的权利都没有。但这种情况在 20 世纪下半叶以后有所改变。因为大学的规模越来越大，高等教育由精英教育向大众教育转变，大学的管理职能需要加强，校长的权利逐步得到加强。

英国长期是内部学术权利优于行政权利的状态，外部政治权利相对弱小。这种情况在 20 世纪下半叶以后也有所改变。政府通过加大对大学的投入，不断渗透到大学之中。内部随着大学功能的拓展，校长的权利得到加强。如牛津大学和剑桥大学就改变了副校长从各学院院长中产生的传统，改为从学院院长以外的人员中选出。

美国长期是内部学术权利和行政权利处于平分秋色的状态，也是二者结合的最好的形式，政府基本不干预大学内部事务。学术权利仅仅负责学术事务，行政权利担负管理职责。校长负责行政管理、提出学术政策、制定预算决算、落实发展规划、担负学生管理等系列事务，可以说基本上是外行领导内行。由于美国比较重视校长的个人作用，加上没有明确的任期，也就能更好地适应社会的发展需要。这就是美国大学历史不长，而能超越欧洲大学的一个重要原因。

日本的模式类似于欧洲大陆的模式。在外部，国家的权利比较大，如同法国；在内部，学术权利比较大，如同德国。日本因有国立、公立和私立三类大学，其权利构成会有一些差距。政府对国立大学是直接的管理，包括大学的设立变更、教学科研、经费划拨等都要经过政府。公立和私立大学，政府基本上是间接管理，对它们的系列活动以引导为主。以后政府对大学管理权限有所放松。大学内部校长的权限则逐步有所扩大。

中国的大学在计划经济时代，政府的权利最大、大学的行政权利次之、学术的权利最小。当时，政府对大学管得太多、太死，以至于大学缺乏活力和社会适应性。改革开放以后，高等教育开始改革，逐步扩大了大学的办学自主权。大学通过产学研等活动，加强了与社会的联系。就内部行政权利来看，也经历了一些演变。20 世纪 50 年代，先后有过校长负责制、党委领导下的校长负责制、党委领导下的以校长为首的校务委员会负责制、党委领导下的校长分工负责制；在 80 年代，有的大学实行过校长负责制；现在，大学全部实行党委领导下的校长负责制。

在党委领导下的校长，其权力包括：全面负责学校的行政工作，制定发展规划并组织实施，负责教学、科研及思想教育工作，拟定内部组织机构方案及推荐相关人员，聘任及解聘教师，拟定并执行年度经费预算，主持召开校长办公会等。

从上述可以看出，大学随着时代的发展，受国家的干预越来越小，自主权越来越大。在内部加强行政权利，突出校长的行政管理职责越来越明显，校长的作用日益凸显。

校长在大学中的作用主要表现在三个方面：一是对大学方向的把握。大学的历史有长短、类型有多种，校长将一所大学领向何方是一个首先必须回答的问题。因此，一个校长必须优先定下自己的理想使命，把确定大学发展方向放在首位。满足于把事情做好，那肯定不是一个有作为的校长。二是对大学文化的选择。大学有一个重要功能，就是文化的传承与创新。可以说大学是一个由文化细胞组成的学术组织。大学的文化也包括物质、制度及精神三种。三种文化何优何长、谁是主体、如何协调，作为一个校长是必须作出回答的。蔡元培因在北大推行“兼容并包”而闻名一世、梅贻琦因在清华主张“大师论”而流传千古。三是对大学关系的整合。校长对外要处理好与政府、社会的关系，对内要协调好教师、学生、管理者三支对伍的关系，尤其是内部三支对伍关系的处理不可小觑。内外关系协调处理好了，形成一个有机的发展整体，大学的发展就会蒸蒸日上。

（二）民国大学校长举例

有了大学，校长也就应运而生。中国大学校长的称呼起源于民国。校长对大学的发展起着至关重要的作用，中国大学的发展史证明，一所有影响、有地位、有成就的大学，都离不开一位具有卓越才能的校长。拿民国来说，民国虽然是一个乱世，民族和阶级矛盾都十分突出，人民生活在水深火热之中，但却产生了一批有影响力的大学：它们有具有“民国五大名校”之称的国立中央大学、国立北京大学、国立清华大学、国立武汉大学、国立浙江大学，有“东方康奈尔”之称的北洋工学院，有“东方剑桥”之称的浙江大学等。这些都是具有国际国内影响力的一批大学。但这些大学的成就取得及影响力的产生都离不开大学校长们的努力。

民国在短短的 37 年中，产出了一批杰出的大学校长。中央大学的罗家伦，北京大学的严复、蔡元培、蒋梦麟、胡适，清华大学的周诒春、曹云祥、罗家伦、梅贻琦，中山大学的邹鲁、许崇清，湖南大学的胡庶华、皮宗石、任凯南，重庆大学的胡庶华、叶元龙、张洪源，暨南大学的何炳松，南开大学的张伯苓，厦门大学的林文庆、萨本栋，复旦大学的李登辉，东南大学的郭秉文，浙江大学的竺可桢，武汉大学的王世杰、王星拱、周鲠生，北洋大学的刘仙洲、茅以升，山西大学的王录勋，广西大学的马君武、雷沛鸿，云南大学的熊庆来，四川大学的任鸿隽，兰州大学的辛树帜，河南大学的查良钊、田培林，北京师范大学的陈堡泉，国立师范大学的廖世承，私立武昌中华大学的陈时，燕京大学的陆志韦，沪江大学的刘湛恩，辅仁大学的陈垣，华中大学的韦卓民，金陵大学的陈裕光，华西协和大学的张凌高，东吴大学的杨永清，之江大学的李培恩等都是一批治校有方的大家。

下面选取一批比较有影响力的大学校长进行简介：

1. 蔡元培(1868—1940)

蔡元培，字鹤卿、孑民，号鹤庼。浙江绍兴人。民主主义革命家，著名的思想家、教育家。清光绪年间进士，有深厚的汉学功底。1894 年中日战争后，开始接触西学，立志举办新式教育。1898 年以后先后参与发起成立中国教育会、光复会，亲任会长。1905 年加入同盟会，任上海分部负责人。1907 年赴德国留学，进莱比锡大学攻读哲学、伦理学、文学等课程。接受进化论观点，主张教育救国。辛亥革命后回国，出任南京临时政府第一任教育总长，仿照西方教育制度建立我国近代的教育体制。1915 年与吴玉章等人组织留法勤工俭学会和华法教育会。1917 年任北京大学校长，在主持北京大学工作期间，主张“思想自由，兼容并包”，为新文化、新思想的传播开拓道路，并实行民主管理和教授治校，提倡学生德、智、体、美、劳全面发展。这些革新思想与措施不仅推动了北京大学使之成为当时新文化运动的发源地与中心，而且对我国近代教育产生了深远影响。1927 年蔡元培离开北京大学，先后任南京国民政府大学院院长、中央研究院院长、监察院院长，北平图书馆馆长，中国民权保障同盟副主席，国际反侵略大会中国分会名誉会长。

蔡元培毕生从事民主革命和现代教育事业，被中国共产党誉为“现代知识界的卓越前驱”。他博学多识，对哲学、美学、伦理学、教育学等学科，均有研究和建树。论著约 300 万字，收入《蔡元培全集》。

2. 蒋梦麟(1886—1964)

蒋梦麟，原名梦熊，字兆贤，号孟邻，浙江余姚人。现代教育家。1902 年考入浙江省立高等学堂(前身为求是学堂)，改名梦麟。1903 年入浙江高等学堂(浙江大学前身)学习，次年中秀才。1904 年考入上海南洋公学(交通大学)。1908 年官费留美，留美近 10 年，成为杜威的学生。1917 年获得哥伦比亚大学哲学及教育学博士学位。1923 年任北京大学代理校长。1927—1930 年，任国立第三中山大学(1928 年改为国立浙江大学)校长。先后担任过国民政府教育部部长、北京大学校长、行政院秘书长等职。

蒋梦麟从事教育多年，为中国现代教育事业的发展作出了重大贡献，在教育理论研究方面也卓有成就。他认为 20 世纪的学术为科学教育，教育的长远之计在于“取中国之国粹，调和世界近世之精神：定标准，立问题”，以培养“科学之精神”、“社会之自觉”为目标。主张推行义务教育、职业教育和补习教育、大学及专门教育、童子军教育并重。主张发展个性，注重美感教育和体育，注重科学知识的传输、职业陶冶和公民训练。提倡平民主义，主张培养独立不移之精神，发展个性，培养专才。主要著作有《西潮》、《孟邻文存》、《谈学问》、《文化的交流与思想的演进》、《新潮》等。

3. 罗家伦(1897—1969)

罗家伦，现代教育家。字志希，浙江绍兴人。1917 年入北京大学，1920 年赴欧美留学。1926 年回国，任教于国立东南大学历史系。1928 年，出任清华学校首任校长。1930 年任国立武汉大学历史系教授。1932 年 8 月起，任中央大学校长。他到任之初，即以明晰的教育理念提出“六字”治校方针(安定、充实、发展)与“四字”学风(诚、朴、雄、伟)，并把“创造有机体的民族文化”作为中央大学的使命，为学校的发展指明了前进的方向。

他广揽名师，优化学科，兴建校舍，进行大刀阔斧的改革，中央大学迎来了建校史上辉煌鼎盛的黄金时代。抗日战争爆发后，他力排众议，将中央大学西迁重庆。他在艰苦的条件下继续执著地谋求学校的发展，中央大学成为全国名副其实的最高学府。1941 年，罗家伦辞去中央大学校长一职，从此离开教育界。1950 年赴台湾，任国民党中央党史编纂委员会主任委员、考试院副院长、总统府国策顾问、中央评议委员。主要著作有《新民族观》、《新人生观》、《文化教育与青年》、《科学与玄学》、《逝者如斯集》、《中山先生伦敦蒙难史料考订》、《蔡元培先生与北京大学》等。

4. 梅贻琦(1889—1962)

梅贻琦，字月涵，生于天津。1908 年入保定高等学堂，此后留学美国，获电机工程硕士学位。1916 年担任清华大学物理教授、教务长、教育部高等教育司司长。1931—1948 年任国立清华大学校长，是清华大学历史上任期最长的校长。八年抗战期间，梅贻琦主持西南联合大学的校务(任联大常委)。抗战胜利后，清华大学回到北平，梅贻琦继续担任校长，直到 1948 年。在他任校长的 17 年里，清华大学得到长足发展，全校设有文、理、工、法、农等 5 个学院 26 个系，在校师生 2400 多人。梅贻琦于 1955 年由美去台湾，用清华基金筹办“清华原子科学研究所”，后扩展为新竹清华大学。1961 年 2 月辞去在台湾的教育部长职务。1962 年 2 月当选中央研究院院士。1962 年 5 月 19 日病逝于台北。

梅贻琦的“身教重於言教”及“所谓大学者，非谓有大楼之谓也，有大师之谓也”的教育名言为世人推崇。

5. 张伯苓(1876—1951)

张伯苓，教育家，名寿春，字伯苓，天津人。北洋水师学堂毕业。1904 年创办南开中学。1917 年赴美国哥伦比亚大学考察教育，研究私立大学的组织方式。1919 年创办了南开大学。1923 年创立南开女子中学。1928 年又建南开小学，从而完成了“南开”由小学到大学的教育体制。1931 年成立南开经济研究所，次年成立应用化学研究所。抗战开始后，南开大学与北京大学、清华大学在昆明组成西南联合大学，张伯苓、蒋梦麟、梅贻琦分任校务常委。1938 年任国民参政员并当选为副议长。1948 年出任考试院院长。张伯苓和严范孙创立的南开大学、中学、小学，是中国近代私立学校的典范，培育了周恩来等众多英才，在中国教育史上占有重要地位。

张伯苓提倡教育救国，办学思路上注重理工科教育。他认为国家不振和民族灾难深重，在于愚、弱、贫、散、私“五病”，故制定“允公允能”校训，以培养学生“爱国爱群之公德，与夫服务社会之能力”。

6. 任鸿隽(1886—1961)

任鸿隽，浙江湖州人，出生于重庆，化学家和教育家。1908 年赴日本留学，后去美求学，获康乃尔大学化学学士和哥伦比亚大学化学硕士。1918 年回国，曾任四川大学校长、教育部专门教育司司长、中华文化教育基金会干事长、中央研究院总干事等职。新中国成立后为全国政协委员，1961 年辞世。

他是我国最早综合性科学团体——中国科学社和最早综合性科学杂志——《科学》月刊的创建人之一，并长期担任领导工作。他也是杰出的科学事业的组织领导者之一，为促进中国现代科学技术的发展做出了重要贡献。其科学论文、专著和译著颇多，内容涉及化学、物理、教育、科学思想、科学组织管理和科学技术史等多方面。主要著作有《科学概论》、《最近百年化学的进展》、《近世化学家列传》等。他在科学传播、科学体制探索、科技政策研究等方面扮演了先驱的角色，他的思想和精神，对今天的我们仍具有深刻的启发意义。

7. 竺可桢(1890—1974)

竺可桢，浙江上虞人，我国著名的科学家、教育家。1910 年赴美国留学。1913 年毕业于伊利诺伊大学农学院。1918 年获哈佛大学研究院地学系博士学位。回国先后任武昌高等师范学校教员、东南大学地学系主任、中央研究院气象研究所所长、浙江大学校长。新中国成立后历任中国科学院副院长、中国科协副主席，中国气象学会理事长、名誉理事长，中国地理学会理事长。

他在地理学、气象学、资料考察、科学史、科研管理、科学普及和教育事业等方面都有重要建树。竺可桢的著述和各类文字非常丰富。据不完全统计，他的学术论文、科普作品等著述多达 200 万字以上，对我国近百年来社会、科技、教育、文化的发展都有如实的记录，是难得的研究资料和文化遗产。

这一批人之所以治校有方，除了个人因素以外，他们都有一些共同的经历：

(1)他们都有海外的留学经历。严复留学英国，蔡元培留学德、法，蒋梦麟留学美国哥伦比亚大学，胡适留学美国哥伦比亚等大学，周诒春留学美国威斯康星大学，曹云祥留学美国哈佛大学，罗家伦留学美国哥伦比亚大学，梅贻琦留学美国吴斯特工业学院，邹鲁留学日本早稻田大学，许崇清留学日本东京帝国大学，胡庶华留学德国，皮宗石留学日本、英国，何炳松留学美国普林斯顿大学，萨本栋留学美国麻省理吴斯德工学院，竺可桢留学美国哈佛大学，王世杰留学英国伦敦大学、法国巴黎大学，王星拱留学英国，周鲠生留学日、英、法等国，茅以升留学美国梅隆理工学院，王录勋留学英国伦敦大学，马君武留学德国柏林大学，雷沛鸿留学美国哈佛大学，熊庆来留学法国巴黎大学，任鸿隽留学美国康奈尔大学，查良钊留学美国，田培林留学德国柏林大学，陈宝泉留学日本，廖世承留学美国布朗大学，陈时留学日本早稻田大学，郭秉文留学美国哥伦比亚大学，陆志韦留学美国芝加哥大学，刘湛恩留学美国哥伦比亚大学，卓韦民留学美国哈佛大学、英国伦敦大学，陈裕光留学美国哥伦比亚大学，张凌高留学美国德鲁大学，吴贻芳留学美国密执安大学，王世静留学美国密歇根大学，杨永清留学美国华盛顿大学，李培恩留学美国芝加哥大学。叶元龙、张洪源、李登辉留学美国。辛树帜留学德国。林文庆留学英国。

从他们留学的地域来看，大多留学美国，在上列的 44 人中有 25 人留学美国；其次是留学欧洲，主要在英法德三国；最后是日本。留学这些地区，对于他们学习了解这些大学的办学理念、教育模式、管理方式等都非常有益。此时欧美的大学，经过中世纪和近代的发展，已经非常成熟，完成了人才培养、科学研究和社会服务的三大转变，建立起一批研究型大学，尤以美国最为突出。25 人留美的大学，几乎都是世界一流大学。

(2)他们绝大部分都有高学位。周诒春、曹云祥、梅贻琦、何炳松、王星拱、皮宗石、雷沛鸿、熊庆来、任鸿隽、杨永清、李培恩、叶元龙、林文庆等都具有硕士学位。蒋梦麟、胡适、胡庶华、萨本栋、郭秉文、竺可桢、王世杰、周鲠生、茅以升、王录勋、马君武、田培林、廖世承、陆志韦、刘湛恩、韦卓民、陈裕光、张凌高、张洪源等都获得了博士学位。①

这些人在攻读学位的过程中，就熟悉了他国的高级人才培养模式，攻读学位应具备的知识储备及程序要求，为回国进行高级人才的培养及治理学校奠定了实践基础及可以参照的模式。

---

① 参见涂上飙著:《民国时期的研究生教育发展史》，湖北美术出版社 2014 年版，第 32~37 页。

(三)大学校长的理念

1. 什么是大学理念

大学理念应该说有广义和狭义之分，广义是指大学教育理念。大学教育理念简单地说就是人们对大学教育的总体看法。具体包括大学理念，即对大学是什么、大学的使命、大学的功能等的基本看法；教育目的理念，即对教育培养什么人的基本看法；教师理念，即对教师作用地位的基本看法；治校理念，即对大学管理的基本看法。

不少学者在谈到大学理念时都是使用的广义大学理念概念。从杨寅平的著作《现代大学理念构建》一书中，我们可以看出，大学理念既包括学术自由、大学自治、教授治校等经典大学理念，也包括“以人为本”、“创新教育”、“国际教育”、“终身教育”等理念。显然，他的书中的大学理念是广义的。刘宝存在《大学理念的传统与变革》一书中，谈到知识经济时代的大学理念时说，要考虑人才培养在大学中的地位，考虑大学培养什么样的人才、如何培养理想的人才的问题。应该说，其书中的大学理念也是广义的。

韩延明在《大学理念论纲》一书中也认为，大学理念是对大学的理性认识、理想追求及其所形成的教育观念和哲学观点。“理性认识”，主要是有关“大学是什么”、“大学能做什么”方面的内容，包括大学的含义、大学的宗旨、大学的使命、大学的职能等，是对大学的基本看法和理性审视；“理想追求”，主要是有关“大学应该是什么”、“大学应该做什么”方面的内容，包括大学的理想、大学的信念、大学的精神、大学的目标、大学的责任、大学的变革与走向等，是对大学发展的构想、追求和展望；“教育观念”或“哲学观点”，主要是有关“大学需要坚持什么”、“大学应该把握什么”方面的内容，包括大学教育改革观、大学教育发展观、大学教育价值观、大学教育质量观、大学教育效益观等，是大学教育改革与发展的指导思想、基本原则或理论基础。① 他的大学理念概念更是一个广义

① 韩延明著:《大学理念论纲》，人民教育出版社 2003 年版，第 10 页。

的概念。

可见，广义的大学理念是个内涵极其丰富的概念，既包括零散的、感性的大学教育观念，又包括系统化的、触及大学教育现象之本质的理论观点；既包括对大学教育的理性思维，也包括相应的情感体验和理想追求。从一定意义上说，广义的大学理念蕴涵着大学的办学方向、目标确立、运营策略、社会责任以及人们对理想大学模式的系统构想。

广义的大学理念是一种指导思想，是对教育的本质关系、价值方向、基本规律的抽象概括，也是大学在完成基本使命中的客观总结和反映，这是大学的共性特征。同时，不同的社会、不同的民族、不同的国家有不同的文化传统，受其影响，不同的大学在发展中又会形成不同的院校特色和不同的办学理念，体现了大学理念的多样性。此外，广义大学理念随着时代的变化会被赋予新的内涵，会不断提升理性的品格，不断推出新的理念以指导大学的发展，具有鲜明的时代性。

狭义的大学理念主要强调的是大学校长的办学思想，即大学校长对大学的总体看法。主要回答大学是什么、有什么使命、发挥什么作用。中世纪的大学认为，大学是他们自由追求知识的地方，培养专门人才是其唯一目的。当时以教师、学生为主管理大学。这就是大学“大学自治”“教授治校”理念的最初缘起。到了近代，随着社会的发展和探索自然的需要，德国的教育大臣冯洪堡认为，大学应该创新知识，强调大学的研究功能。1810 年，费希特创办了柏林大学，研究学问创新知识逐步成为大学的一些重要功能。“学术自由”就逐步成为一种大学理念。19 世纪中期以后，随着美国农工学院的创办，尤其是威斯康星大学的创办，使人们进一步认识到，大学不仅仅是培养人才、科学研究的地方，还应该为社会服务。

本书按主题设计应该是谈狭义的大学理念，但实际上又超出了狭义的范围，因此实质上是按广义的概念来进行说明的。

2. 民国大学校长的理念

民国大学的校长们都具有自己的治校理念。蔡元培主张“思想自由、兼容并包”，民主管理和教授治校，提倡学生德、智、体、美、劳全面发展。蒋梦麟主张教育的长远之计在于“取中国之国粹，调和世界近世之精神：定标准，立问题”，以培养“科学之精神”、“社会之自觉”。罗家伦把“创造有机体的民族文化”作为中央大学的使命。梅贻琦的“身教重於言教”及“所谓大学者，非谓有大楼之谓也，有大师之谓也”的教育名言为世人推崇。张伯苓提倡教育救国，注重理工科教育。他制定“允公允能”校训，以培养学生“爱国爱群之公德，与夫服务社会之能力”。

培养人才是大学的第一要务，民国校长们在如何培养人才上都有不少建树，故对民国大学校长的育人理念作一阐述。

(1)关于育人目标——强调德智体的全面发展

①关于德智体全面发展。民国的校长们，在育人的问题上都希望学生经过系列的培养成为一名德、智、体全面发展的人。

北京大学校长蔡元培提出了五育并举的方针，即军国民主义、实利主义、德育主义、世界观、美育主义。他说：“以教育界分言者衡之，军国民主义为体育；实利主义为智育；公民道德及美育皆毗于德育；而世界观则统三者而一之。以教育家之方法衡之，军国民主义，世界观，美育，皆为形式主义；实利主义为实质主义；德育则二者兼之。”①

国立广西大学校长马君武则以四育并重为育人方针：养成团体的生活，为科学之研究，努力工作，训练战斗的本领②，即德育、智育、作工(即劳动教育)和体育。

复旦大学校长李登辉认为中国过去的教育，“太偏重于智育方面，以致把其他方面都忽视了，结果是，一般所谓受过教育的人，虽是智力发达很高，然而或是体质颓弱，形同病夫，或是思想空泛，不切实际，甚至于有文无行，变为腐化的官僚政客，学痞商蠹，更是自郐以下了”③。于是，他强调“要养成才德兼备的人材，就非重德育不可”，“三育是不可偏废的”④。

---

① 高平叔编：《蔡元培教育文选》，人民教育出版社 1980 年版。

② 马君武：《谈大学的教育目标》，载黄牡丽等编：《马君武教育文集》，广西美术出版社 2008 年版。

③ 复旦大学校史编写组编：《复旦大学志》(第一卷 · 1905—1949)，复旦大学出版社 1985 年版，第 270 页。

④ 复旦大学校史编写组编：《复旦大学志》(第一卷 · 1905—1949)，复旦大学出版社 1985 年版，第 270 页。

可见，校长们都认为，人才培养目标的实现，不仅仅是智育得到发展，而应该是德、智、体等多方面的全面发展。

②强调德育中的人格教育。校长们虽然强调德、智、体的全面发展，但对德育中的人格教育十分重视，并就人格教育的意义、目标及方法都有明确表述。

就人格教育的地位来讲，武汉大学王世杰认为道德中的人格教育与智育具有同等重要的地位。他说，大学教育的目的是重在“人格的训练”，或者是“人格的训练”与“知识的灌输”相并重。“我个人觉得，在大学教育的计划上，人格的训练纵不能较重于知识的灌输，至少，也应该与知识灌输占同等的地位。”①清华大学校长曹云祥则认为道德比求知更为重要。他说，“学识易求，道德难修”②。

从人格教育的意义来看，曹云祥就反复强调：“所谓教育，并非专事诵读记忆而已，是欲养成高尚完全之人格，为立足社会之准备。否则，教育失其本旨。”③他认为人格的养成是为承担社会责任作准备的。南开大学校长张伯苓认为教育的重要目标是德、智、体三育并行发展，培养完全人格，以为社会谋进步，为公众谋幸福。他指出：“教育一事，非独使学生读书习字而已，尤要在造成完全人格，三育并进而不偏废。”④厦门大学校长林文庆也指出：“要救中国，先须养成人格，没有人格，就没有法子。”⑤

就人格教育的方法，林文庆要求学生学习儒家经典，涵养旧道德。他说，“孔子道德，起自家庭，渐次及于社会，而国家而天下，其根本全在‘孝’之一字。现在欧西各国，亦颇赞成此道。如最近之所谓博爱……主义，无一非由家庭而起。故我国孔子之道德，根本实较各国为优。且其学说凡人皆可做到，非徒托空言者可比”⑥。

如何培养高尚的人格，王世杰说：“对于诸位同学，我只有 7 个字奉献，就

---

① 王世杰：《大学教育的目的》，载徐正榜、陈协强主编：《名人名师武汉大学演讲录》，武汉大学出版社 2003 年版，第 111 页。

② 《校长谈话》，载《清华周刊》第 248 期，1922 年 5 月 19 日，第 24 页。

③ 曹云祥：《开学词》，载《清华周刊》第 24 卷第 1 期，1925 年 9 月 11 日，第 4 页。

④ 王文俊、杨殉等编：《张伯苓教育言论选集》，南开大学出版社 1984 年版，第 1 页。

⑤ 厦门大学校史编委会：《厦大校史资料》(第一辑)，厦门大学出版社 1987 年版，第 231 页。

⑥ 厦门大学校史编委会：《厦大校史资料》(第一辑)，厦门大学出版社 1987 年版，第 231~232 页，第 234 页，第 231 页。

是——好学、吃苦、守纪律。”①

就人格教育的目标，武汉大学校长王星拱说，大学生应当做国民的表率。他说：我们的至善目标是民族生存、世界公理及人道，而依归至善目标是青年的义务、是青年的责任。他认为，在人类生存条件之中，精神和物质，不可偏废；无物质则无所依附，无精神则无所主持。物质不发展至一定的程度，则必贫而且弱；然而没有精神为之主宰，为之推动，纵有物质，也是无用的。② 在这里他强调做国民的表率是大学生的义务和责任。“大学学生是受过高等教育的人，对于道德、经济两方面所应负的责任，必定比别人还要重大。”③

③体育为全面发展中的重要方面。校长们都十分重视体育，重视学生的锻炼。认为体育不仅关系到个体，还关系到国家命运。认为只有人格、体魄健全的人，才能担负起救国、强国的重任。

清华大学校长周诒春说：“于此竞争之世界，欲保存我中国不亡，业与新世界、新社会之人士竞争，以挽救我极危险之老大国，非与德育、智育之外，将前此文弱之旧习，一一扫除而廓清之决不能有济也。”④

清华大学校长梅贻琦也有同样之认识，他说：“体育至关重要，人所尽知，特别是在我国目前的国势之下，外患紧迫之时，体育尤应人人去讲求。身体强健，才能担当艰巨工作，否则任何事业都谈不到。”⑤

鉴于体育的重要，校长们都努力将其落在实处。林文庆就规定：“学生每日须习早操 15 分钟，每星期并须习课外运动 2 小时，最少须选习运动一种。”⑥

(2)关于育人措施——强调严格管理与灵活培养

---

① 王世杰：《把武汉大学建造成一个名符其实的学府》，载徐正榜、陈协强主编：《名人名师武汉大学演讲录》，武汉大学出版社 2003 年版，第 123 页。

② 王星拱：《抗战时期应采取的态度和趋赴的方向》，载徐正榜、陈协强主编：《名人名师武汉大学演讲录》，武汉大学出版社 2003 年版，第 181 页。

③ 王星拱：《大学之使命》，载徐正榜、陈协强主编：《名人名师武汉大学演讲录》，武汉大学出版社 2003 年版，第 178 页。

④ 《周校长对于高四级毕业生训辞》，载《清华周刊》，1916 年(第 2 次临时增刊)，第 10 页。

⑤ 北京师联教育科学研究所编：《梅贻琦高等教育思想与教育文论选读》，第 5 辑第 9 卷，中国环境科学出版社、学苑音像出版社 2006 年版，第 101 页。

⑥ 厦门大学校史编委会编：《厦大校史资料》(1921—1937)，厦门大学出版社 1987 年版，第 228 页。

为保证育人目标的实现，校长们都认为应有相应的措施。他们认为一要加强对学生的管理，二要施以多样的培养手段。

①严格管理。管理体现在思想和教学两个方面：就思想管理而言，曹云祥认为加强管理有助于学生良好品行的形成。他说："学校之有管理，原为维持秩序，养成学生纯洁之品行自治之能力。"①为养成学生良好的品行，他根据不同年龄同学实施不同管理办法，宽严相济，因势利导。还设置教职员顾问制，在生活与思想等方面更好影响学生。他也常常鼓励学生自治，以期在道德、学业以及个人前程等方面有所收获。② 林文庆则制定了详细的《厦门大学学生通则》，该通则涉及入学、升学、休学、退学、转学、转科、交费、考试及成绩评定办法、毕业证书及学士称号、图书借阅、学生组织及各种会社、开会、学生卫生、宿舍纪律等诸多方面。

就教学管理方面，张伯苓特别重视入学新生的质量，不合格的一律不予录取。入学后不及格的退学，不讲情面。他在南开建立了完整的教学管理制度，如课堂规则、考试规则、实验规则等。他还亲自规定：生物、化学、物理每周两小时实验，每两个学生发一组仪器，鼓励学生亲自动手。一次不行二次，二次不行三次，直到明了为止。

②注重效能。在对学生进行严格管理的同时，校长们特别注重学生的学习效能。为了实现这一目的，他们实施了多种培养方法。

张伯苓不主张读书死记硬背，提倡研究学术，生动活泼地学习。他经常邀请名流学者作学术报告，开阔学生的知识视野。还鼓励学生成立各种研究会，编辑刊物，自由发表文章，共同探讨学问。还实行积点(学分)制、选科制，以提高学生的学习兴趣，使学生的爱好和专长得以发展。

金陵大学女子大学校长吴贻芳主张文理兼通，注重学生广博的知识训练。主修文科必须选读 4 个学分的自然科学，主修理科必须选读 1 门社会科学。吴贻芳曾讲："金女大在学业方面有一个突出的特点，就是知识面广。文科学生一定要选读一定学分的理科课程。一年级课程全部是必修的。4 年大学的必修课程除主

---

① 《曹校长秋季开学演说辞》，载《清华周刊》第 250 期，1922 年 9 月 11 日，第 1 页。
② 《曹校长秋季开学演说辞》，载《清华周刊》第 250 期，1922 年 9 月 11 日，第 2 页。

修、辅修者外，还有中文、英文、中国历史、教育学、心理学、音乐、美术概论等，使学生在各方面都有一定的知识。”①她大力提倡教师用启发式、问题研讨式进行教学，要求教师不要只用单一的教科书，要出专题并列出若干参考书目，由学生课外在图书馆阅读，取各家之长，加以比较，得出结论，由此训练学生获取知识的能力，培养学生自学的习惯。吴贻芳还经常提醒教师要培养学生独立思考分析问题的能力，指导学生掌握学习方法。

③学用结合。张伯苓特别强调学生理论联系实际，参与社会实践。他指出："吾国学生最大之缺点，即平日除获得书本上知识外，鲜谙社会真正情状。故一旦出校执业，常觉与社会隔阂，诸事束手。欲免此种弊病，最宜使学生与社会接近。若调查或视察各种问题，不特可培养学生实际上之观察力；抑可以换课堂生活之抑郁空气也。”②因此，张伯苓非常注意创造条件使学生有机会深入社会、了解社会，培养学生从事社会工作的能力。

为此，张伯苓对学生假期学习亲自作指导。告诫学生要利用假期，“另拟别法以求长进”。认为这样于学生自己方面，可借此与在学校平日学的联成一致，与课本相调和，又可借此明白一切事实。于社会方面，可为社会做少许事，又能借此明了社会的真相，补助教育之所不及。③

吴贻芳也强调通过社会实践和实验环节来培养学生的能力。吴贻芳回忆说，金女大在学业上的一个重要特点，就是在“学习中重视实践，如社会系重视课堂教学与社会实践相结合，常常举行社会调查，就某些专题做分析研究。理科的报告与论文须根据实验写出”。④

(3)关于育人内涵——通专平衡、重在应用、博深结合

①郭秉文的通才与专才平衡。国立南京高师、国立东南大学校长郭秉文认为，传统的教育“不为实际与日常生活而设，乃为官吏之养成”，目的过于狭隘。对此，应该充实教育的内容，“以农业、工业及其他生活之预备为其目的”。主张学校既要为学生提供宽广的知识，又要通过专业学习使学生拥有精深的专业

---

① 吴贻芳：《金女大四十年》，载《吴贻芳纪念集》，江苏教育出版社 1987 年版，第 107 页。
② 王文俊、杨殉等编：《张伯苓教育言论选集》，南开大学出版社 1984 年版，第 152~153 页。
③ 王文俊、杨珣等编：《张伯苓教育言论选集》，南开大学出版社 1984 年版，第 88 页。
④ 吴贻芳：《金女大四十年》，载《吴贻芳纪念集》，江苏教育出版社 1987 年版，第 107~108 页。

知识。

为此，在学科的设置上，郭秉文主张学科设置的多样性。他在南京高师除了“注重通才教育”的国文、理化部的本科之外，还陆续增设了“注重专才教育”的体育、英文、教育、农、工、商等专修科。这样基础与应用相辅相成，“学”与“术”相互支撑，从而获得“通”与“专”相结合的培养。

在教学制度上，东南大学选科制学规中不仅有“必修之专科学程”的要求，还有“必修之普通学程”的要求；不仅有“选修之主系学程”的要求，还有“选修之辅系学程”及“任选学程”的要求。

郭秉文这种“通才与专才的平衡”的思想还体现在“寓师资于大学”办学实践中。提出“寓师范于大学”的主张，力图打通“基础”与“应用”的分野，使“通才”与“专才”的培养有效结合，遂将高师升格为大学，在大学里面培养师资；并强调大学对教师的培养须同时注意两种标准，一是学业标准，其要求不应该低于大学；二是专业标准，需要加以另外专业训练才可以达到。

②任鸿隽的重在应用。国立四川大学校长任鸿隽以“科学救国”为理念，但在大学教育中力主科学的实用，即强调科学的应用。他说，“学政法的可以去研究地方政治或县政实施，学经济的可以去调查商业流通和农业经济，学农的可以去改造农作种籽，学理化的可以去调查工业及改良土壤之类”。①

任鸿隽在四川大学任校长期间，有农学院师生组成的调查队，调查了农业生产和经济情况；理学院的师生远赴京沪平津考察工业生产；法律系师生成立的法律顾问处为当地人们开展社会咨询；在教育系实行中学教师旁听制度，以提高中学教员水平，对旁听学员不收取任何费用。此外，四川大学与南开大学经济研究所合作，研究西南社会政治法律经济；与省建设厅合办了水稻场、技术训练班等，都是任鸿隽重在应用、服务社会的若干尝试。

③王星拱的博深结合。大学里应该以一种什么样的模式培养人才，他提出了博深结合的教育理念。

他说，学习不外乎博与深。古今中外的大学问家，都不外乎这两类。古代六

---

① 周川、黄旭著：《百年之功——中国近代大学校长的教育家精神》，福建教育出版社 1994 年版，第 396 页。

朝的学者分为南北两派。北方的学者，渊综浩博，如广处观日；南方的学者，清通简要，如窗中窥月。前者是博，后者是深。在从国外来看，德国人喜欢著大部头的书，连篇累牍，无所不包，是趋向于博。英国人往往写小册子，用很漂亮的文字，把自己特殊的见解或发明写出来，是趋向于深的。在博与深的进程上，他认为博应在先，深应在后。“博而不深，无所归属，深而不博，无所取材。”①

在博深思想的指导下，王星拱说，武汉大学的课程有一定的标准，切近的应用和基础的理论自然都应当顾到。学校课程的重点应该是基础课。但他又说，“学校里所学的东西，不能和社会距离太远，以至于不能适应社会之要求”。② 他认为博与深要真正落在实处还有待于学生的学。因此，他也要求大学学生，“应当刻苦用功，充分地学习近代事业所需要的知识，以求建设一个近代国家”。③

(4)关于育人条件——物资、大师与文化

①注重物资条件建设。校长们都非常注重大学的物资条件建设，把它作为育人的一项基本要求。

中山大学在迁校石牌之前，原有校舍分散破旧，且地处广州闹市，中山大学大学邹鲁认为这不但不适于攻读，还无法养成学生节俭的风尚。1932 年，他决心建设石牌新校园，并制定了一个六年三期的建校计划，将五个学院扩大为 7 个，建起了农学院、理学院、文学院等大楼和农林化学馆、化学工程教室、体育馆及数座工场，增办护士学校、医学院附属医院，创办农场、桑场、蚕业试验场等，为师生实习、科研提供配套场所。除改善校舍条件外，他还注意扩充教学设备。同时，他还设立专门机构，有计划地编译科学书籍等。

任鸿隽针对校舍分散、年久失修、战乱损坏等问题，决定对川大校舍进行彻底改造。校舍破土动工典礼于 1937 年 6 月在望江楼农学院举行，并先行建设了图书馆、数理馆、化学馆。自此，川大结束了学校四分五散的局面和尘嚣包围的

---

① 王星拱：《求学的态度》，载徐正榜、陈协强主编：《名人名师武汉大学演讲录》，武汉大学出版社 2003 年版，第 162 页。

② 王星拱：《大学之使命》，载徐正榜、陈协强主编：《名人名师武汉大学演讲录》，武汉大学出版社 2003 年版，第 177 页。

③ 王星拱：《大学之使命》，载徐正榜、陈协强主编：《名人名师武汉大学演讲录》，武汉大学出版社 2003 年版，第 178 页。

状况，全部集中建设于东外望江楼附近现址。①

他也注重充实设备，仅理学院就有比较丰富的设备仪器："普通试验用具211件，磁学仪器66件，力学仪器175件，天文仪器10件，热学仪器115件，气象学仪器24件。"②

王世杰担任武汉大学校长时，认为新的武汉大学的创造需要有五个条件：巨大的新校舍、良好的设备、经费的独立、良好的教授、严整的纪律。王世杰的许多具体的办学主张及治校方略都是围绕这五个方面展开的。其中他把物资条件放在首位。

林文庆把图书仪器的购置放在重要的位置。他讲："各种书籍与实验室之设置，亦甚重要。倘书籍不齐，仪器缺乏，虽有良好之高等专门教师，终不能有所发挥。故本校对于书籍及仪器之设置，拟特加注意，不稍存吝啬之心。"③

②强调大师的建设。梅贻琦先生有著名的大师论，所谓大学者，非谓有大楼之谓也，有大师之谓也。他在清华依靠大师办学已是众人皆知的事了。

任鸿隽认为教师是提高学校教育质量的关键。他掌校时聘请到了不少曾在东部国立大学和研究院里的知名学者，如文学院院长杨宗翰、农学院院长曾省、中文系主任刘大杰、生物系主任钱崇澍、园艺系主任毛宗良等。他曾经回忆说，"那时的四川大学很注重教师阵容，尽力网罗有真才实学的名家学者来校执教，学校办得很有生气，一时蔚为蜀学中心"。④

林文庆对教师在办学中的重要性有深刻的认识，提出聘教师要完全采取"人才主义"，对于高水平的人才要"极力罗致"，并给他们较好的待遇。他指出："教师之贤否与学校进行之前途有重大之关系。本校选聘教员完全采取人才主义，毫无畛域之见，对于各学科之著名高等专门人才极力罗致，使之尽毕生之力以从事各科之教授与研究，希望将来厦门大学成为我国南部之文化中心点。"⑤

③强调文化育人。李登辉认为教育要与美育打成一片。落实到办学上，就是

---

① 四川大学校史编写组编：《四川大学史稿》，四川大学出版社1985年版，第199页。
② 四川大学校史编写组编：《四川大学史稿》，四川大学出版社1985年版，第203页。
③ 洪永宏编著：《厦门大学校史》（第一卷），厦门大学出版社1990年版，第26~27页。
④ 四川大学校史编写组：《四川大学史稿》，四川大学出版社1985年版，第183页。
⑤ 洪永宏编著：《厦门大学校史》（第一卷），厦门大学出版社1990年版，第26~27页。

要使校园美术化，李登辉所追求的校园美术化包含两个方面的内容：一是指学校要创造美的自然环境和人文环境，让学生在学校里感受到快乐；二是要在学校里创造精神美，使学生在校园中能够保持思想清洁、身心愉快。他曾说：校园美丽好看，对于学生思想的影响会很大。环境好，学生心中自然就会快乐，读书也会一心一意。人生离不开道德，道德思想在学生时代需要培养。物质环境对于道德思想的培养有密切的关系。因之竭力求校园的美术化，使得学生身处其中，思想清洁，身心愉快，成为奋发有为的青年。因此，教育与美术要打成一片。①

私立辅仁大学校长陈垣同样重视校园文化建设。他当校长时，就采取了编辑出版各种期刊、组织各种社团、重视学生的文娱体育活动等来加强校园文化建设。

① 复旦大学校史编写组编：《复旦大学志》（第一卷·1905—1949），复旦大学出版社1985年版，第268页。

三、武大历史与武大校长

（一）武大历史

每年的11月29日，是武汉大学的生日。如今它已逾120年，跨越晚清、民国和中华人民共和国三个时代，也见证了中国高等教育从无到有、从弱到强，不断发展壮大的艰辛历程。下面按历程、成就和展望三个方面对武汉大学发展120余年的情况予以简单展述。

1. 百廿历程

武大120余年大体经过了学堂、师范、国立综合和新中国四个时期。

（1）学堂时期（1893—1911年）。1893年11月29日，湖广总督张之洞奏请光绪皇帝，在湖北设立自强学堂。他认为“盖闻经国以自强为本”、“自强之道，以教育人才为先”，故取“自强”二字。这座位于湖北武昌三佛阁大朝街口的新式高等专门学堂，设方言、算学、格致、商务四门。由此揭开了近代湖北高等教育的序幕。

1896年湖北自强学堂将方言一门逐步扩大为英语、法语、德语、俄语、东文（日语）5门。

1902年，自强学堂迁往武昌东厂口，改名方言学堂。1911年辛亥革命前夕，方言学堂因经费紧张而停办。

（2）师范时期（1913—1924年）。1913年，北洋政府教育部规划在全国设立6所高等师范学校，在华中决定以湖北武昌原方言学堂为基础，改建国立武昌高等师范学校，仿日本教育模式设立英文、历史地理、数学物理、博物四部。贺孝齐、张渲、谈锡恩、张继煦先后担任校长。

1922年，学习欧美模式改四部为8系，即教育哲学系、国文系、英语系、数学系、理化系、历史社会学系、生物系、地质系。

1923年9月，根据新的学制，改国立武昌高等师范学校为国立武昌师范大学，逐步推行美国模式。

(3)国立综合时期(1924—1949年)。国立时期大体分为酝酿时期、初创十年、西迁乐山八年及复员珞珈山四年四个时段。

国立大学的酝酿时期(1924—1927年)。1924年，国立武昌师范大学改名为国立武昌大学，石瑛任校长，开始向综合性大学迈进。

1926年，国立武昌大学与国立武昌商科大学、湖北省立医科大学、湖北省立法科大学、湖北省立文科大学等合并为国立武昌中山大学(又称国立第二中山大学)，设有大学部和文、理、法、经、医、预6科，计17个系、2个部。它是武大历史上的第一次大调整，也奠定了国立武大的发展基础。

国立武大初创十年(1928—1938年)。1928年，南京国民政府以原国立武昌中山大学为基础，任命湖北省教育厅长刘树杞代理校长，组建国立武汉大学，初设文、法、理、工4个学院。1929年5月，法学家王世杰正式成为国立武汉大学首位校长。他提出要把学校办成具有崇高理想拥有文、法、理、工、农、医6大学院的万人大学。1930年3月，经地质学家李四光等人的勘察，国立武汉大学在东湖之滨的珞珈山兴建新校舍。1932年3月，学校由东厂口迁入珞珈山。

1934年学校设立法科、工科研究所，开展专门的学术研究及研究生教育。1935年，开始招生研究生，逐步拓展大学的第二功能。1936年，学校正式成立农学院，从而发展成为有文、法、理、工、农5个学院、15个系、2个研究所的综合大学。

1937年，国立武汉大学与国立中央大学、国立清华大学、国立北京大学和国立浙江大学准备进行统一招生考试，从而跻身“民国五大名校”。

抗日战争全面爆发，国共两党大批军政要人蒋介石、陈诚、周恩来、董必武、郭沫若等云集珞珈山，共同开展对日抗战。

国立武大西迁乐山八年(1938—1946年)。1938年中日武汉会战打响后，学校被迫西迁四川乐山，农学院并入迁往重庆沙坪坝的国立中央大学。

此时，化学家王星拱校长在敌人的狂轰滥炸中8年艰辛办学。学校在全国学业竞赛、院士等拔尖人才的培养、部聘教授的评审以及在*Nature*、*Science*上论文的发表都创造了辉煌的业绩，与中央大学、西南联合大学、浙江大学并称为“民国四大名校”。

武汉沦陷后，珞珈山被栽种上了樱花树，成为日军的中原司令部。

国立武大东归珞珈(1946—1949年)。1945年8月15日，日本宣布无条件投降。同年9月1日，学校成立以杨端六教授为主任委员的复校委员会，开始东还。

此时法学家周鲠生接任校长，他于1946年恢复农学院、设立医学院，形成了文、法、理、工、农、医6大学院、21个系、8个研究所的办学格局，最终实现了王世杰校长的办学理想。

(4)新中国时期(1949—　)。这一时期将按计划经济、改革开放时期和新世纪三个时段展开说明。

计划经济的30年(1949—1979年)。1949年新中国成立，学校更名为武汉大学。同时，开始了武大历史上的第二次大调整。湖南大学、南昌大学、广西大学等大学的文理部分学科并入，学校的工、农、医、水利(1952年成立)等学院的专业调整出去分别组成了华中工学院、中南土建学院、中南矿冶学院、华中农学院、中南同济医学院和武汉水利学院，部分专业并入北京大学、中山大学、华南工学院。调整后的武大，成为以文理为主的综合性大学，设有9系1个专修科。

1953年2月，著名的马克思主义理论学家、教育家李达就任校长，致力于办又红又专的社会主义大学。1958年9月12日，毛泽东主席来校视察。1960年10月，学校被中共中央确定为64所重点大学之一。

1966年文化大革命爆发后，学校受到不同程度的冲击，校长李达被迫害致死。此时学校在鄂西北襄阳隆中建立过襄阳分校、在湖北荆州地区建立过沙洋分校。

改革开放的20年(1979—1999年)。在改革开放初期，化学家查全性院士倡议的恢复高考制度的建议被中央采纳，哲学家陶德麟参与的真理标准问题的讨论在全国影响巨大。

1981 年 7 月，刘道玉担任校长，在校内推行了一系列教学和管理体制的改革，大力开展与世界著名大学的合作交流，学校迎来了“文革”后的一个快速发展期。1984 年，学校成为全国首批成立的 22 所研究生院的院校之一。

继刘道玉之后，任心廉担任党委书记，齐民友、陶德麟、侯杰昌先后担任校长，他们继续致力于学校的改革发展。

1993 年，学校迎来百年华诞，决心以“自强、弘毅、求是、拓新”的校训精神，为在 21 世纪把武汉大学办成世界第一流大学而奋斗。1995 年 11 月，学校顺利通过国家“211 工程”预审，成为面向 21 世纪中国重点建设的大学之一。

迈向新世纪的 16 年(2000—2016 年)。2000 年 8 月 2 日，武汉大学与武汉水利电力大学、武汉测绘科技大学、湖北医科大学合并组建新的武汉大学，开始了武大历史上的第三次大调整。

强强联合后的武大，学科门类更加齐全、办学资源更加充分、师资队伍更加雄厚、研究实力更加强盛、社会影响更加深远。

2001 年 2 月 13 日，武汉大学正式成为中国“985 工程”重点建设院校。

迈向新世纪的武汉大学在党委书记任心廉、顾海良、李健、韩进，校长侯杰昌、刘经南、顾海良、李晓红、窦贤康的先后带领下正信心满怀地向世界一流大学奋进！

2. 百廿辉煌

走过了 123 年，经历学堂、师范、国立和新中国四个发展阶段，武大成为中国办学历史最悠久的大学之一，文化底蕴深厚。经过 123 年的建设发展，学校以其坚实的办学基础和卓著的学术声望，成为中国最杰出的大学之一。

123 年来，学校 4 移其校，终因濒临东湖水，环拥珞珈山，加上气势恢宏的中西合璧的宫殿式建筑，而成为世界上最美丽的大学之一。123 年来，学校先后与世界上 44 个国家和地区的 370 余所大学、科研机构建立了合作关系，成为中国最具开放意识的大学之一。

1999 年，世界权威期刊 *Science* 杂志将武汉大学列为 13 所“中国最杰出的大学之一”。2011 年，学校进入英国《泰晤士报》世界大学排名 400 强。中国校友会网在 2013 年中国大学排行榜中武汉大学位列第 9 名，2014 年位列第 5 名。在近几年的武书连中国大学综合实力排行榜中武汉大学位列第 7 名。

百廿的武大历程，是武大人才培养、科学研究、社会服务以及文化传承不断取得进步、逐步走向辉煌的过程。

(1)百廿的武大历程，是学校为国家培养优质人才的百廿。学校学堂时期培养的是能与国外打交道的实用外语人才，师范时期培养的是德才兼备国家急需的中学教育师资，国立以后培养的是国家需要的自然基础型、人文社科型、实用技能型的各方面人才。

人才培养的质量一直得到社会的认可，早在 1948 年，英国牛津大学致函确认：武大文、理学毕业生平均成绩在 80 分以上的，享有“牛津之高级生地位”，也就是说，世界顶尖大学认可武大的本科教育质量。

百廿来，众多英才曾在这里度过人生中最宝贵的青春年华。章伯钧、陈潭秋、罗荣桓、伍修权等曾在这里挑灯夜读；刘西尧、李锐、张培刚、欧阳予、朱九思、萧蘧父、刘诗白、谭崇台等曾在这里悬梁刺股。

百廿的办学实践，武汉大学已培养出 60 多万名高级人才，造就了一大批著名的政治家、军事家、科学家、教育家、文学家、艺术家、企业家。

近几年评选出的杰出校友就是其中的代表之一(1~7 届)：

端木正、黄彰任、陆长生、王佛松、钟期荣、欧阳予、庹震；

柯俊、张培刚、方成、黄孝宗、张效祥、陈荣悌、刘诗白、董辅礽、王梓坤、邹节明；

颜泽贤、张明高、江元生、刘先林、范云六、李锐、雷军、李京文、付向东、李方华、于刚、刘家恩、刘西尧、田源、陈东升、李连和、赵耀东、张学知；

陈俊勇、陈善广、陈文蔚、方辉煜、林宗坚、游效曾、王明庥；

胡代光、何炼成、潘垣、张家铝、易中天、熊召政、张晓刚、池莉、卡里姆·马西莫夫；

王小凡、王光谦、史文中、艾路明、李新昭、陈鑫连、杨惠根、胡知宇、喻杉；

毛振华、文龙、朱九思、陶凯元、康绍忠、董欣年、童朝晖。

(2)百廿的武大历程，是学校为国家奉献科学智慧的百廿。经过 123 年的发展，学校不仅培育出了法学、哲学、新闻学、图书馆学、情报与档案管理、理论经济学、公共管理、生命科学、水利水电、测绘、遥感、口腔医学等一批具有全国领先且具有国际影响力的学科，而且出产了建立在这些学科之上的科学研究成果。

1896年，湖北自强学堂总办蔡锡勇就撰写出我国第一部速记汉语拼音文字专著《传音快字》。民国王世杰、周鲠生等开展的法学研究，影响巨大，使武大赢得了“法学之王”的称号。杨端六、刘秉麟、皮宗石、陶因等开展的经济学研究享誉全国。1936—1949年，汤佩松、高尚荫、邬保良、梁百先等在《自然》和《科学》杂志上发表论文8篇。

新中国成立后，在自然和实用科学方面：李国平、齐民友、张远达等对数学的研究，桂质廷、梁百先等对物理学的研究，查全性、卓仁禧、张俐娜等对化学的研究，高尚荫、杨弘远、朱英国、舒红兵等对生物学的研究，夏坚白、王之卓、陈永龄、宁津生、李德仁、刘经南、张祖勋、龚健雅、李建成等对测绘科学的研究，谢鉴衡、张蔚榛、茆智、李晓红、夏军等对水电、机械科学的研究，邓子新、朱玉贤对生物、医学的研究影响深远。

在人文和社会科学研究方面：李达、陶德麟、刘刚纪等对马克思主义哲学、美学的研究，韩德培、马克昌、李龙、曾令良等对国际私法、刑法、宪法、国际法等的研究，吴于廑、唐长孺、石泉、冯天瑜、胡德坤等对世界历史、中国古代史、荆楚地理、历史文化的研究，李崇怀、谭崇台等对管理学、经济学的研究，彭斐章、马费城等对图书馆学、情报学的研究，宗福邦、于可训对语言、文学的研究都成就卓著。

他们都在自己的学科领域为人类的科学进步，为祖国的经济繁荣、社会的发展作出了突出贡献。

(3)百廿的武大历程，是学校为社会服务的百廿。到了20世纪，大学的第三个职能——社会服务职能在大学中产生并得到发展，大学通过开展成人和继续教育、建立科技园、建立校企联合中心或通过咨询、技术指导、成果转化等形式，直接或间接地为社会服务。

早在民国时期，学校就开展过不少社会服务活动。如1939年为国民政府航空委员会所需材料进行拉力、压力、冲力等方面的实验研究；1940年为嘉裕电气公司提供技术指导；1941年生物系教授高尚荫以“人工接种”的方式开展在土壤中增加氮素的试验，以改良川省的土壤结构等，这些工作都在一定程度上满足了社会的需求。

新中国成立后，学校的社会服务工作，前期以培训社会所需要的人才为主。改革开放以后，学校的社会服务工作不断地向广度和深度进军，逐步建立起官、产、学、研的服务体系。

学校先后参与了葛洲坝水利枢纽工程、长江三峡工程、黄河治理工程、南水北调工程等我国绝大部分水利水电工程的研究、论证、建设等工作，为我国水电事业的发展和农业的现代化作出了贡献。

开发了全数字化测图系统、GPS数据处理、地理信息系统基础等系列软件，在GPS全球卫星定位与导航、南北极科学考察等方面，为祖国的航天、信息安全、交通等事业作出了贡献。

学校还在马协型、红莲型杂交稻、高频地波监测雷达、高性能混合动力电池以及重大传染性疾病防治等方面产生了巨大的社会经济效益。

人文社会科学充分发挥“智囊团”和“思想库”的作用，为国家经济建设和社会发展提供了强大的理论保证和智力支持。

(4)百廿的武大历程，是学校为国家民族传承文化的百廿。武大百廿的文化传承是在大学校长们的理念实践中、在大学精神的凝练中以及大学人的奉献拼搏中逐步完善实现的。

晚清末年，拯救民族、文化复兴成为时代的主旋律，张之洞提出了“中体西用”、“经世务实”、“自强图存”、“三育兼赅”的理念，在华中创办了湖北自强学堂，为近代中国的高等教育及文化的转型奠定了坚实基础。

民国初年，建立新的文化体系、培养新人成为时代的要求，国立武昌高等师范学校作为六大高师中的一支，在贺孝齐、张渲、张继煦等校长的领导下，以“朴诚勇”的校训精神，砥砺前行，为新的文化孕育和成长打下坚实的基础。

民国中后期，为适应国家政治、经济及文化建设的需要，王世杰、王星拱、周鲠生等校长提出了“文化中枢”与“一流水准”、“人格训练”与“知识灌输”、学术“出品”与培养“造人”等大学理念，在“明诚弘毅”的校训精神的激励下，闻一多、陈源、刘博平、朱光潜、苏雪林、杨端六、刘秉麟、吴宓、李国平、高尚荫、桂质廷等名家，秉持学术独立、教育报国，自由民主、兼容并包之理念，为复兴中华文化、融合西方文化作出了重要贡献。

新中国成立后，李达执掌武大 13 年。他提出了“马列指导”、“红专并重”，“教学为主”、“教研结合”，“培养师资”、“民主管理”等系列办学理念，为在马克思主义指导下的社会主义新文化建设作出了不可磨灭的贡献。

改革开放以后，刘道玉、齐民友、陶德麟等校长扛起了改革的大旗，提出了“创造教育”、“教研并重”、“以生为本”、“一流目标”、“综合改革”等大学理念。尤其在改革开放的初期，开改革风气之先，进行了一系列的教育教学改革，武大也因此被誉为“教育改革中的深圳”，为社会主义文化的大繁荣留下了浓墨重彩的一笔。

2000 年四校合并，合并后的武大在侯杰昌、刘经南、顾海良和李晓红等校长的带领下，在“和而不同”、“学科、学者、学术、学风、学生”以及“顶天立地”的办学理念指导下，为把学校建设成为“中国特色、世界一流、国际知名”的高水平大学而努力奋斗！

3. 百廿展望

珞珈山水春常在，百廿黉宇奏新声。武汉大学，“自强”于 19 世纪，“弘毅”于 20 世纪，“拓新”于 21 世纪。面对新的发展机遇和挑战，武汉大学确立了新的总体目标：中国特色，世界一流；制定了新的发展战略：顶天立地；并在此基础上描绘出新的发展蓝图：

2015 年，稳固提升学校在中国高等教育第一方阵的位置，部分学科达到国际领先水平；2020 年，跻身世界一流大学行列，综合实力进入世界前 200 位；2043 年，建校 150 周年，总体建成世界一流大学，综合实力进入世界前 100 位。

风已正，帆已悬，自强不息、卓尔不群的武大人，必将借百廿华诞之东风，扬帆远航，再创辉煌！

(二) 武大校长

在武汉大学的四个时期，一任任校长们以民族振兴、国家富强为己任，带领广大师生员工呕心沥血，为武大一步步走向辉煌作出了应有贡献。

1. 学堂时期

张之洞、蔡锡勇、张斯枸、钱恂、汪凤瀛、程颂万、馨龄、曾广熔等一批人，无论是创办人，还是总办、提调、监督都履行过校长的职责。在民族危亡之时，他们以培养实用的救国济世人才为己任，励精图治、呕心沥血，为武大的早期发展做出了应有的贡献。

2. 师范时期

贺孝齐、张渲、谈锡恩、张继煦等人，背负着教育救国的重任，在东厂口40余亩的土地上，辛勤耕耘十年，把国立武昌高师、国立武昌师大，办成全国六大师范中靓丽的一支，为国家培养了一批教育师资和教育管理人才。

3. 国立综合时期

石瑛、张珽、李汉俊、黄侃、徐谦、刘树杞、李四光、王世杰、王星拱、周鲠生等人，在传承中国传统文化，弘扬人文教育；在传播西方大学理念，实践科学教育等方面为国家做出了重要贡献。此时的珞珈山新校舍建设，成为当时中国建设成就的一个典范；学校在《自然》和《科学》杂志上发表的论文之多，无与伦比。学校大师之多，具有普遍影响的"部聘教授"位居全国第4；学校学科之强，因有王世杰、周鲠生、燕树棠等一批法学大师，而获得"法学之王"的称号；学生培养质量之高，学校毕业的本科生因而取得"牛津大学"高级生之资格；发展影响之大，学校因而成为"民国五大、四大名校"。

4. 新武大时期

邬保良、李达、庄果、刘道玉、齐民友、陶德麟、侯杰昌、刘经南、顾海良、李晓红、窦贤康等人，踏着先贤们的足迹，在人才培养、科学研究、社会服务和文化传承等方方面面，成就卓著，将武大带入一个新的发展时期。

在新武大的早期，李达等人紧跟时代潮流，在高等教育学习苏联时期、自主探索领域都形成了系列的办学理念，传播了马克思主义，培养出了社会主义"又红又专”的专业人才。

在新武大的中期，刘道玉等人乘着改革开放的东风，在教育教学、学科调整、队伍建设、科学研究、国际交流、社会服务等诸多领域的改革亮点纷呈，学校一度被誉为“高校改革中的深圳”。

在新武大的近期，李晓红、窦贤康等人，在高校的大改革、大调整、大发展中勇往直前，在“顶天立地”、“树木树人”、“国际一流”、“人才强校”等办学理念指导下，必将创造出武大更加辉煌的未来！

5. 早期治校者选介

（1）**张之洞**（1837—1909），字孝达，又字香涛，号壶公，别号无竞居士，晚年号抱冰，直隶（今河北）南皮人。27岁中进士，以一甲第三名（探花）授翰林院编修。先后在湖北、四川任学政，两广、湖广、两江任总督。1907年8月，任军机大臣，主管学部。1909年10月，因病卒于京师，终年72岁，谥号文襄。他的作品经后人整理出版有《张文襄公全集》、《张之洞全集》。

张之洞是晚清社会最有影响的政治家、教育改革家之一。他一生践行以军事、实业、教育等多种方式来救国、强国的理念。特别是“兴学育才”的教育救国、强国的理论与实践，在他一生中占有十分重要的地位。1889年，他调任湖广总督。在长达近18年的治鄂实践中，张之洞倡行湖北的教育改革。因改革成效显著，他被称为“当今第一通晓学务之人”，而湖北也被誉为“全国教育示范省”，成为中国教育近代化的一个范例。

张之洞与武大结下了不解之缘，是因为湖北自强学堂经考证成为武汉大学的发展源头，而该学堂又是张之洞亲自提议创办的。1893年11月29日（光绪十九年10月22日），张之洞上奏朝廷，要求在湖北创办自强学堂。自此，作为武汉大学源头的湖北自强学堂轰轰烈烈地兴办起来。1902年6月（光绪二十八年4月），他致信湖北省学务处，要求设立一所方言学堂，将自强学堂的学生移入。湖北自强学堂改为湖北方言学堂。在督办湖北自强学堂、湖北方言学堂（1893—

1907)的14年里，张之洞以“中学为体，西学为用”为教育纲领，倡行“经世务实”的教育价值，推行“自强图存”的教育作用，坚持“三育兼赅”的育人理念。可以说，他在创办近代高等教育过程中进行了卓有成效的探索，为中国高等教育的发展作出了不可磨灭的贡献。

武汉大学现在之所以能发展成为一所国内外知名的高水平大学，也与张之洞奠下的基业不无关系。为使武大的后人们记得这位有功之臣，武汉大学在文科楼群中的经济与管理学院对面的侧船山旁竖立了他的铜像。2008年11月28日，学校105周年校庆日前夕，举行了铜像揭幕仪式，时任校长顾海良和杰出校友陈东升等为铜像揭牌。

(2)**蔡锡勇**(1847—1898)，福建龙溪县(今龙海市)人，是张之洞办理洋务活动的得力助手。曾在广州同文馆天文算学馆学习，是该馆的第一批学生。主要学习英、法、俄、德、日语及天文、数学、万国公法、测量、医学生理、物理、化学等课程。当过美国、日本等国的使馆翻译、参赞，并广泛涉猎西方近代新兴科学。懂得西方语言，尤其精通天文、格致、算学等。他是中国速记的创始人，而且是西方复式会计科学的引进人。他参考美国凌氏速记学，创造出一种以认读为主，声、韵相拼，分平仄四声的中国式拼音文字，定名为“传音快字”。1896年，蔡锡勇撰写的我国第一部速记汉语拼音文字专著《传音快字》出版发行。在广东、湖北追随张之洞办理过多项洋务事业。1889年，张之洞调武汉任湖广总督，蔡锡勇和辜鸿铭等5人随行。蔡锡勇直接参与创办了湖北的两湖书院、自强学堂、算学学堂、工艺学堂、武备学堂、矿业学堂、工业学堂、铁路学堂等，其中自强学堂更是倾注其全部心血。蔡锡勇还参与了汉阳铁厂、湖北枪炮厂、湖北织布官局等的建设。1898年2月因患脑溢血去世。死后被朝廷追赠“内阁大学士”。张之洞曾高度评价蔡锡勇“博通泰西语言文字，深究天文、格致(物理)、测算等学”，“臣所见办理洋务之员，其才品兼优，事事著实，实无能出蔡锡勇之右者”。

蔡锡勇是湖北自强学堂的实际创办人，他在任内主持做了大量的工作。在学生的招生上，起初没有明确的条件限制，只是确定在两湖茶商子弟中招收40名，后又决定增加10名，招收范围不限于茶商子弟。到学堂正式开办时又决定招收

80 名学生。学员的招生范围以湖北人最多，但也有江苏、湖南、四川、福建、浙江、山东、河南以及广东籍的学生。正式招生一年以后，他对学堂明确了报考的条件要求：招收名额以 120 名为限，后增加到 150 名。年龄在 15~24 岁，不符合者不予录取，考试以华文为基础。华文不好者不予录取，吸食洋烟者不予录取。考生进行笔试，在笔试的基础上，确定 2 倍的名额进行面试挑选。

在学科的设置上，起初决定在学堂内设置方言、格致、算学和商务四门。一年后，将学科进行了调整。张之洞要求学西方必须懂西文，认为方言为“一切西学之阶梯”。蔡锡勇于是将算学归并到两湖书院办理，将格致商学两门停办，将方言一门扩大为四个方向，即开设英、法、德、俄四国语言的教学，后因日本不断侵略中国，将学习东文(日文)也增加进来。

在扩大方言的同时，1896 年他又将设在铁政局内的化学堂并入进来。张之洞认为，西学中的自然科学成分很重，尤以化学为重。同时汉阳炼铁厂的开办，涉及许多化学知识，培养懂化学的人才非常必要。为了更好地翻译西方各类书籍，他在学堂内增设了翻译西书的机构，选译铁路、商务、种植、畜物以及治国之术等书，供人学习。

蔡锡勇认为，课程的设置是人才培养的一个基础。起初课程设置以西文、西学为主，汉文作为课外辅习未列入，以后增加了汉文课程。在光绪二十五年至二十八年(1899—1902)学堂开设有方言、历史、地理、数学、理科、地理、体操、兵操 8 门课程。总学时约为每周 42 小时，方言的学习时间约占 40%。为检测学习效果，学堂设有测验、月考和总考等考试形式。

在加强学生文化知识学习的同时，他也不忘学生的德性养成教育。学堂规定学生应专心致志学习，上课时不得兼做其他事情；学习期间，非特别重要的事情，不得请假；若学习未毕业，脱离学籍，将在学习期间的薪水及一切费用退回；学生在课堂须听华洋教习的约束，在斋舍或饭厅须听提调总稽察的约束，犯规者予以警戒或退学。

学生的成才，依赖于教师的培养。当时他主持聘请了不少中外文教师。教师中有洋文教员和汉文教员两种，可知的教员数达到 18 人。其中洋教习 8 人，包括俄籍 3 人、德籍 1 人、日籍 3 人、英籍 1 人。汪康年在学堂教过历史课，辜鸿铭在学堂教过英语课，英国人骆丙生在学堂教学多年，数学家华蘅芳及其胞弟华世芳也曾在学堂执过教。

湖北自强学堂从1893年正式定名，到1902年易名，经历了13年。在这13年中，为适应洋务事业的需要，培养了一批人才，仅1896年毕业的统计数字达41人，1899年在校学生数达75人。许多革命志士以及有影响的历史人物，如冯特民、刘成禺、马德润、沈翔云、夏维崧、赵恒惕都在学堂学习过。当时派往日本的留学生有不少是自强学堂的学生。

(3)**钱恂**(1853—1927)，字念劬，浙江吴兴人。做过薛福成幕僚，负责整理宁波天一阁的书籍。1890年，随薛福成出使西欧，考察英、法、德、俄、意等国，熟悉各国的政治、法律、教育、经济等情况，多有心得。回国后，协助张之洞从事洋务，深得张氏器重。1893年，出任湖北自强学堂首任提调，协助总办蔡锡勇聘请师资、制定规章、筹措经费、建筑校舍等系列工作，为湖北自强学堂的成长发展作出了重要贡献。

(4)**张斯枸**(1842—1899)，字听飙，浙江慈溪人。早年跟随传教士丁韪良学习西学，通晓英语。后由沈葆桢举荐入总理事务衙门。后陪侍郎郭嵩焘出使英国，充当翻译官。担任过清政府出使英、德、美等多国的驻外翻译官，从事外交事务长达17年之久。1897年，奉张之洞之命，负责湖北自强学堂事务。

(5)**汪凤瀛**(1854—1925)，字志澄，字荃台，江苏苏州人。光绪时的拔贡。1891年，出使日本。后入在湖北从事洋务活动的蔡锡勇门下，撰治文书。1897年任湖广总督张之洞的总文案，直到1907年。1898年，任湖北自强学堂提调。

(6)**程颂万**(1865—1932)，字子大，湖南宁乡人。1897年，自筹经费，创办私立湖北中西通艺学堂，成绩斐然，为张之洞所赏识，参与湖北自强学堂的创办。不久由学堂总稽察升任为学堂提调。1902年，自强学堂改名为方言学堂，仍为提调。主校期间，在聘请洋教习、强化教学管理、翻译西书等方面为学堂作出了重要贡献。他还担任过英、俄、日、德、法五堂的汉文教习。

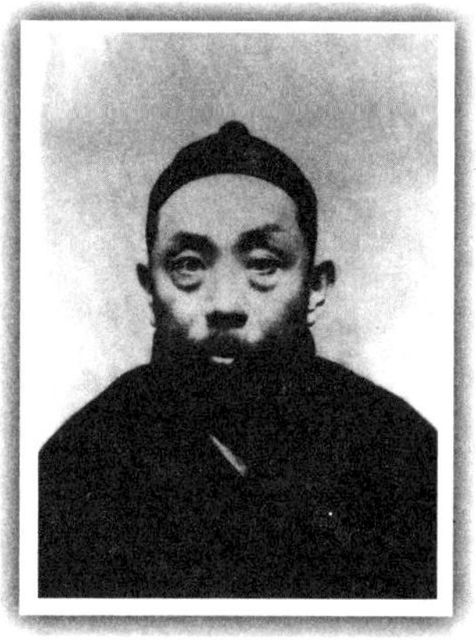

(7)**贺孝齐**(?—1945)，字伯中，四川永川人，

著名教育家。清末，东京高等师范学校毕业后到教育部工作。1913 年 7 月，受教育部委派以武昌东厂口方言学堂为校舍，负责筹备国立武昌高等师范学校，不久任校长。11 月 2 日，学校正式开学上课。初设预科，次年开办本科。设英语、历史地理、数学物理、博物四部，贺孝齐兼任历史地理部主任。1914 年 11 月辞去校长职务。

(8)**张渲**(? —?)，字绶青，直隶东光人。早年留学日本回国后任职教育部。1914 年 11 月接替贺孝齐任国立武昌高等师范学校代理校长，1915 年 11 月为正式校长。在其任内聘李芳柏、竺可桢等名师来校任教；支持建立各种学术团体，创办大量学术刊物。为给学生提供实习机会，1915 年 10 月他主持开办了附属小学，1916 年 4 月开办了附属中学。在主校后期确定了学校的校徽、校旗和校歌，1919 年夏辞去校长职务。

(9)**谈锡恩**(1874—1951)，字君讷，湖北兴山人。1889 年，入武昌经心书院读书，1901 年转入两湖书院。1904 年考入东京高等师范博物专科，1908 年学成回国。1912 年，任教育部视学。1919 年 8 月，接替张渲任国立武昌高等师范学校校长。任期内聘请名师黄侃、胡小石、王葆心等来校任教。北洋统治时期，学校经费时常出现困难，加上在革命的问题上与学生关系紧张，1922 年 2 月提出辞职，重回教育部。1931 年 8 月，调任湖北省图书馆馆长。

(10)**张继煦**(1876—1955)，又名张勋，号春霆，湖北枝江人。1888 年，入武昌两湖书院读书。1902 年，与李书城等人被张之洞派赴日本弘文书院学习，与刘成禺、蓝天蔚、李书城等创办《湖北学生界》。1905 年秋，在日本东京加入刚刚成立的中国同盟会。其文章如匕首投枪，引起清王朝统治者的惶恐。1906 年回国后，任湖北学务公所实业科科长。1912 年任湖北省立第一师范学校校长。1915 年，任教育部视学。1917 年，任教育部普通教育司司长。1920 年，出任安徽省教育厅厅长，1922 年回京。

1922 年 6 月，张继煦接替谈锡恩任国立武昌高等师范学校代理校长。在校实行混合编班，男女同校，在华中开风气之先。新学制颁布后，逐步推行欧美模式，将学校原有的 4 个部改为教育哲学系、国文系、英语系、数学系、理化系、历史社会系、生物系、地质系 8 个系，并废除学年制、实行学分制。聘请庄长恭、纪育沣、杜佐周、耿丹、李汉俊等著名学者来校任教。1923 年 9 月，国立武昌高师更名为国立武昌师范大学，次年任国立武昌师范大学校长。1924 年 11 月辞职离校，回教育部。1930 年，任湖北省通志馆总纂。

(11)**张珽**(1884—1950)，又名张肇，字镜澄，安徽桐城人。1905 年入东京高等师范学校博物科学习，获理学士学位。1914 年 8 月，被聘为国立武昌高等师范学校博物部教师，讲授现代植物学。1918 年完成《武昌植物名录》一书，是第一部专门介绍地方植物名称性状的力作。曾任国立武昌高等师范学校博物部主任，国立武昌师范大学、国立武昌大学生物系主任。1926 年一度代理国立武昌大学校长、国立武昌中山大学理科委员会主席。1928 年任国立武汉大学理学院生物学系教授。1947—1948 年任国立武汉大学教务长。1949 年武汉解放后被任命为国立武汉大学校务委员会委员，1950 年去世。

(12)**李汉俊**(1890—1927)，湖北潜江人，中国共产党创始人之一。早年留学日本，毕业于东京帝国大学。回国后主要从事著述和翻译工作，积极宣传马克思主义。1920 年 8 月与陈独秀、李达等共同发起组织了马克思主义研究会和上海共产主义小组。创办《劳动界》周刊，并主编《新青年》。1921 年 7 月出席中国共产党第一次全国代表大会。因与陈独秀、张国焘意见不一，回武汉从事革命工作。1923 年参与京汉铁路总工会成立大会领导工作。第一次国共合作时期加入中国国民党，并先后担任国民党湖北省党部执行委员、湖北省政府委员兼教育厅长、国民党湖北党部青年部长。1927 年 7 月汪精卫在武汉反共后，大革命失败，李汉俊年底被军阀胡宗铎逮捕，同年 12 月 17 日在汉口遇害，年仅 37 岁。中华人民共和国成立后被追认为革命烈士。

1922 年初，李汉俊从上海回到武汉后，即在国立武昌高等师范学校(武大前身)担任教授。1923 年 7 月学校改名为国立武昌师范大学，当时担任该校教授兼教务主任的耿丹与李汉俊有着非常友好的关系，他在李汉俊等人的支持下，致力于学校改革，形成“改革派”，时称湖北四大教授之一。但他们的改革遭到“经心派”的攻击，李汉俊、耿丹、胡小石、陈醒庵、钱秣陵等教授遭到排挤。李汉俊 10 月 4 日提出辞职。因校内纷争不断，校长张继煦此时也提出辞职。为此，学生分成两派，一派主张挽留校长，驱逐耿丹等教授；一派持反对意见。两派发生口角，几乎发生武斗。这场风潮发端于李汉俊，对于这次风潮他也有自己的观点。他认为人生在世要以对国家社会有益处为标准，武昌师大是湖北的文化中心，学生“爱其甚厚”，因此觉得吃师大这碗饭，对国家社会的益处要大些。在学校的具体管理上，他认为学校应该把有限的钱用于置办图书和教学仪器上，不应向学生收取伙食费，科目应当分班等。风潮起来后，他主张“湖北人拿湖北的钱在湖北办学校，应以发展湖北文化为目的，抬高学校的地位”。

李汉俊在武昌高师担任历史社会学系教授时，还筹建了历史社会学研究会，在校内办起图书室，收藏许多马克思主义的书籍和进步书刊，并编辑了《社会科学特刊》。开设了唯物史观这门课，成为我国高等院校第一个将唯物史观列为高校教材的教授，编写了《唯物史观》(上下册)教材，讲述了人类发展史，综述了各种哲学流派，阐明了唯物史观的基本原理。同时，他还开设了社会学，并作出结论：社会是“同类的有情者生命上相互必需的关系”，社会学就是讲这种关系的学说。

“五卅”运动后，国立武昌大学校长石瑛在军阀萧耀南的高压下，命令学校提前放假，没有考试。后因考试问题及与“国家主义派”的斗争，石瑛辞去校长职务。石瑛离校后，李汉俊、黄继刚等教授出面，组织了校务维持会，主持工作。

为了培养革命人才，1926 年 12 月，国民党中央和武汉国民政府，决定将国立武昌大学、湖北商科大学、文科大学、法科大学等学校合并成立武昌中山大学。李汉俊是筹委会的主要负责人。筹委会决定将校址分设三处，一处为前武昌大学(简称中大一院)，一处为前商科大学(简称中大二院)，一处为前法科大学

（简称中大三院）。

筹委会还决定大学实行委员制。李汉俊、徐谦、顾孟余、章伯钧、周佛海五人成为国立武昌中山大学委员。1927 年 2 月 20 日，武昌中山大学举行了盛大的开学典礼，主任委员徐谦发表演说，李汉俊在会上报告了学校筹备经过。学校的校务实际由李汉俊主持，他负责起草学校的组织大纲，聘请董必武等为校务委员，聘请鲁迅（未到任）、钱玄同、刘伯垂、陈启修、邓初民、陈望道、李四光、高一涵、李达、沈雁冰等社会名流为教授、讲师，还聘请了 5 个苏联教授及其他外籍教师。此外，李汉俊还十分重视学生的政治思想工作，学校专门成立了政治训练委员会。

1927 年 7 月 15 日，汪精卫叛变革命，在武汉的共产党员董必武、恽代英、钱介磐等迅速转入地下，李汉俊继续以国民党左派的身份坚持开展活动，他以湖北省政府青年部长、教育厅长和武昌中山大学负责人的身份，保护了武昌中山大学学生中的共产党员、共青团员，并聘请了李达、林可彝、刘云门等左派教授，守住了这块“赤化的学校”阵地。

李汉俊等人领导武昌中山大学的学生深入工厂，发动工人与南京国民政府做斗争，爆发了武昌震寰纱厂事件。李汉俊等人的行为引起了反动派的仇恨，明令通缉他们。12 月 16 日，桂系军阀胡宗铎在汉口日租界逮捕了李汉俊、詹大悲等人，12 月 17 日晚即被枪决。

李汉俊牺牲时，其遗孀陈静珠正怀有身孕，后生下遗腹女，取名李声馥，长大后，在父亲曾战斗、工作过的武汉大学读书，并参加了党的外围组织。新中国成立后，她入党并在武汉大学工作。

（13）**黄侃**（1886—1935），字季刚，湖北蕲春人。与章太炎、刘师培并称为晚清“三大国学大师”。1903 年入武昌文普通学堂学习。1905 年被官派日本早稻田大学留学，加入同盟会。在《民报》发表系列文章，为章太炎赏识，收为门徒。先后在国立武昌高等师范学校、国立武昌大学任教授。1925 年任国立武昌大学校务维持会主任。

（14）**徐谦**（1871—1940），字季龙，祖籍安徽歙县，出生于江西南昌。晚清进士。1912 年 4 月任北京政府司法部次长。1917 年，南下广州，参加护法，任孙中山大元帅府秘书长、司法部长、大理院长等职。1921 年，任广州护法军政府大理院院长。1922 年，任北京政府司法总长。1924 年 1 月，出席中国国民党第一次全国代表大会。1925 年 7 月任国民政府委员。1926 年 11 月，国民党中央政治会议决定迁都武汉，任国民党中央执行委员暨国民政府委员临时联席会议主席。1927 年 3 月，当选为国民党中央常委、中央政治委员会委员等。在武汉国民政府期间，徐谦与邓演达、董必武、郭沫若等人一起负责筹备国立武昌中山大学，任筹备委员会委员。

为给社会认识了解武汉大学提供必要的素材，为给高等教育研究提供个案资料，为给学校教学科研提供理论指导，在这里试着对校长的办学理念作一归纳、整理和研究。由于资料的缺乏和能力的限制，本书只选取 13 位校长作一些粗浅的研究，对校长的办学理念的提炼也只是一孔之见。

四、石瑛校长

（一）个人履历

石 瑛
国立武昌大学校长
1924.12—1925.12

石瑛(1878—1943)，字蘅青，湖北省阳新县燕厦区人(今通山县燕厦乡)。中国同盟会会员，民国政府官员兼学者。曾任国民党一大中央委员、南京市市长等，被誉为“民国第一清官”。

1904年，他公费赴欧留学。先后到比利时、法国、英国等国求学。学习海船制造与驾驶、铁道工程、军械制造等专业。1905年，与民国要员吴稚晖等接受孙中山指示，在英国组建同盟会欧洲支部。1912年，孙中山就任中华民国临时大总统。他奉召回国，参与国务活动。孙中山辞职后，他被派回鄂主持同盟会湖北支部工作，被选为湖北省议会议员与国会众议会院议员。袁世凯复辟称帝后，他参与国内掀起的反袁二次革命，失败后再次赴英国伯明翰大学学习矿冶，获冶金学士学位及冶金研究科毕业。

1922年回国，应蔡元培之邀任北京大学教授，并常常与知名学者李四光、王世杰等研讨治术政论之道。1924年1月南下广州，参加中国国民党第一次代表大会，当选为中央执行委员。1924年12月从北京大学南下武昌就任国立武昌大学校长。1928年，任湖北省建设厅厅长，与湖北省民政厅厅长严重、湖北省财政厅厅长张难先因意气相投，合称“湖北三怪”。1929年，任国立武汉大学工学院院长。1930年12月，任浙江省建设厅厅长。1932年3月，担任南京市长。

1935 年 4 月，辞去市长职务。同年 7 月，在冯玉祥的力举之下任国民政府考试院铨叙部长。1937 年 4 月，再任湖北省建设厅厅长，并与八路军武汉办事处的董必武合作在应城汤池举办湖北农村合作人员训练班，为抗日积蓄力量。1939 年夏，当选湖北省临时参议会议长。因患胃病，于 1943 年 12 月 4 日病逝。抗战胜利后，灵柩从重庆歌乐山麓迁葬武昌九峰山。其讲话、文稿汇编成《石蘅青先生言论集》。

他先后两次执教武大，为武大的发展作出了自己的贡献。1924 年 9 月，国立武昌师大校长张继煦因有关学系系主任的人选和办学经费困难等问题，要求辞职。教育部经研究决定，派北大理化系教授石瑛为国立武昌大学校长。

1925 年 1 月 18 日，石瑛在李四光的陪同下到任。他一到任就设立了二院一处，即文哲院、理工院和总务处。仍设立 8 个系，但将英语系改为外国文学系，从北大和其他大学聘来了一批知名教授，如李四光、陈建功、郁达夫、汤璪真、胡庶华、吴小朋等。经教育部同意，争取到湖北江汉关按月拨给的临时教育经费，年额度为 15 万元。为活跃学校的学术气氛，他先后邀请吴稚军、胡适、周鲠生、马寅初等知名学者来校讲学。他还对教师资格进行审查，将不合格者予以辞退。

石瑛在武昌大学的所作所为，尤其是审查清退不合格教师这一举动，遭到“国家主义派”(又称醒狮派)余家菊等人的反对。余家菊怕被辞退，于是先发制人，制造了一起“驱石学潮”，石瑛愤然准备辞职。学校师生得知这一消息后，坚决挽留石校长，教师薛德焴、王谟、黄侃、沈懋德、朱凤美、王南岩、陈建功、李汉俊、蔡中庄、纪育沣、张资平、郁达夫、杨振声、胡庶华、李拔我等自发组织起来，由李汉俊任主席，要求立即辞退余家菊，决定以师生联席会议名义恳请石校长留下来。并发起了一声针锋相对的“驱余留石”运动，打击了余家菊的嚣张气焰。1925 年秋，“国家主义派”的另一干将段锡朋从法国回来，与余家菊等串通一气，制造了一起捆绑石瑛校长的闹剧，并盗用武昌大学全体学生的名义在上海《申报》上发表了一份《武昌大学全体学生之宣言》，混淆视听。石瑛不得不辞去校长职务。

1928 年，南京国民政府决定改组武昌中山大学，组建国立武汉大学。7 月，大学院正式决定筹建国立武汉大学。8 月 6 日，蔡元培发布大学院院令，任命刘树杞为武汉大学代理校长，石瑛与李四光、王星拱、张难先、叶雅各、麦焕章等人被任命为新校舍建筑设备委员会委员。1929 年武汉大学工学院从理工学院分立出来，石瑛担任首届院长，也是该院的教授。当时工学院仅设有土木工程学一系。他于 1929 年 11 月到武大，1930 年 12 月离开。

(二)办学理念

被誉为“民国第一清官”，湖北文化名人，近代科学教育的传播者、实践者，石瑛先生曾经两次执掌、任教武大，对武大的发展作出了重要贡献。在办学理念上也提出了自己的一些见解，具体分述如下：

1. 明确综合　力促转型

民国建立后，为培养教育所需的师资，政府决定在全国建立六大师范学校，国立武昌高等师范学校就是其中一所。1922 年新的学制颁布以后，大学的升格风潮日盛。单一学院学校升格为大学、单一大学升格为综合性大学频繁发生。1923 年 9 月，存在 10 年的国立武昌高等师范学校为名为国立武昌师范大学。

1924 年 9 月，经教育部批准，国立武昌师范大学改名为国立武昌大学(1924 年 9 月—1926 年秋)。学校名称的改变，意味着学校的教育理念、人才培养目标等都要发生相应的变化。在这一转轨时期，1924 年 12 月石瑛临危受命，出任国立武昌大学校长。他一到任就明确要向综合性转型，要建一所综合性大学。在他任职的两年里，为学校由师范向综合性大学转变作出了贡献。

出任校长之前，石瑛是北京大学理学院的化学系教授。于是，他以北大的模式为参照对学校进行了改革和调整。1925 年 1 月 18 日，石瑛到职。到任后对学校进行了一系列的改革：

(1)改革学校组织机构。按照西方大学、尤其是美国大学的组建模式，大学下设置学院、院下设学系。于是，他将学校组织机构调整为二院一处(即文哲院，拟聘彭某为院长；理工院，拟聘李四光为院长；总务处)①，院下仍设 8 个系，

---

① 《申报》1925 年 2 月 14 日，第 3 版。

将英语系改为外国文学系。

(2)新聘一批教学师资。梅贻琦说过，“所谓大学者，非谓大楼之谓也，有大师之谓也”。一所大学，光有大楼不行，还得有大师。于是，他从北京大学和其他一些学校新聘了一些教授。当时，学校的教师有薛德焴(字良叔)、王谟、黄侃(字季刚)、沈懋德、朱凤美、王南岩、陈建功、李汉俊、蔡中庄(字百揆)、纪育沣、张资平、郁达夫、杨振声、胡庶华、李拔我等，其中的李四光、陈建功、郁达夫、汤璪真、胡庶华、吴小朋、黄侃等都是知名教授。

(3)举办系列学术讲演。人才培养作为大学的第一功能起源于11世纪以后兴起的具有宗教色彩的西方大学；科学研究作为大学的第二功能起源于1810年德国洪堡创办的柏林大学。1917年以后新的北京大学，基本上是蔡元培先生依照德国的模式创办起来的。石瑛来自北大，自然把北大学习德国崇尚学术的传统带了过来。1925年暑假，在他的指示下，学校举办了系列学术讲演会，邀请吴稚晖、胡适、周鲠生、马寅初等来校讲学。4人讲题分别是《上下古今谈》、《诗经“言”字之研究》、《国际形势》、《经济趋势》。讲演会由石瑛主持，听讲者十分踊跃。

此外，他还在学校经费筹措、师资的严格管理以及积极引导学生开展健康有益的活动等方方面面都进行了有益的探索。

国立武昌大学虽然仅存在两年时间，但在石瑛的治理下，已初具综合性大学的规模。在大学理念、教育管理、教育教学等诸多方面都为武大的发展奠定了坚实的基础。以后武大文科、理科的发展都有武昌大学的基因和血脉，因此，石瑛功不可没。

1926年秋天，北伐军来到武汉，历时两年的国立武昌大学遂告停顿，随后并入新成立的国立武昌中山大学(第二中山大学)。

2. 兴校办学　基础先行

1928年7月，南京国民政府决定彻底改组武昌中山大学，组建国立武汉大学。同月，大学院院长蔡元培指派刘树杞、李四光、王星拱、周鲠生、麦焕章、黄建中、曾昭安、任凯南、涂允檀等组成国立武汉大学筹备委员会，刘树杞为主任委员，负责筹备工作。8月6日，蔡元培发布大学院院令，任命刘树杞为国立武汉大学代理校长。经过紧张的准备，10 月 31 日，国立武大在原师大校舍——东厂口，正式开学上课。

建立一所华中一流的新的国立综合性大学，东厂口 40 余亩土地显然是不够的。于是大学院成立了国立武汉大学新校舍建筑设备委员会，任命李四光、王星拱、张难先、石瑛、叶雅各、麦焕章为委员，李四光为委员长，负责选择新校址。此时，石瑛利用委员会委员的角色，力主学校的基础建设，认为培养人才应基础先行。

此时，石瑛之所以被任命为国立武汉大学新校舍建筑设备委员会委员，是因为首先从专业上来看，他学的是工科，对工程建设相对熟悉；其次，从身份来看，他此时是湖北省建设厅厅长，对建设规划的制定、建设用地的核批以及诸多建设事务的协调有帮助。1928 年 8 月，他正式到任。作为一名建筑设备委员会的委员，到他 1930 年 12 月离开学校时，主要做了如下一些事情：

(1)参与决策。1928 年 11 月 28 日，建筑设备委员会在建设厅召开第一次会议，他与李四光、张难先、叶雅各、胡宗铎、刘树杞等 6 人，讨论了学校建筑计划：学校地点在卓刀泉东湖嘴一带；建筑物以宏伟坚牢适用为原则，不求华美；建筑物包括教室、实验室、宿舍、教师住宅、发动机厂、自来水厂、演讲厅、煤气厂、图书馆、陈列所等；建设费 100 万元；设备费 50 万元；费用由中央和湖北省各出一半。① 此次会议的召开，为新校舍建设的正式展开奠定了基础。不久，学校的建设就开始启动了。以后，只要时间允许，他就出席会议，参与讨论建设的系列问题。1930 年 11 月 22 日，正当学校的建设如火如荼的时候，他作为主席主持召开了建筑设备委员会第 15 次会议。会议通报了财政部继续拨付建设费等情况；讨论了校内马路一律铺上沙石、商人王职夫捐珞珈山北土地、委员会的经费收支情况以及自来水安装计划、教职员住宅第二批承包情况等。②

(2)修路筹款。李四光等人经过考察以后，决定在东湖之滨的落驾山(后由闻一多改为珞珈山)一带建校。但当时的珞珈山属于郊区，从洪山的街道口到珞珈山无路可走。这一修路的任务就落在时任湖北省建设厅厅长的石瑛身上了。以

---

① 参见武汉大学档案馆馆藏档案，档号 l7-1928-4。

② 《国立武汉大学周刊》第 76 期，民国十九年 11 月 30 日，第 1 版。

后学校周边的公路建设多由建设厅承担。新建学校，经费是基础，湖北负责一半。为保证经费的按期拨付，他与时任财政厅厅长的张难先没有少费心血。

在石瑛等人的努力下，新校于1929年3月1日动工勘测。8月15日，新校址的征地及圈定红线范围发布：东以东湖滨为界，西以茶叶港为界，北以郭郑湖(即东湖)为界，南面自东湖滨至茶叶港桥头上，总面积达3000余亩。

1930年3月，新校舍正式动工兴建。到1930年12月，石瑛离开学校时，文学院、理学院、学生宿舍等正在建设之中。国立武大早期的校舍建筑，因其选址得当，规划科学，布局合理，质量坚固，中西合璧，风格独特，成为当时中国大学校园建设的典范。2001年6月25日，以其具有历史价值、科学价值，艺术价值，被国务院批准为第五批全国重点文物保护单位之一。武大被誉为“世界最美丽的大学之一”，应该说凝聚着石瑛当年辛勤的汗水，他为武大新校区的建设作出的贡献不应忘记。

3. 培养人才　关注应用

他认为，在国家的建设时期，应用型人才不可缺少。因此，他在武大任期内采取了系列措施，为武大应用型人才的培养作出了贡献。

为培养国家建设所急需的工程建设专门人才，他主持创办了工学院，充实了大学的学科内涵。因处于初创期，院下仅设置土木工程系。他虽然只任院长1年多，但为工学院的建立和发展做了大量的工作。

(1)充实设备。他认为，办大学基础设施建设必不可少。民国建立以来的10余年中，国内大学的发展如像雨后春笋一般，但一提到设备，则令人非常失望。尤其是工科方面，学生除了从书本上求知识而外，几乎没有机会去实地练习。他还明确地指出了一些大学基础建设不足的事实。

这样的不足，所导致的结果必然是“贻误”学生。于是，他在工学院筹备期间，就指定一笔定款为购买机器及仪器之用。他首先充实的是测量仪器，包括经纬仪、水平仪、平板仪、流速计、卷尺、标杆等。其次是机械设备，在金工实习厂，配备了柴油机引擎、车床、洗床、牛头铇床、磨床、砂轮、钻床、钳床等设备，一次可供学生20人实习；在木工实习厂，配备了车床、锯床、木工桌、铇锯斧的设备，一次可供学生17~18人实习；在锻工实习厂，配备了铁炉、铁砧、风箱等设备，一次可供学生 10 人实习；在翻沙实习厂，配备了熔铁炉、砂箱等设备，除了供学生实习外，还兼做各种机件。他要求工学院除了特别购置外，每年要预备添购价值 2 万元左右的设备。这些设备的充实配备，为学应用知识提供了物质基础及实习平台。

(2)设置学程。应用型人才的培养，设置相应的学程十分重要。为保证土木工程建设人才的培养质量，他领导制定了学系的学程。学程规定，一年级要学习高等数学、普通物理、普通化学、画法几何、机械画、基本英文、工厂实习等课程；二年级要学习应用力学、材料力学、构造材料、平面测量、大地测量、地质学、高等数学、图解静力学、工厂实习、机械学、工程数学等课程；三年级要学习水力学、结构学、铁道测量及土工学、铁道建筑、钢筋混凝土、结构设计、道路工学、热力发动机、材料力学、材料试验等课程；四年级要学习自来水工程、卫生工程、钢筋混凝土计划、房屋建筑、水力试验、契约及规范、工厂管理、河工学、电工学、市政设计等课程。① 学程的制定，为学生学习必要的专业知识提供了一个规划线路图。

(3)制定规则。他认为，要想培养合格的应用型人才，还得有一定的规则制约。他认为书本中学到的有关工科方面的知识，只有通过实习才能巩固、融会贯通。为保证实习工厂的规范有序运行，他主持制定了《工学院工厂规则》，规定：工厂的工作时间为上午 8 点到下午 5 点；工厂的工人及学徒不得无故请假；不得损坏或私自带出工具，一旦发现将被开除；迟到或早退给予记过处分；无故旷工 2 次以上要被开除；不得在工厂内吸烟。② 工厂规则的制定，为学用知识的落实提供了法律依据。

他说，大学的设备，不是一种装门面、装观瞻的东西。学生要利用这些设备增长实践经验，提高应用技术。他之所以提出这样的要求，是针对当时不少学校的学生不重视实习而提出来的。他曾经参观国内几个工艺学校，工场主任对他说：学生多半不愿动手，穿着长袍大袖来到工场，远远站在机器旁边，要工人动手，自己在一边静看。即使万不得已，做点实习，也是敷衍了事。

---

① 《国立武汉大学一览》，民国十九年，第 59~64 页。
② 《国立武汉大学一览》，民国十九年，第 175~176 页。

针对这样的状况，他认为学校应该负有监督的责任，学生本人也要改变懒散的习惯，尤其强调有志于学工程的人，应该切实加以矫正。

(4)注重人格。他强调，应用型人才的培养还得注重人格的培养。他说，一个人如果人格丧失了，即使在法律、经济、政治、文学、科学或是工程诸学科学得再好，对于社会、国家都是没有益处的。这样的人，如果利用所学的知识去做坏事，对于国家、社会则更是一种祸害。

因此，他要求工学院学工程的人，对于理论上的学习丝毫不应放松，这不仅仅是为了个人，更是为了学有所成去为国家、社会服务。他要求学生出去做事，要有十二分的责任心，要有大无畏的精神。只有这样，中国的实业才有发展的希望。①

工学院建立后第一个成立的是土木工程系，第一届招生就成为全校学生最多的学系，这与石瑛强调应用型人才的培养不无关系。当时中国文学系一年级是 7 人、外国文学系是 15 人、哲学教育系是 14 人、史学系是 30 人、法律学系是 27 人、政治学系是 18 人、经济学系是 25 人、商学系是 1 人、数学系是 16 人、物理学系是 12 人、化学系是 11 人、生物学系是 6 人、土木工程系是 35 人。② 土木工程系的发展也成为后来工学院土木、机械、电机和矿冶四个学系中实力最强的一支。1935 年，学校开始招收第一批研究生，共招收的 2 名研究生都是土木工程系的学生。③ 工学院初创之时，在人才培养和科学研究表现出的强劲发展势头，都与石瑛的努力分不开。

(三)讲话选录

1. 1930 年 2 月 23 日在总理纪念周上的演讲节选

我们在这里仅对中山先生的人格的几个特点，略讲几句：刻苦；勤学；百折不挠的精神；大公无私的态度。

---

① 《国立武汉大学周刊》第 58 期，民国十九年 5 月 11 日。

② 《国立武汉大学一览》，民国十九年，第 239~260 页。

③ 周叶中、涂上飙著:《武汉大学研究生教育发展史》，武汉大学出版社 2006 年版，第 16 页。

(1)刻苦。提到中山先生的刻苦精神，他毕生都表现着。他自从香港医学校毕业之后，看到清政府的无望，便从事革命的宣传。谁都知道，最初的革命是要在荆天棘地中产生的。不仅要受政治上的压迫，个人生活的维持也会到极困难的境地。从个人的观点上说，中山先生本可以医为生的。然而以革命为职业者的中山先生，哪能过安闲的生活？不能安闲地生活，一定要做猛烈的宣传。宣传愈是猛烈，清政府布置的法网也愈严密。而中山先生遂过各处亡命生活了。最初的亡命，一般地都为有关系者所惧怕，何况当时的中山先生是清政府的大敌，别人更望而生畏。当然，以他的人格和学识，是能博得当时有识者的精神和物质上的帮助的，不过这种帮助，终是很少。在这种很少的帮助之中，中山先生奋斗着，把革命的精神提高，把生活的需要减少。少数人送着款去，他拿去做军事运动，或者拿去买书。记得他在英国伦敦的时候，住在一个很贫穷的人家里，每星期的房饭洗衣等款合在一块不过是 20 多先令。20 多先令只合当时的中国银币 10 余元。试问以那微小的数目，能过得什么舒服生活？记得他从英国到美国的华侨中去宣传的时候，为了筹备渡过大西洋的旅费，不知费了多少力气。后来，总理到美洲去了，总是在极贫苦的华侨家里住着。在那里，以总理高尚的人格和至诚的热心，得到了许多精神上及经济上的帮助，这是在革命时代谁都知道的。但是总理的个人，总算是刻苦至极，受苦至极了。他的意思是只要革命成功，纵是再大的苦也是甘心的；只要是能解决国民的“衣食住行”的问题，纵是自己缺乏衣食也不要紧。反观近来有些冒革命者的招牌者，其操行又究竟如何？国民的衣食住行，他们不管，但是自己无上的舒适是必要的。只要想到这里，对于总理的刻苦精神，更是不得不崇奉、回忆，而“感慨系之”了！

(2)勤学。在中山先生的整个革命生活中，除了与党员商量革命事情之外，总是手不释卷的。据我个人所知，中国革命党里个人购书，恐怕算他是最多的。这从日本书店的统计表上就可查到。只就这事实看来，中山先生的革命行动，确是根据他精到的理论，也唯靠他精到的理论，才能指挥本党的行为。所以，当他身故之后，除了他手创的党国而外，私人的财产，只有一栋旧屋，几万卷藏书。再从这点看来，不正是我们的模范？反看现在吧，有些误解革命的以为革命只要喊口号贴标语就够了，书是尽可不读的，所以把一切事情弄得东颠西倒，变成四不像的人物。在这里，想到总理在穷困时代、万忙时代，犹能手不释卷的轶事，能毋慨然?

(3)百折不挠的精神。革命不能一革就成的，总要经过许多失败；在东西方的革命史中，尤以总理的失败次数最多。在每次失败之后，有些党员不免灰心丧气。只有总理当每次失败之后，总能更激励奋发。他时常告诫党员，只要我们能继续奋斗，革命没有不成的。他预言着清朝必然要覆亡的命运；他激励着推翻清朝的革命者，是须要有高尚的道德、深湛的学识和百折不挠的精神。因之许多党员都能在他的精神统率之下，从事着革命事业。诸位记得，总理的最后的几句话吧!

(4)大公无私的态度。在最初的革命时代，是要号召着一切群众来参加的。而在兴中会、同盟会期间，为着分子数量的扩大，当然有些党员性质不纯。记得有许多人一经填上名字以后，便动摇害怕起来，要退出的有，要陷害中山先生的有。但是，当推翻了清朝政府在南京建设的新国都以后，对于往日陷害他的人，他依然量材录用，即使是反革命，只要一经改悟，仍然允许他效力。他时常说："人有错误不要紧，只要肯悔改，哪怕你昨天是反对革命，只要今天改悔过来，依旧可以作好党员。"这可见他大公无私的态度了。他对于政治上的意见也是一样，他的政策要别人讨论、参加、改正。固然也有时他不愿牺牲己见的，那是因为他当时觉得很对的；他一有发现不对的地方，便自己声明改正了。关于这点，我自己有几回都亲自看到过。也唯有这种精神，能使党内没有意见和纠纷。世界上有许多革命党到了将近成功的时候，便志骄意满，排挤倾轧，不计党国的利害，只计个人的威福。结果上下蒙蔽、贪污腐败的分子，互相援引勾结而政治遂造成无希望的局面了。我们翻开世界革命史来看，有多少不是这样功败垂成的呢？在这里想起总理的大公无私的态度，更是值得中外人都崇拜的。(《国立武汉大学周刊》第 48 期)

2. 1930 年 9 月 22 日在总理纪念周上的演讲节选

青年中有好多都是漫无目的地过着生活，这也是不对的。我们应该有一个远大的目标和理想。这里，我有一个故事对各位讲：化学中有一种元素为 Radium(镭)，原是 Curie(居里)夫人发明的。她原是波兰人，以恢复波兰祖国为己任。其夫在未结婚以前，便以改革社会为己任。他们两人常在一块儿讨论这些问题。

某日，男以函告女，谓科学为促进社会进步及解除人类痛苦的工具，彼此应该终身相伴，共同研究。这样，他们结婚的目的，除了爱情以外，还有一种高尚的理想。结婚后 Curie 夫人得其夫之助，不久即发现 Polonium(钋)与 Radium 两种元素。科学家从前认为原子是极小而不可分解的，自 Radium 发现后，这种观念完全被推翻。在这个故事里面，我是要告诉同学们，对于无论什么事都应该有一种理想的目的，不要糊糊涂涂地过着日子。

总之，现在建筑的新校舍固然很好，但是我们须得要怎样的用功、修养，抱怎样的志愿，才对得住这个新房子，对得住为这新房子出款的老百姓。(《国立武汉大学周刊》第 67 期)

五、刘树杞代校长

(一)个人履历

刘树杞
国立武汉大学代校长
1928.7—1929.2

刘树杞(1890—1935),字楚青,湖北蒲圻(今赤壁市)人,近代著名化学家、教育家。

1913年公费赴美留学,在伊利诺大学和密西根大学攻读化学工程,1917年获学士学位。后入哥伦比亚大学,1918年获硕士学位,1919年获化学工程博士学位。1921年1月回国,先后任厦门大学教务主任、理科主任。1928年2月,任湖北省教育厅厅长。

1928年7月,南京国民政府决定改组国立武昌中山大学,组建国立武汉大学。暂时以武昌东厂口原武昌中山大学一院为校址。不久,大学院给湖北省教育厅刘树杞厅长来电:大学院聘请刘树杞、王星拱、李四光、周览、麦焕章、黄建中、涂允檀、曾昭安、任凯南9人为武汉大学筹备委员。接着,大学院蔡元培院长下令:刘树杞代理武汉大学筹备委员会主任一职,并希望他与其他筹备委员一道,共同筹划,积极推进建校工作。同时,对要推进的建校工作做出明确规定:指定聘请闻一多为文学院筹备主任、王星拱为理工学院筹备主任、皮宗石为法学院筹备主任、梁明致为预科主任。希望尽快催促四位到位。待文、理、法三院筹备主任和预科主任到位后,组织临时校务会,负责办理本年招生、开学及聘任教员等事宜。在临时校务会成立后,筹备委员会完成使命,解除职务。

根据指令，刘树杞与诸委员先后召开了6次会议。7月20日，刘树杞向中华民国大学院、中央政治会议武汉分会报告了6次会议的情况。6次会议讨论制定了国立武汉大学组织大纲、建立国立武汉大学计划大纲、筹备委员会会议规则、筹备委员会办事细则、聘任教员规则、教职员待遇规则、招生简章等。7月24日，在刘树杞的主持下筹备委员会召开成立大会，启用木质印信。

他主持制定的组织大纲，强调学校以阐扬优美文化、研究高深学术、造成专门人才为宗旨。设立文学院、法学院、理学院、工学院、农学院、医学院等学院。大学毕业学生依法令授予学位，大学设研究院。大学设校长一人，总辖全校校务，由国民政府任命。设教务长一人，由校长聘任，处理全校教务及学术设备事宜。各学院各设院长一人，由校长聘任。各院设系主任，由院长商请校长聘任。各学院教授、讲师、助教由校长聘任，其规则由校务会议议定。校务会议，以全体教授选出代表若干人，由校长、各学院院长、各学系系主任组成，校长为主席。校务会议审议如下事项：大学预算、学院设立及废止、大学课程、大学内部各种规则、学生试验事项、学生训育事项、全校纪律事项、校长交议事项等。校务会议开会时，校长依大学组织法邀请专家列席。

为切实推进大学建设，8月6日，蔡元培院长发布第18号大学院令：任命国立武汉大学筹备主任刘树杞暂行兼代国立武汉大学校长职务。根据大学院的指令，刘树杞聘闻一多为文学院筹备主任、王星拱为理工学院筹备主任、皮宗石为社会科学院筹备主任、梁明致为预科主任。9月14日在刘树杞的主持下，临时校务会议成立，依组织大纲第4章第13条第2项的规定，宣布筹备委员会解除责任，由校务会议履行职务。

1928年10月2日，刘树杞主持召开第一次校务会议。出席会议的有刘树杞、闻一多、皮宗石、王星拱、梁明致、张镜澄、胡其炳、胡庆生、陈鼎铭，刘树杞为主席、陈鼎铭负责记录。到1929年3月1日止，刘树杞共主持召开24次校务会议。1928年9月19日，依据刘树杞关于颁发大印的报告，中华民国大学院发布第682号训令，颁发武汉大学木质镶锡大印一颗，文曰“国立武汉大学之印”；象牙小章一颗，文曰“国立武汉大学校长”。

经过数月的努力，各项工作有序进行。1929年1月9日，刘树杞去函教育部，请求辞去代理校长职务。刘树杞说，前大学院电令兼代国立武汉大学校长，受事以来，聘请教授、招收学生，一切布置粗有端倪。本任湖北政府委员兼教育厅长，综揽全省教育行政，事繁责重，无余力再兼校长职务。再四思维，唯有仰恳。

在请求辞去代理校长职务的同时，举荐李四光代理校长一职。刘树杞说，李四光系英国伯明翰大学毕业，久任北京大学教授，现任中央研究院地质研究所所长，在学术界负有重望，已经武汉政治分会聘为属校建筑设备委员会委员长。若以之继任校长，属校前途利赖必多。

不久，教育部同意刘树杞辞去武汉大学代理校长兼职，任命王世杰接任。在王校长未到任以前，令学校理工学院院长王星拱代理。3 月 13 日，刘树杞将本校木质锡镶校印一颗、牙质校长官章一枚，转交给代理校长王星拱。

从 1928 年 7 月，大学院下令创办武汉大学，到 1929 年 3 月刘树杞停止校务工作。学校在刘树杞的带领下，通过讨论学校组织大纲、聘任学院院长、成立校务会议、筹划新校舍建设以及在校务会议主持下的教师聘任、招收学生、课程设置等系列活动，使学校的筹建活动有序进行，为学校进一步的发展打下了坚实的基础。在这一活动中，代校长刘树杞功不可没。

1928 年，刘树杞初步建立的国立武大，与国立北京大学、国立北洋大学(后因学科调整，更名为国立北洋工学院)、国立山西大学(后取消国立)、国立东南大学(1928 年 5 月更名为国立中央大学)、国立广东大学(1926 年更名为国立中山大学)、国立同济大学(1927 年 8 月在上海)、国立暨南大学(1927 年 9 月在上海)、国立第三中山大学(1928 年 7 月改称国立浙江大学)、国立清华大学(1928 年在北平)、国立交通大学(1928 年)、国立山东大学(1929 年)等大学，成为民国第一批国立大学。

不久，刘树杞再度赴美国哥伦比亚大学从事专门的电化学工程研究，1930 年夏回国。以后任中央大学、北京大学理学院院长。1935 年 9 月 12 日，因心脏衰弱症发作而英年早逝，享年 45 岁。

刘树杞终身酷爱电化学和制革学的教学和研究。其博士论文《从铬酸盐废液中电解再生铬酸的连续方法》，曾获得美国的专利权。《电解制造铍铝合金》的研究成果在美国商务部被注册。他是我国研究熔盐电解制备金属钨及电解制铝的先行者。其遗著被学生刘云浦教授汇编成《刘楚青博士专门论著汇刊》出版。

(二)办学理念

刘树杞短暂的一生，学习、工作经历都十分丰富。有过海外的学习背景并具有高学历，学习的是自然科学且侧重于应用。学成回国后，在多所著名高校当教授，在高校和教育部门做过管理。这些都对他办学理念的形成有着重要影响。他认为，一所大学，尤其像武汉这样的大学应该成为国家和民族文化传承的中心，同时在大学里应该十分注重科学知识的教育。

1. 文化中心

刘树杞认为大学应该是文化的中心，1929 年 1 月 5 日在国立武汉大学补行开学典礼上，他说，大家知道武汉在过去是中国经济和政治的中心，但在文化建设上则是比较落后的。因此，武汉大学在今后的中国，应该承担起文化中心的责任。①

为了实现文化中心之理想，他在筹建武汉大学时就从 5 个方面加以建设：

第一，注重党义教育。他认为孙中山先生建立的国民党是建设新的国家的支柱；而党义是指导中国前进的灯。因此，他要求武汉大学应该明了进而努力做到。他说，无论是大学预科或是补习班的每个学生，都要必修党义课程 2 小时以上。

第二，注重质量发展。他说，一个完整意义上的大学，应该具有工科、医科……但武汉大学现在仅设文学院、理工学院及社会科学院(文学院仅有中国文学系、外国文学系；理工学院仅有数学系、化学系；社会科学院仅有政治经济系)。这不是说医科、工科不需要，而是先缩小范围，集中精力，把一科一科地办好；不要挂了某一系的名，而滥竽充数，而应使各科简益求精。这样，才可挽救过去湖北“小学般”的中学程度、“中学般”的大学程度的恶症。② 以后，随着条

① 刘树杞：《武汉大学应该继起文化中心的责任》，载徐正榜、陈协强主编：《名人名师武汉大学演讲录》，武汉大学出版社 2003 年版，第 98 页。

② 刘树杞：《武汉大学应该继起文化中心的责任》，载徐正榜、陈协强主编：《名人名师武汉大学演讲录》，武汉大学出版社 2003 年版，第 98 页。

件的具备再在文学院设立哲学系，社会科学院设立法律学系和商学系。将理工学院分为理学院与工学院两院，在理学院设立物理学系。工学院先设土木工程和采矿冶金两学系。

第三，强调学术研究。他说，过去中国学术界的肤浅是无可讳言的事实，这种情况最大的症结，是因为大学课程浅薄的缘故。所以，现在新建立的武汉大学，在学术研究的道路上是要注重向深邃发展的。①

第四，办学建校先行。他说，学校学术的勃兴，大半依赖教授；而教授的聚集，则是看学校的精神。校址，宏大的建筑可以说是学校精神的体现！武大在中央教育部、湖北政治分会和省政府的指导之下，新校址已经测绘，并且将开始建筑。他说，新校址的建筑在武汉大学的产生和发展的前途上是具有无限曙光的。②

1932 年 5 月 23 日，他回国立武汉大学演讲时，看到武汉大学校舍建设取得的成绩，非常高兴。他说，3 年以前，记得在黄土坡山下的旧校舍里开会，那个位置是比较简陋的；3 年以后的今天，在这里开会，情形大不一样，地方要比以前整齐多了。在中国的教育史上，建筑如此迅速取得如此的成绩，是值得大书特书的事。应该感谢王世杰校长等各位先生们的努力！

同时，他说，在国内从事十几年的教育，有一个感想，起步较晚的国立学校能不能像私立或教会学校一样做出成绩来？因为平常看外国人办的学校，他们的建筑物非常完整，他们的一切设施也很有秩序，而国立学校的方方面面都不及。现在看到武汉大学的建设能有序地进行，虽然展示的只是建筑一个方面，但究竟还是一个可喜的现象。他说，这一看法，任鸿隽先生也有同感，夸武汉大学是全国很有希望的一个大学。他说，不仅仅任鸿隽这么认为，外面很多人也都这样认为。③

第五，培养实用人才。他认为武汉大学的课程设置及培养出来的人才应

---

① 刘树杞：《武汉大学应该继起文化中心的责任》，载徐正榜、陈协强主编：《名人名师武汉大学演讲录》，武汉大学出版社 2003 年版，第 98~99 页。

② 刘树杞：《武汉大学应该继起文化中心的责任》，载徐正榜、陈协强主编：《名人名师武汉大学演讲录》，武汉大学出版社 2003 年版，第 99 页。

③ 刘树杞：《中国科学教育的几个重要问题》，载徐正榜、陈协强主编：《名人名师武汉大学演讲录》，武汉大学出版社 2003 年版，第 102 页。

该是实用的。这是因为，正在建设的中国，人才是异常缺乏的；社会安定的现在，急需管导人才。为此，武汉大学在学术上要培养出适合于中国需要的建设人才。同时，在精神上也要培养出健全而高尚的人格，才能担当领导民众的重任。①

2. 科学教育

刘树杞先生学的是理科，从事的是自然科学的研究，因此对科学教育特别重视。尽管对学校建设的成绩赞不绝口，但他又说，在这里有一个希望，大家不应该单以物质的满足为满足，还要努力去注重学问的研究才好。② 这里的研究是指对自然科学的研究，为此，他对科学教育提出了应该重视的几个方面：

一要注重设备配置。他说，中国的科学教育，眼前是很幼稚的。因为，“工欲善其事，必先利其器”。学科学的人，比学文、法科的不同，一切工作的开展需要设备才行。他说，办理科，不仅要有图书，还要有仪器设备。在仪器方面又分两种：一种是普通的仪器，作普通的一般的实验之用；一种是特殊的仪器，作教授或高年级同学的特殊研究之用。他说，仪器怎么添设都是不够的，世界各国无论哪一个大学都不能将所有的仪器买全。但一个大学，普通应用的仪器却不可缺少，缺少了就不成其为一个大学。至于特殊的仪器，也不可不备，设备的多少，那就只有视经济的能力和需要的程度而定。关于书籍也分两种：一种是图书，一种是杂志。普通人以为学理科的只要在实验室里就够了，其实不然，理科方面所需用的图书，在量的方面虽然比文、法科的要少，但在质的方面却比较高，甚至于超过文、法科图书的价值。此外，理科方面的学术，到了成为一本书的时候，那至少是两三年以前的研究所得，一定是旧的东西了。因此还应该有杂志，从中可以看到人家近期在做一些什么试验的工作。一方面可供参考，另一方面也可避免研究的重复。假使没有这些设备，也就无法进行研究下去。③

---

① 刘树杞：《武汉大学应该继起文化中心的责任》，载徐正榜、陈协强主编：《名人名师武汉大学演讲录》，武汉大学出版社 2003 年版，第 99 页。

② 刘树杞：《中国科学教育的几个重要问题》，载徐正榜、陈协强主编：《名人名师武汉大学演讲录》，武汉大学出版社 2003 年版，第 102 页。

③ 刘树杞：《中国科学教育的几个重要问题》，载徐正榜、陈协强主编：《名人名师武汉大学演讲录》，武汉大学出版社 2003 年版，第 103 页。

二要注重课程设置。他说，国内各大学的理科课程，都有两个毛病：一是表面上课程设置得很多，而内容却不是那样切实；二是不注意相关功课的设置，例如化学系就只是专门安排许多关于化学的功课，而其他物理、数学等科则完全不涉及。他认为，宇宙间的各门科学，都是互为关联的，并没有一个天然的界限。这些错误，应该立即改正。他强调在功课方面，要注重基本的训练，不要泛泛求多，不切实际，就像盖房子要打好基础一样。①

三要注重研究问题。他说，中国的科学，向来只跟在人家后头跑，这样下去，始终对于世界没有贡献，而且就这样也是学不完全的。自己应该进行研究才是。他认为现在大学不注重研究的原因，一是中国的大学教授很少，而课程却很多，教授没有研究的机会；二是一般的学校也没有研究的经费；三是中国目前也没有研究的环境，不像国外容易引起研究某一种问题的兴趣。因此，他希望大学的理科，课时不要太多，只要稍有机会，教授和同学都应该从事研究的工作。②

（三）讲话选录

1. 1929 年 1 月 5 日在国立武汉大学补行开学典礼上的开幕词（选录）

我们知道武汉在过去是中国经济和政治的中心，但文化则瞠乎其后。武汉大学在全国统一后的中国，不客气地说，是应该继起文化中心的责任。（《国立武汉大学周刊》第 6 期）

2. 1932 年 5 月 23 日在国立武汉大学的演讲（选录）

我在这里有一个希望，大家不应该单以物质的满足为满足，还要努力去注重

---

① 刘树杞：《中国科学教育的几个重要问题》，载徐正榜、陈协强主编：《名人名师武汉大学演讲录》，武汉大学出版社 2003 年版，第 103 页。

② 刘树杞：《中国科学教育的几个重要问题》，载徐正榜、陈协强主编：《名人名师武汉大学演讲录》，武汉大学出版社 2003 年版，第 103 页。

学问的研究才好，这个，盼望各位先生和各位同学注意。

我们晓得，中国的科学教育，目下是很幼稚的。

我希望我们大学的理科，钟点不要太多，只要稍有机会，我们的教授和同学都应该从事研究的工作。(《国立武汉大学周刊》第 128 期)

六、王世杰校长

（一）个人履历

王世杰
国立武汉大学校长
1929.2—1933.4

王世杰（1891—1981），男，字雪艇，法学家，出生于湖北省崇阳县。5岁进入族人所建的塾中读书，后进入在武昌的南路高等小学堂学习。1907年，王世杰从南路高等小学堂毕业，考入湖北省优级师范理化专科学校。1910年秋，到天津北洋大学采矿冶金科学习。民国初期，王世杰和石瑛受命组建国民党湖北支部，并担任组长。1913年秋，王世杰被公费派往英国留学，入英国伦敦大学政治经济学院学习。留英期间，参加了中国留学英国学生组织的最大团体——留英中国学会。1920年，王世杰在巴黎大学完成了博士论文《联邦宪法权限的分配》并答辩，年冬学成回国。

1921年1月被北京大学代理校长蒋梦麟聘为教授，讲授行政法与比较宪法。他与钱端升撰著的《比较宪法》被商务印书馆出版后，在国内大学广泛采用，是民国时期再版最多、代表当时最高学术水平的宪法学著作。在北京大学任教期间，参与主办《现代评论》杂志，宣传民主政治。1924年被聘为广东大学教授。

国民革命军北伐占领武汉后，王世杰在武汉国民政府从事外交工作，参加了收回汉口英国租界的斗争。1927年6月，王世杰被南京国民政府任命为法制局局长兼任国民政府中央法制委员会委员。此时，王世杰还担任国立南京第四中山大学社会科学院法律系教授。1927年12月他被任命为湖北省政府委员兼教育厅长。

1929 年 3 月 5 日，国民政府教育部任命王世杰为国立武汉大学校长，5 月中旬正式上任。王世杰计划将武汉大学建成一所拥有文、法、理、工、农、医六大学院，学生超过万人的综合性国立大学。他认为创办新的武汉大学需要 5 个条件：(1)巨大的校舍；(2)良好的设备；(3)独立的经费；(4)良好的教授；(5)严整的纪律。

为此，他决定在武昌的珞珈山修建新校舍，分两期完成。他主持修建的第一批建筑包括文学、法学、理学、工学四座学院教学楼和图书馆、体育馆、学生宿舍、学生饭厅及俱乐部、华中水工试验所、教授住宅等。文学院、法学院两座大楼平行而立，遥相呼应；理学院和工学院则是两大片中西合璧的建筑楼群；学生宿舍、小礼堂典雅古朴，秀外慧中；图书馆高耸山顶，令人肃然起敬。建筑的顺序是先从宿舍造起，接着建院系和图书馆等。经过几年建设，新校区的建筑巍巍壮观。此时的系列建筑共 15 处 26 栋已于 2001 年 6 月 25 日被国务院公布为第 5 批全国重点文物保护单位。

担任武汉大学校长后，他把武汉大学的学科设置为文、法、理、工、农、医六科。他强调大学拥有一批一流的师资，是办好大学的基本要素之一，为此他延揽了一批优秀的教师，包括王星拱、皮宗石、任凯南、朱世溱、李剑农、周鲠生、邵逸周、俞忽、胡光廷、韦润珊、梁骧、陈源、杨端六、袁昌英、刘迺诚、戴铭巽、萨本圻等著名教授。

在办学方面，他主张男女同校，特地从天津聘请顾如到武汉大学担任女生指导；他十分重视慎重选择总务和会计，强调要以廉能为先，他挑选的总务主任熊鲁馨(国藻)，把武汉大学的总务工作安排得井井有条；他注重师生员工的身体健康，在学校设立有医务室，与当地良好医院约定为员工治疗；他十分重视提高学生的外语水平，要求本科学生通过一年级的外语学习，能够达到阅读外文书籍的能力。

在武汉大学担任校长期间，王世杰受到蒋介石的重视，1932 年 10 月 10 日蒋介石曾来到武汉大学，为教职员进行讲演。

20 世纪 40 年代末 50 年代初，从中国内地与海外来到台湾的武汉大学校友总计近 500 人，组织了校友会，主办了《珞珈》杂志，筹办私立珞珈工商专科学校。每次武汉大学在台湾的校友举行年会，王世杰总是尽可能莅临。1990 年 3 月，台北市国立武汉大学校友会设立了王世杰先生奖学基金会。从 1993 年起，基金会决定对在武汉大学攻读社会科学的在校研究生每年奖励 10 名。

1933 年 4 月王世杰担任国民政府教育部长。从 1933 年 5 月上任到 1938 年 1 月卸职，王世杰在教育部长位上任职 4 年零 8 个月，是自晚清学部成立以来担任全国教育行政最高首长任期最长的一位。王世杰担任教育部长后，于 1934 年以教育部名义颁布了《大学研究院暂行组织规程》，旨在为大学本科毕业生研究高深学术及大学教师从事研究活动提供条件。1935 年 4 月颁布了《学位授予法》，将学位分学士、硕士、博士 3 级。1937 年“七七事变”发生后，王世杰鉴于战争在不断扩大，将大学向内地、后方迁移和重组。

他任职的近 5 年时间，中国的高等教育有了长足的发展，学校的数量不断增加，过去高等教育特别是私立大学存在的诸多问题得到了整顿和解决，各类大学办学质量日益提高，办学体制日益完善。

从 1937 年“七七事变”后，抗日战争全面爆发到 1945 年 8 月，王世杰担任的职务主要有：中央政治委员会外交专门委员会主任委员；国防最高会议委员；国防最高委员会委员；军事委员会政治部指导委员；军事委员会参事室主任；国民参政会秘书长；中国工业合作协会理事；国民参政会主席团主席；三民主义青年团中央干事会干事；三民主义青年团中央监察会常务监事兼书记长；中央党政训练班总教官；中央党政训练班教育委员会主任委员；中国国民党中央宣传部部长；中央设计局秘书长；中国留英同学会理事；中国国民党中央监察委员会；国民政府外交部部长。

1945 年 8 月，日本政府无条件投降。从 8 月 29 日到 10 月 10 日他参加了国共双方的谈判。10 月 10 日，王世杰代表国民党在《双十协定》上签字。12 月 27 日，王世杰等国民党代表与周恩来、王若飞就停止进兵、恢复交通问题进行会谈。1945 年 8 月王世杰以外交部长身份签订了《中苏友好同盟条约》。1946 年 1 月 10 日政治协商会议在重庆国民政府礼堂举行，王世杰作为国民党代表出席了会议。王世杰和孙科、张群、邵力子等被认为是主张对共产党妥协、推行民主政治的人士。

1949 年初，王世杰迁居台湾。先住台中市，后迁至台北。8 月 1 日蒋介石任命王世杰为总裁办公室顾问和设计委员。20 日，蒋介石特任王世杰担任“总统府”秘书长。1953 年 11 月 17 日，王世杰被解除“总统府”秘书长职务。1956 年 6 月，王世杰被调到“中央研究院”。1958 年王世杰被任命为政务委员。1962 年 4 月 28 日，“总统”蒋介石特任王世杰为“中央研究院”院长，“中央研究院”是当时的最高科学和学术研究机构。1980 年，已届 80 岁高龄的王世杰因年老体衰，辞去“中央研究院”院长职务。

他一生著作颇丰，《联邦宪法的分权问题》《女子参政之研究》《中国奴婢制度》《比较宪法》《上海公共租界收回问题》《故宫名画三百种》《艺苑遗珍》《艺珍别集》等都是他的得力之作。

1981 年 4 月 21 日晨 5 时 30 分，王世杰因病在台北逝世，终年 91 岁。

（二）办学理念

作为一名大学校长，在如何办大学、办什么样的大学上，王世杰都提出了自己的想法。他认为，大学的使命是要担起文化中枢的责任，传播高深的知识和提高深邃的学术。大学要履行它的使命，应该有必要的经费、一定的建筑，要实行教授治校并严格选择教授以及有严整的纪律。在民族处于危机之时，大学还应该是延续民族精神生命的工具。

关于大学教育的目的，他认为灌输高深知识把学生造成一种学者 Scholar 与养成健全人格把学生造成一个“上等人”Gentleman，应该放在同等的地位。对于人格训练，应该设立种种制度，使学生在不知不觉之中，养成了许多优美的习惯。

他要求武大把高尚人格的训练和高深知识的灌输当作教育努力的目标。为进一步了解王世杰校长的办学理念，对其中一些典型思想作详细说明。

1. “一流水准”、“文化中枢”

国立武汉大学在较短的时间内成为当时国内知名的学府，并赢得许多的赞誉，这与王世杰的办学理想和胸怀、气魄有很大的关系。

1929 年 3 月 5 日，国民政府教育部任命王世杰为国立武汉大学校长，5 月中旬正式上任。王世杰计划将武汉大学建成一所拥有文、法、理、工、农、医六大学院，学生超过万人的综合性国立大学。王世杰在1929年5月22日就任武大校长的集会上讲："我不是来维持武汉大学的，而此行目的是要创造一个新的武汉大学。"①王世杰的讲话不仅向人们表露了他的打算和气魄，也给武大师生以鼓舞。在王世杰的心目中，这个新的武汉大学"要能履行新的使命，担起文化中枢的责任"②，不仅要能适应现在武汉的需要，并且要能适应将来的武汉的需要。这个新的武汉大学是一所有崇高理想、一流水准的大学；同时还是一个规模宏大的、完全的、名副其实的学府。

对这样一个新的武汉大学的创造，王世杰认为需要有五个条件：巨大的新校舍、良好的设备、经费的独立、良好的教授、严整的纪律。王世杰的许多具体的办学主张及治校方略都是围绕这五个方面展开的。

关于巨大的校舍。王世杰指出："就中国现时的各大学来说，没有一个大学可以说是有了一个有系统的建筑。如北大是由先前京师大学堂和别种学校改造的，如中央大学、广州中山大学都是先前高师改成的。但是所谓京师大学堂、高师等，实在不过是中等学堂的形式。一个办中学的校舍如何能办一个真正的大学呢？武大也是高师改成的，所以要想将武大造成一个真正的大学，第一个条件，便是完成新校舍的建筑。"

关于良好的设备。王世杰认为有良好的设备是建设一所良好的大学的基本条件，但武汉大学的设备太少，不能满足办大学的需要，因此要增加经费，采购图书、仪器设备。为了避免图书、仪器设备在购置过程中出现陈腐过时和不系统的状况，王世杰要求添置图书、仪器设备时都要经过专家的考订。对于校舍建成之后内部的设备配置，王世杰提出的原则是："我们的材料，求坚固而不求奢华，器具求卫生而不求舒适。"

关于经费独立。王世杰主张大学的经费应该独立，并认为教育经费独立是一种制度，在国外许多大学都采用了这种制度，并取得了很好的效果，中国应该采用。教育经费的独立，是办理教育减少建设上阻碍的一种制度，如果大学的教育

---

① 王世杰：《我不是来维持武汉大学的，而是要创造一个新的武汉大学》，载徐正榜、陈协强主编：《名人名师武汉大学演讲录》，武汉大学出版社2003年版，第109页。

② 王世杰：《履行新的使命，担起中国文化中枢的责任》，载徐正榜、陈协强主编：《名人名师武汉大学演讲录》，武汉大学出版社2003年版，第103页。

经费不独立，没有保障，大学就很难进行长远计划，聘请优秀的教员就会落空。因此，他讲："我们现在要努力的，是使经费完全独立。因为经费不独立，学校不能有长远计划，而良好的教员亦罗致不来。"但是当时中国的情况，决定大学经费不可能独立，也决定了武大在发展过程中，办学经费经常出现紧张的状况。对此，王世杰一方面多方集资筹款，另一方面亲自向国民政府财政部催款。对于学校的财政，王世杰坚持两个原则："一是无论经费怎样困难，建设不能中断，中断了再次提起来很不容易。二是力求节约，使每月实际经费保持在预算数目之下。"王世杰特别强调，在动荡的环境里，让经费支出保持在预算数目之下，使经费有节余，有利于学校的安全和发展。与此同时，王世杰还向学生报告学校的经费开支情况，如实告诉学生学校在办学过程中遇到的经费困难，希望学生在学校生活中要注意节约、节省，以帮助学校共渡难关。

关于良好的教授。在王世杰的心目中，教授是完成大学使命的关键，因此聘请到有真才实学的教授对于武汉大学的发展意义重大。他讲："大学的使命，一在教授高深学术，一在促进高深学术。有些学者是兼具研究能力与教授能力的，有些学者虽具特殊的研究的能力，却不善讲授的。大学既有上述两种使命，延聘教授的时候自然不能只聘前一种人才，而置后一种人才于不顾。"因此，在选聘教授时，王世杰强调"宁缺毋滥"。他强调严格地选择，同时主张"提高教师的待遇"他讲："必须对教授抱有'宁缺毋滥'的精神，要'提高教授的待遇'。前者是要得真正有学识的好教授，后者是要使教授不得兼职以集中精力。"

为了发挥教授的作用，王世杰强调学校要遵循"教授治校"的原则。王世杰讲："这原则的意识是：教授对内，能自由地、无碍地、敏捷地处理校内一切教务和教育行政上的事宜；对外，要不受政治上的限制(必须受限制者除外)。这样才能把学校治得突飞进展，才能在社会上取得尊严的地位。"王世杰任校长时，每周一次的校务会议均有教授参加，1932 年学校成立的 13 个委员会，均由教授任委员长。对于教师，王世杰期望他们明了学校发展的目标，把学校当成自己的一个家庭，涵养对学校的情感，热爱自己拥有的学校。他曾对学校的教职员工讲："盼望教职员把本校当作自己的一个家庭。过去也因为环境及政治上种种的关系，凡来本校服务的，很少有人打算把本校当作他们永久的工作园地的。现在我很盼望大家能够决心在这个学校永久工作下去，对于本校的感情一天比一天浓厚，把本校当作终身不可抛弃的一个家庭看待。”他对自己提出的要求是：“留校一天，当努力尽自己的力量，绝不敷衍苟且，空占其位置。”

关于严格的纪律。王世杰认为纪律是全校学生和全校教职员共同遵守的秩序。守纪律就是遵守秩序，他援引孙中山的话讲，中国人处于一盘散沙的状况，是太注意个人的便利，而不顾及团体的秩序，这在中国读书人身上又表现更为突出。他指出：“任何大学，如果没有严整的纪律，学校的发展是不可能的。”因此，他将“促进全校同事及同学尊重学校秩序的习惯”当作学校行政的一个基本原则。他说：“过去许多中国学校的失败，大半就是因为无稳固的秩序。我们有了尊重秩序的习惯，才能有良好的学风；有了良好学风，才能吸收及维系良好的教员及职员；有良好的学风和教师，才能得到社会的信任，才能使本校毕业生容易得到适当的职业，以为社会服务。”①

为拥有一批一流的师资，他在珞珈山的东南方修建 18 栋别墅，以筑巢引凤。果然一批优秀的教师，包括王星拱、皮宗石、任凯南、朱世溱、李剑农、周鲠生、邵逸周、俞忽、胡光廷、韦润珊、梁骧、陈源、杨端六、袁昌英、刘遒诚、戴铭巽、萨本炘等著名教授被延揽进来。

在他任内，武汉大学在 3000 多亩校园里陆续建成文、法、理、工、农(部分)学院大楼以及图书馆、体育馆、水工试验所、教职员宿舍、学生宿舍等各类校舍 7.8 万多平方米；全校教职员 200 多人，各类在校学生 700 余人，图书馆共有藏书 98832 册，图书仪器设备价值 130 多万元。截至 1933 年 10 日，武汉大学图书馆共有藏书 98832 册。

经过他短短几年的建设，武汉大学已跻身一流、享誉中外。1932 年 4 月，国联满洲事变调查团莅临武汉大学参观，调查团对武汉大学以低廉的费用建成如此宏伟的建筑深为赞许，武大的成就使中国提高了国际声誉。王世杰创办和主持的武汉大学，当时在海内外得到了广泛的赞誉。1932 年 10 月 10 日蒋介石来到武汉大学，为教职员进行讲演。1932 年 11 月，胡适曾到武汉大学讲学。地质学家丁文江当时曾来到武汉大学参观。国民党元老吴稚晖在参观武汉大学新校舍后说：

---

① 王世杰：《我不是来维持武汉大学的，而是要创造一个新的武汉大学》，载徐正榜、陈协强主编：《名人名师武汉大学演讲录》，武汉大学出版社 2003 年版，第 109~110 页。

“贵校校舍，可与世界各国最好之学府媲美。”①

王世杰任武汉大学校长，虽然为时仅 4 年，但始终对武汉大学怀着最深的感情，认为创办国立武汉大学，是他一生中最为自豪和欣慰的一件事。他一生在国民政府和国民党内先后担任过很多重要职务，但在临终前留下遗嘱，要求在他的墓碑上只刻写“前国立武汉大学校长王雪艇之墓”。他的字画中也常盖有一个“东湖长”的图章。以表达对东湖之滨、珞珈山上的武汉大学的深深眷念。

2.“人格训练”、“知识灌输”

对于大学教育的目的是什么？王世杰认为，大学教育的目的是重在“人格的训练”，或者是“人格的训练”与“知识的灌输”相并重。王世杰对各国大学教育的目的进行考察后指出，世界上的许多大学，如德法的大学、日本的大学，其教育目的主要是灌输高深的知识，是要把学生造成一种学者即 Scholar，因而侧重智育的训练；但也有一些大学，如英美的大学，其教育的目的是养成健全的人格，是要把学生造成一个“上等人”即 Gentlemen。对于这两种倾向，王世杰指出：“我个人觉得，在大学教育的计划上，人格的训练纵不能较重于知识的灌输，至少，也应该与知识灌输占同等的地位。”②

王世杰之所以要强调大学应加强“人格”的训练，这与他受教育的环境和经历是分不开的。王世杰 5 岁就进入族人所建的私塾中读书，以后又来到省城湖北省优级师范学校读书，1910 年毕业考入天津北洋大学。国内以《四书》、《五经》为主要内容的人文教育，为他高尚人格教育的训练奠定了基础。1913 年又考入英国伦敦大学重读学士学位，毕业后又进入法国巴黎大学攻读法学博士学位。国外的学习经历，让他感觉到国外的大学在传播知识的同时，也很注重“人格”的训练。他说，通过设立种种制度，可以使学生在不知不觉中，养成许多优美的习惯。为养成学生的自尊心，美国的大学在图书馆阅览室里废除了管理员，起初没有管理员，发生了图书损坏的现象，但在不知不觉之中，学生们形成了良好的阅

① 薛毅著:《王世杰传》，武汉大学出版社 2010 年版，第 44 页。

② 王世杰:《大学教育的目的》，载徐正榜、陈协强主编:《名人名师武汉大学演讲录》，武汉大学出版社 2003 年版，第 111 页。

览习惯，图书的损坏率就大大减少了。美国还在学生中推行一种考试“宣誓制度”，考前声明参与无人监考的考试，学生们通过大学四年的锻炼，最后就形成了一种良好的“自尊心”和“诚实”的习惯。①

同时，他提出在大学注重“人格”训练，也是针对当时大学里不太重视这一问题而提出的。他说：“中国的大学，对于人格的训练，均不甚注重。所以学校造出的人才，仍然不能肩负社会改造的任务。本校还在一个草创时期，但从今后起，应该把高尚人格的训练和高深知识的灌输一样看作本校教育努力的目标。”②

如何培养高尚的人格，他说：“对于诸位同学，我只有 7 个字奉献，就是——好学、吃苦、守纪律。”③就这 7 个字，他进一步解释道：“过去的一辈人，对于科学不可信任，或信而不肯努力追求，所以中国弄成今日的局面。我们要使将来的局面不和今日一样，我们这一辈子要好学。再则目前的社会，十分紊乱，天灾人祸，有加无已，假使我们不能吃苦，一点小事不舒服便不能忍受，那么，将来出去做事或继续求学必不能打破许多的难关。守纪律的事，中山先生是有深刻的认识的，他认为中国人只是一盘散沙，太注意个人的便利，而不顾及团体的秩序，这确实是中国人的一般毛病，尤其是读书人的毛病。”④

他认为，大学生具有高尚的人格，不光是自己成长的需要，更重要的是民族精神的延续。1933 年，正是日寇步步紧逼，侵略中国的时候，他在总理纪念周演讲的时候说：我们要“永远保持着吃苦不畏难的精神从事于一切工作”，因为“学校是延续民族精神生命的工具”。⑤（以上部分参见骆郁廷主编：《流风甚美——武汉大学文化研究》一书第二章，武汉大学出版社 2013 年版）

---

① 王世杰：《大学教育的目的》，载徐正榜、陈协强主编：《名人名师武汉大学演讲录》，武汉大学出版社 2003 年版，第 112 页。

② 王世杰：《大学教育的目的》，载徐正榜、陈协强主编的《名人名师武汉大学演讲录》，武汉大学出版社 2003 年版，第 112 页。

③ 王世杰：《把武汉大学建造成一个名符其实的学府》，载徐正榜、陈协强主编：《名人名师武汉大学演讲录》，武汉大学出版社 2003 年版，第 123 页。

④ 王世杰：《把武汉大学建造成一个名符其实的学府》，载徐正榜、陈协强主编：《名人名师武汉大学演讲录》，武汉大学出版社 2003 年版，第 124 页。

⑤ 王世杰：《学校是延续民族精神生命的工具》，载徐正榜、陈协强主编：《名人名师武汉大学演讲录》，武汉大学出版社 2003 年版，第 124 页。

(三)讲话选录

1. 1929年1月5日在国立武汉大学补行开学典礼上的演讲(选录)

我现在只谈几项关于武汉大学怎样去履行它的使命——传播高深的知识；提高深邃的学术。

为了真正能够把武汉大学办好，必须要经费独立。

教授对内，能自由地、无碍地、敏捷地处理校内一切教务和教育行政上的事宜；对外，要不受政治上的限制(必须受限制者在外)。这样才能把学校治得突飞进展，才能在社会上取得有尊严的地位。

武汉大学要履行它的新使命，必须对教授抱有"宁缺毋滥"的精神，要"提高教授的待遇"。前者是要得真正有学识的好教授，后者是要使教授不得兼职以集中其精力。

武汉大学要能履行新的使命，担起文化中枢的责任，我再总结地说，必须：第一经费独立，第二完成新建筑，第三实行教授治校，第四要严格选择教授并提高其待遇。(《国立武汉大学周刊》第6期)

2. 1929年5月22日在国立武汉大学欢迎王世杰校长莅校大会上的演讲(选录)

文化的建设比任何事件都急迫。

我不是来维持武汉大学的，此行目的是要创造一个新的武汉大学。

我们现在要努力的，是使经费完全独立。因为经费不独立，学校不能有长远计划，而良好教员亦罗致不来。

大学的使命，一在教授高深学术，一在促进高深学术。有些学者是兼具研究能力与教授能力的，有些学者虽具特殊的研究的能力，却不善讲授的。大学既有上述的两种使命，延聘教授的时候，自然不能只聘前一种人才，而置后一种人才于不顾。

任何大学，如果没有严整的纪律，学校的发展是不可能的。所以严整的纪

律，实在是目前武大改造过程中最急迫的需要。(《国立武汉大学周刊》第23期)

3. 1929年6月3日在总理纪念周上的演讲(选录)

大学教育的目的是什么？我个人觉得，在大学教育的计划上，人格的训练纵不能较重于知识的灌输，至少，也应该与知识灌输占同等的地位。

人格训练的方法，在大学内应怎样？英美的大学，对于学生人格的训练，在设立种种制度，使学生不知不觉之中，养成了许多优美的习惯。

不幸中国的大学，对于人格的训练，均不甚注重。所以学校造出的人才，仍然不能肩负社会改造的任务。本校还在一个草创时期，但从今后起，应该把高尚人格的训练和高深知识的灌输一样看作本校教育努力的目标。(《国立武汉大学周刊》第26期)

4. 1929年11月11日在总理纪念周上的演讲(选录)

自从中央决定改武昌中山大学为武汉大学以后，各筹备委员都充满了一个新的好的大学的希望。在某一次开筹备会的时候，李四光先生提出建设一个新校舍的主张。那时，适逢叶雅各先生——前金陵大学森林系主任，后受聘于湖北省政府计划改进农业事务者——于武昌东湖一带考察农林状况之后，对大家说武昌东湖一带是最适宜的大学校址，其天然风景不唯国内各校所无，即国外大学亦所罕有，于是李先生等亲去该地察看。以后，李先生到上海找到一个有名的建筑工程师开尔斯君同来武昌，请他到该地视察，时候在去年11月间。他察看后，亦力称该地为极好的校址。因为在建筑上说，那一带都是些不甚高峻的山，山石可以利用，水的供给亦好，泉水、湖水都可用。不过，那时尚未确定校址的范围。自我到校以后，才进行圈定校址的步骤。因为校址在武昌，须得地方行政官署依法协定公告，于是请湖北省政府派员去察看，回报是很好。但省府为避免一切纠葛计，更议决由省政府主席及省府全体委员会同本校校长亲去复勘。在他们看过以后，因为风景很好，不需拆民房，不含甚多之水田，坟墓亦不多，都很赞成于此设校址。于是省府会议时，便把此案通过，并正式公告张贴各处，这是诸位都曾看到的。省府公告以后，本校为慎重起见，特再呈报教育部，接着教育部也用指令核准了，并促本校从速进行。所以本校新校址的圈定，在法律上手续已绝对完成，不唯湖北省政府方面不能改变，即本校或教育部亦不能单方主张更移。

东湖一带树木很少，必须另外种植。应种的树木有 2 种：大树，植道旁；小树，植校林。小树已种 50 万株，活者约 60%，即 30 万株。大树拟于道路修竣时种植。

在东湖一带，在荒山间，坟倒不多，而本校工程的设计也极力避免迁坟事。在已设定的计划中，坟多的地方，如落驾山南，已决定作校林以免迁坟。狮子山南、落驾山北，是坟墓较少的地点，本校的主要建筑物即在这些地方。有少数的坟墓是必须迁移的。

绘图是建筑中最主要的事。开尔斯君和他的许多助手已经工作了 1 年。我们的条件是要又经济又坚固。在设计中，先做的是学生寄宿舍、食堂、礼堂、图书馆、文科建筑(文、法科暂时共用)、理科建筑(理、工科暂时共用)、教员住宅等。(《国立武汉大学周刊》第 36 期)

5. 1932 年 3 月 7 日在总理纪念周上的演讲(选录)

关于教育，1 个多月以来的大学教育，简直令人不忍谈到。本来，国内大学的重心，一在北平，一在上海。自从事变以后，政府的财政困难达于极点；北平仅仅是一个依赖美国庚子赔款的清华开了学，其余有五六个国立大学，近数月来都在停顿中。上海方面，不惟各校不能开学，而且如同济、复旦、中公、持志等校，连校舍都被炮火毁掉了。南京的唯一的中央大学，亦以经费无着未能开学。本校方面，12 月份、1 月份、2 月份的经费俱未领到；在上星期六，才仅仅领到财政部 1 万多块钱的维持费。照这种情形，本校也是不能开学的，但校务会议同仁体念到在这边不开学，那末，既成的建筑和设备，以及已经在进行中的工程等等，都会归于乌有，因此，便想法在汉口银行界借了几万块钱，以两个星期为限，才有 3 月 3 日的开学。本校现在每月的经常费是 85000 元，而迁移到这边以来消耗更多。即如仅就自来水一项供给而言，每日取水便需油两三百磅。我们现在极盼望全体的同事和同学们，都分外体念这种国难情形，事事节省，协助学校行政方面，勉力渡过这个难关。

本校新校舍开始设计的时候，是由缪恩钊担任测量的工作。缪先生开始工作是在 1929 年 3 月，离现在恰好是 3 年。校址经过法定的手续勘定，是 1929 年 8

月间的事，距今恰好是两年半。到了 1930 年 3 月间，才开始兴工建筑，距今恰好是两年。在座的同事或同学中，当有许多能忆及两年前植树节日到这里来植树的时候，我们的工人正在开始开山掘石的工作。从动工到现在告一段落的时期中间，我们所经历的种种困难，毋庸多说。

关于设计方面，是由李仲揆先生和美国工程师开尔斯先生负责，叶雅各先生也尽力不少。在这里，我们最要感谢的是开尔斯先生。他可以说是一个艺术家，他不计较报酬，而完全把兴趣寄托在艺术方面。他每每为了图样的设计，站在这个冷峭的山顶上一两点钟之久。在从事于理学院建筑的 1 月之前，他因为过度辛苦的工作，竟然在上海病了。这一病下来就有 2 年之久，到现在还未完全痊愈。病中几乎危急不起，可是我每回到上海去看他的时候，他的病室里总是满满地陈列着关于武大校舍的图案。最近他在上海听说武大全体迁到了新校舍，他竟又扶病到汉口来了。我们到汉口去会他，他的房里依然是满陈着武大校舍的图案，并且同时还在带病从事图书馆建筑的设计。他给予我们的帮助实在大得很！假使像平常一般市侩式的工程师，专门计较报酬的厚薄，那末我们的建筑也许更要发生许多困难了吧！在这个星期内，他或者会到我们这里来一次的。

关于建筑设备，有一个固定的机关，叫做国立武汉大学建筑设备委员会。这是经教育部核准设立的。因为现有的工程只算告一段落，以后有待于继续发展的很多，这个委员会当然要继续存在。它对学校是独立的机关，其收入和支出，完全是与学校经常费分离的，委员长是李仲揆先生；但因为李先生不能常常来校，事实上在 2 年前代理的是王抚五先生，1 年以前是石蘅青先生，1 年以来则是工学院院长邵逸周先生。这几位代理的先生一方面担任课务，一方面主持建筑等事，工作是永远在一种紧张状态中。还有叶雅各先生、事务部主任熊鲁馨先生、工程处的缪恩钊先生，对于这个委员会的事体，也都帮忙不少。即如坟墓纠纷的事，工人的许多纠纷，都亏他们设法解决。这几位先生我们都应该永远感谢的。

再则，承包主要建筑物的是汉协盛营造厂，老板是沈祝三先生。他的出身原很微贱，在汉口经营建筑事业有数十年之久，汉口的大部分的主要建筑如汇丰银行等都是他造的。可是现在他的目盲已有 10 多年了。他每天自早至晚，都坐在他的小办公室的桌边接应电话，指挥珞珈山及其他部分的工人从事工作。我们真抱歉得很！在他投标之后，金价大涨，而他所用的材料中，外货又甚多，因此，据他交工的时候的估计，亏本有 24 万元之多。他的估计是不是十分精确，我们虽不得而知，而他的亏累却是无可置疑的事实。可惜本校的经费也在十分困难中，无法补偿他。可是无论如何我们应该感谢他，当时肯以比较低廉的标价，担任这个巨大的而且困难的工事。

主要的建筑，除现在已经完成的外，在这狮子山顶，文学院的西旁，另有图书馆、法学院。在操场的北边有工学院，操场的东首有大礼堂及理学院第二院。狮子山后面的山上有医学院，医学院西北的山头为农学院院址。现在已经完成和将要完成的建筑共有 9 大栋：计学生寄宿舍 4 栋、大饭厅及临时礼堂 1 栋、文学院 1 栋、理学院 1 栋、女生寄宿舍 1 栋、工厂 1 栋。此外，教职员住宅现在完成及行将完成者共 50 余栋。另外有零星小屋 10 余栋，如消费合作社、洗衣店、商店、诊疗所、汽车站、发电厂等。在设备方面：自来水是已经完成了的，但只少一层滤水的工事未完成，在 1 个月内，此项滤水工事就可安置好；现在一起风，湖水便有点混浊，将来经过滤水的手续以后，那末生水都或者可以喝了。电灯的设置，大部分也已经完成，现在只有文理两院及一部分的路灯线还未竣工，一两个礼拜之内都可以装置完妥。电话的设置，一方面我们预备与城内通话，另一方面因为我们校内的区域广大，预备安置自动电话数十余架，以利消息的传达。这大约也在一两个礼拜以内可以完成。除此之外，尚有电钟、电铃的设备。因为教职员和学生的住所离教室饭厅太远，关于上课和吃饭的警号，绝非钟声可以让各处都听得见，因此，我们便已预备在理学院设置一个干电池，发动总钟，而在各处都分设子钟及电铃，在一定的时间里都同时响起来。这种装设，在两三个星期之内也可以告竣。

关于建筑的经费，到现在止，已经用去 160 余万元，而完成的工程仅及预计的一半(当初规定全部的工程，只是 150 万元)。然而，我想只要国内安定一点，武汉也安定一点，那末这里容纳到两三千人是极自然的事；然则这样的建筑也并不是很大的了。

我要在这里对于各位表示一两种新的希望：第一，自今日起，我希望全体教职员先生把武汉大学造成一个名副其实的学府。在过去的几年，本校处城市中，环境不好，大家都不免感觉烦闷。现在学校环境较宜于学术工作，我们的新希望也自油然而起。第二，盼望教职员把本校当作自己的一个家庭。过去也因为环境及政治上种种的关系，凡来本校服务的，很少有人打算把本校当作他们永久的工作园地的。现在我很盼望大家能够决心在这个学校永久工作下去，对于本校的情感一天浓厚一天，把本校当作终身不可抛弃的一个家庭看待。对于诸位同学，我只有 7 个字奉赠，就是“好学、吃苦、守纪律”。过去的一辈人，对于科学不肯相信，或信而不肯努力追求，所以中国弄成今日的局面。我们要使将来的局面不和今日一样，我们这一辈便要好学。再则目前的社会，十分紊乱，天灾人祸，有加无已，假使我们不能吃苦，一点小事不舒服便不能忍受，那末，将来出去做事或继续求学必不能打破许多的难关。守纪律的事，中山先生是有深刻的认识的，他认为中国人只是一盘散沙，太注意个人的便利，而不顾及团体的秩序，这确实是中国人的一般毛病，尤其是中国读书人的毛病。即如本校宿舍、饭厅等处，有些同学便往往任情任意地行动，不肯注意他人的安宁或健康，更不肯注意行政方面一切的困难。这都是平素缺乏尊重纪律的习惯的表现。本校现在正处极端困苦的境遇，如果诸位同学能一致地以“好学、吃苦、守纪律”自勉，本校教职员同仁当可得到不少的兴奋，本校或者可以终竟渡过目前的重大困厄。(《国立武汉大学周刊》第 119 期)

七、王星拱校长

(一)个人履历

王 星 拱
国立武汉大学校长
1933.5—1945.7

王星拱(1887—1949),字抚五,安徽怀宁人。近代中国著名的教育家、化学家、哲学家。

王星拱早年留学英国,学习化学。留学期间加入中国同盟会的欧洲支部。1916 年在英国伦敦理工大学获得理学硕士学位。不久回国,被北京大学校长蔡元培聘任为北大化学系教授。后回安庆组建安徽大学并担任校长。1928 年,国立武汉大学筹建时,先后担任国立武汉大学筹备委员会委员,国立武汉大学建筑设备筹备委员会委员,教务长、副校长、代理校长、理学院院长、化学系教授兼系主任。曾主讲高等无机化学、化学史、生物化学、化学实验、胶体化学等课程。1933 年 5 月至 1945 年 7 月任国立武汉大学校长。

王星拱任国立武汉大学校长 12 年,为武汉大学的建立和发展作出了重要贡献。

1933 年他接任校长后,在王世杰校长的基础上,完成了学校的基础建设。历尽艰辛开创的珞珈山新校区,奠定了以后武大发展的基础。当时确定的 3063. 9 亩(不包括 1936 年以后农学院在磨山南面的 4000 余亩农林场土地)建校土地,是一项非常有远见的行为。这一土地面积仅次于国立浙江大学(6533. 4 亩,含农场土地)、国立山东大学(5210. 6 亩)、国立北平大学(5070. 3 亩)、省立广西大学

(4063.70亩，含农场土地)，在当时全国的41所大学中处于第5位。

在他掌校的20世纪30年代，学校发展规模不断攀升。截至1936年，学校已有文(中国文学系、外国文学系、哲学教育系、史学系)、法(法律学系、政治学系、经济学系)、理(数学系、物理学系、化学系、生物学系)、工(土木工程学系、机械工程学系)、农(农艺系)5学院14学系。仅次于国立中央大学(7学院、29学系)，国立中山大学(6学院、22学系)，国立北平大学(5学院、18学系)，国立交通大学(5学院、16学系)，国立清华大学(4学院、16学系)。

30年代是学校师资力量大汇聚的时期。30年代累计有188名教授在此任教，平均每年有百余名。他们中有后来成为一级教授的李剑农、刘永济、刘赜；有成为"部聘教授"的周鲠生、杨端六、刘秉麟；有成为院士的王世杰、周鲠生、高尚荫、汤佩松。法学院因有王世杰、周鲠生、燕树棠，杨端六、刘秉麟、任凯南、陶因等一批名教授，法学院被誉为"法学院之王"、与交大的"工学院之王"、北大的"文学院之王"、清华的"理学院之王"，金陵大学的"农学院之王"并称为当时全国的几个"学院之王"。

30年代是学校科研产出丰硕的时期。科研成果的基础性、高端性、国际性都十分突出。中国文学系的谭戒甫出版著作15种，外国文学系的陈尧成出版著作17种，物理系的吴南薰出版著作18种，生物系的张珽出版著作13种。王世杰、钱端升的《比较宪法》，周鲠生的《国际法大纲》，李剑农的《中国经济史稿》，范寿康的《美学概论》，刘赜的《声韵学表解》，谭戒甫的《墨经易解》，刘秉麟的《财政学大纲》，刘迺诚的《比较政治制度》(上、中、下卷)，张珽的《植物生态学》，汤璪真的《绝对微积分》(译本)等都是享誉全国的大作。

1936年2月，汤佩松、宋秉南在 *Nature*，以 National Wuhan University 为单位，发表 *Change in Optical Rotation of Glucose in Dilute Solutions of Boric Acid* 的论文。10月，汤佩松、林春猷在 *Science*，同样以 National Wuhan University 为单位，发表 *Downward Shift of pH Caused by Addition of Glucose to Boric Acid Buffer Solutions* 的论文。

30年代是学校人才培养的凸显时期。学校早期培养的人才，少则几人，多则几十人。1933年以后，学校每年在校的本科生人数平均达到600人。这一培养规模仅次于国立中山大学、国立北平大学、国立清华大学、国立北京大学、国立中央大学等大学。1935 年，学校的法科、工科研究所开始招收研究生。与当时的国立北京大学、国立清华大学、国立中山大学、国立中央大学、国立北洋工学院、私立南开大学、私立燕京大学、私立东吴大学等，成为当时研究生培养的主要单位，是当时高级专门人才培养的重要基地之一。

30 年代是学校大学精神凝炼和革命意志锻造的时期。在王星拱校长的带领下，学校逐步形成了“明诚弘毅”的校训。“明诚”二字，出自《礼记·中庸》：“自诚明，谓之性；自明诚，谓之教；诚则明矣，明则诚矣。”“弘毅”二字，出自《论语》：“士不可以不弘毅，任重而道远。仁以为己任，不亦重乎？死而后已，不亦远乎？”

30 年代正是国家民族危机日益深重的时期，王星拱与珞珈山下的教职员工以民族大义为重，通过著书立说、宣传演讲，启迪国人；通过捐钱献物、抵制日货，践行抗日。狮子山上的学生们，当侵略军横行中华大地时，他们以自己的英雄行为谱写了一曲曲抗日救亡的壮歌，游行、罢课、抗议、宣传、革命等，在学校革命斗争史上写下了光辉的一页。

总之，西迁前王星拱校长领导的 4 年，是蓬勃向上的 4 年，也是奋发有为的 4 年，更是日新月异的 4 年！因学校发展迅速，一度与国立中央大学、国立北京大学、国立清华大学、国立浙江大学并誉为“民国五大名校”。

抗日战争全面爆发，他带领学校被迫西迁四川乐山，在敌人的狂轰滥炸中 8 年艰辛办学。

1938 年，当武汉岌岌可危之时。王星拱于 2 月 21 日召开第 322 次校务会议，商议迁校事宜，决定迁至四川乐山。3 月，部分教职员工与尚未完成学业的学生共 600 余人，乘船溯江西上，栉风沐雨，辗转反复，终抵嘉州。4 月，在乐山正式复课，迁川分部暂定名为“国立武汉大学嘉定分部”。7 月，人员全部抵达乐山，学校正式易名为“国立武汉大学”。从此，王星拱带领武大师生与大佛相邻，以三江为伴，弦歌不绝，以至八载。

王星拱领导的乐山 8 年，虽然漂泊流离，居文庙住神祠，白天日寇空袭，夜晚小偷光顾，吃的是“八宝”饭，时常病贫交加，但广大师生励精图治，以坚忍不拔的精神书写了武大校史上光辉的一页。因学术地位的提高和社会声誉的大涨，与当时的中央大学、西南联大和浙江大学一道，被世人并誉为“四大名校”。

王星拱领导的乐山8年，是大学精神传承的8年。此时学校以“明诚弘毅”为校训。8年，学校的先生们以“明诚弘毅”的精神坚守着学术独立，探索科学、弘扬人文、强化爱国等精神，使优秀文化、民族精神传承不息。正是因为有一批教育家们对大学精神的坚守，才有民国武大的辉煌。

王星拱领导的乐山8年，是教育救国的8年。8年里，刘永济、刘赜、徐天闵、苏雪林、陈源、方重、朱光潜、高翰、万卓恒、方壮猷、吴其昌、李剑农、刘秉麟、周鲠生、李浩培、刘迺诚、陶因、杨瑞六、王星拱、桂质廷、曾瑊益、江仁寿、黄叔寅、邬保良、叶峤、陶延桥、张珽、邵逸周、谭声乙、余炽昌、陆凤书、郭霖、白郁筠、陶延桥、赵师梅、陈季丹、周开基等在此任教。他们以无私奉献的精神，始终屹立讲坛，培养了一批又一批社会所需要的人才。

王星拱领导的乐山8年，是学术奉献的8年。8年里，由于一批学人的学术坚守，取得了瞩目的成绩。此时，学校以“国立武汉大学”为机构署名在*Nature*和*Science*发表科研论文4篇，加上抗战前后发表的4篇，共有8篇。为提高学术，教育部进行了两批部聘教授的评选，共有35人当选。武汉大学的周鲠生、杨端六、刘秉麟当选。位列全国第4名。学校的学术地位，李约瑟在《川西的科学》一文中的评价是，“武汉大学学术水平非常之高，甚至可与国立西南联大相媲美，这是毫无疑问的”。

王星拱领导的乐山8年，是服务社会的8年。为推行社会教育，王星拱校长亲自担任社会教育推行委员会主席，进行抗日宣传、民众教育、学术介绍、经济调查、法律咨询以及艺术公演等活动。在学术讲演中，燕树棠、高翰、郭霖、高亨、吴南熏、朱光潜、叶峤、王星拱、邵逸周、刘秉麟、桂质廷、涂允成等名家纷纷登上社会讲台。举办理科、工科、美术、图书及体育表演等学术展览会，普及科学知识。开办短训学校，办起了商业簿记补习班，为平民增加商业知识。还为国家航空委员会所需材料进行拉力、压力、冲力等方面的实验研究，为嘉裕电气公司提供技术指导，为四川省农业改进食粮进行豆科植物试验。还用马前子碱救治了乐山一度恐慌的“疤病”。

王星拱领导的乐山8年，是自强不息的8年。抗战期间，因物资供应的不足，师生们缺衣少食是常有的事。由于长期食用掺杂砂石稗谷的“八宝饭”，营养不良、体弱多病者比比皆是。乐山8年，吴其昌、黄方刚、郭霖、萧君绛、费监照、王若怡、孙芳等学者及学生计百余人客死于斯。他们所葬的荒丘，被称之为“第八宿舍”。即使如此，学生们面对艰窘困厄，发愤苦读，在当时的“全国学业竞赛”屡创佳绩，从这里走出陈荣悌、俞大光、欧阳予等十多名院士。教师们则勤勉治学、笃实育人。方重的《英国诗文研究集》、袁昌英的《法国文学（小史）》、吴其昌的《金文世族谱四卷（两大册）》、方壮猷的《东胡民族考》、杨端六的《货币与银行》、刘迺诚的《比较政治制度》、张珽的《植物生态学》等著作，都是勤勉治学的结晶；朱光潜教授讲课时的提纲挈领、戴铭巽教授的先易后难、戴镏龄教授的严格要求等都是笃实育人的体现。

总之，王星拱领导的乐山 8 年，广大师生以“明诚弘毅”的精神，坚守学术，传承文化。追忆这段历史，今天仍旧不应忘记当年师生们所秉持、弘扬的办学理念和大学精神，应当从厚重的历史中汲取更多智慧和教益。

1945 年 6 月，王星拱调任中山大学校长，两年后去职。1949 年在上海病逝。市长陈毅送“一代完人”的挽联，以示哀悼。

一生著有《科学概论》、《科学方法论》、《科学与人生观》、《什么是科学方法》、《哲学方法与科学方法》等著作。

（二）办学理念

王星拱治校思想开明，主张“学术自由、无为而治”。他认为大学的任务有三：在道德方面，大学应当成为国民的表率；在知识方面，大学应当探究高深的理论；在技能方面，大学应当研究推进社会进步的事业。他认为，大学应该注重基础理论研究，同时也不应该忽视知识的应用；在学生的培养上，既要使学生有广而深的专业知识，同时也应当是一名良好品行的践行者。下面对其办学理念进行一些具体阐述。

1. 注重“理论”、强调“应用”

办大学，有一个功能定位的问题，即大学的职能是什么？他认为，大学既要注重“理论”的研究，也不应该忽视知识的“应用”。

（1）注重“理论”。他在关于《大学的任务》的演讲中，明确指出大学应当探研高深的理论："在知识方面，大学应当探研高深的理论。""我们需要一种'为理论而理论'的知识。""希腊学术之所以发展成为古时代的学术之花，是因为它有非功利的精神。欧洲文艺复兴，也是为求正确的知识，不是为求切近的应用。纯粹理论的知识，是和艺术一样，不能用它的功利的价值来批评的。"①

接着他又对要进行探研高深理论的理由进行了说明，强调了理论的必不可少。他举例说，我们为了解决吃饭的问题，就得去种田。但是，为了保障收获的安全，增加收获的产量，我们要研究地质学，去考察土壤是否适宜；我们要研究气象学，去测量天时如何变迁。因为要研究地质学，又要研究化学；因为要研究气象，又要研究天文。而化学又牵涉到物理学，天文学又牵涉到数学。"而且为着以羡补不足，又要研究农村经济；为着贸迁有无，又要研究运输的便利；为着各安其所有，又要研究法律。因为这些研究，又要牵涉许多其他的地方。我们试看看，为着种田吃饭的问题，绕了这一个大圈子。这个大圈里所包含的东西，是和吃饭直接无关系的，然而又是和吃饭间接有关系的。"②

明确了探研高深理论的理由，还要讲求探研理论的方法。他认为应将理论和实际有机的结合。他说："在论理学上，有归纳和演绎，归纳注重事实，演绎注重理论。各种学问里边，有事实，也有理论。倘若我们只管庞杂的事实，而不管贯穿的理论，其流弊是千头万绪无所归宿。倘若我们只管抽象的理论，而不管证明原理的事实，其流弊是恍惚玄渺，不可捉摸。"③

重视理论的研究，他并不排斥应用。注重理论研究，不是为理论而理论，而最终目的还是为了应用。他说："理论之最后的目的是应用。"④

在理论与应用的关系上，他认为它们常常互相促进、互为因果，存在错综复杂的关系。"在科学史上，有许多的研究，先是为应用去做的，但是后来成了理论方面的发明；又有许多的研究，先是完全在理论上进行的，但是以后收了最大

---

① 王星拱：《大学的任务》，载徐正榜、陈协强主编：《名人名师武汉大学演讲录》，武汉大学出版社2003年版，第154~155页。

② 王星拱：《大学的任务》，载徐正榜、陈协强主编：《名人名师武汉大学演讲录》，武汉大学出版社2003年版，第155页。

③ 王星拱：《求学的方法》，载徐正榜、陈协强主编：《名人名师武汉大学演讲录》，武汉大学出版社2003年版，第151~152页。

④ 王星拱：《大学的任务》，载徐正榜、陈协强主编：《名人名师武汉大学演讲录》，武汉大学出版社2003年版，第156页。

的应用效果。波义耳研究气体在圆筒内之膨胀和收缩，原是想增加汽机的能率，然而因此而发明了热力学第二定律——科学中第一级的普遍的定律。德斐耳研究白金的接触作用，原是为工业制造而进行，然而因此而成立了热化学的基础。这是为应用而研究，而在理论方面得结果的。至于为理论而研究，而在应用方面得结果的，那更多不胜举。例如霍夫曼研究有机物质之构造，是理论的问题，而德国人造染料的工业，因此而发生。"①

正因为理论与应用存在错综复杂的关系，他认为不能忽视应用，但也不应抛弃理论。"我们固然不能漠视应用，但我们也不能为应用而抛弃理论。这种理论方面的探求，是大学所应当去做的。所以大学不应当只在教学上做工夫，还得要在研究上去努力。"②

他的这一理念在他的治校实践中始终一贯地坚持着。为加强学术理论研究，1934 年他主持成立了法科、工科研究所。1935 年正式招收研究生。这一举动紧随北大、清华和中山大学之后，在国立大学中是较早开展研究生教育的单位。由于法科、工科研究所是属于应用类的研究所，在国难当头的时代背景下显得十分必要。但即使这样，他仍不忘基础理论研究，所以在 1942 年，他向教育部申请成立了文科、理科研究所，以加强基础学科的理论研究。

(2)强调"应用"。他说大学要不忘"应用"，实际上就是对学生技能的培养，尤其应当关注对社会发展具有促进推动作用的技能的培养。"在技能方面，大学应当研究推进社会进步的事业。"③

他说，工业革命以来，工业的发展改变了人类的生活状况，但却使人们的社会生活日益复杂化。以至于"近代的各种人类事业，都含有专门化的性质；要从事于这些专门化的事业，都需要特殊的技能"④。社会的发展，需要有专门技能的人才。

---

① 王星拱：《大学的任务》，载徐正榜、陈协强主编：《名人名师武汉大学演讲录》，武汉大学出版社 2003 年版，第 156 页。

② 王星拱：《大学的任务》，载徐正榜、陈协强主编：《名人名师武汉大学演讲录》，武汉大学出版社 2003 年版，第 156 页。

③ 王星拱：《大学的任务》，载徐正榜、陈协强主编：《名人名师武汉大学演讲录》，武汉大学出版社 2003 年版，第 156 页。

④ 王星拱：《大学的任务》，载徐正榜、陈协强主编：《名人名师武汉大学演讲录》，武汉大学出版社 2003 年版，第 158 页。

时代的发展对有专门技能的人才提出了要求。中国是个工业落后的国家，洋货充斥，利权外溢。当务之急是要恢复农村经济，因为它是国民经济的基础。如果农村经济不能恢复，必然会影响到工业的发展。工业得不得发展，则国家无法强大。工业的发展就需要有专门技能的人才。当时有人主张，大学应当只研究理论的知识，只设文理两科就可以了。至于具有专门技能的人才的造就，应当由专门学校去负责。他却不同意这样的观点，他说："如果在大学里不能养成专门的技能，在经费较少、规模较小的专门学校里边，更不能养成专门的技能，所以这个责任，还是大学所应当负的。"①

也正因为"应用"在当时具有十分重要的意义，所以他在强调基础理论研究的同时，也不忘学生技能的培养。1934 年成立的法科、工科研究所，在某种程度上是侧重于应用，即培养学生技能的。学校迁往乐山以后，虽然办学条件十分艰苦，但他坚持新办了矿冶工程系，设立了机械专修科，培养了大批应用型人才。

在研究上也十分关注社会的需求。如 1939 年法科研究所经济学部的研究生在所长刘秉麟、经济学部主任杨端六的指导下，开展了对嘉定绸丝业及盐场的情况调查，还对嘉定其他工业经济的情况进行了调查。生物系教授高尚荫发现四川土壤中缺少氮，决定利用固氮菌增加土壤中的氮，以增进植物之生长。为此将开展对四川土壤情况进行调查研究，以便将固氮菌用于土壤改良。学校还与外单位合作展开应用研究。1939 年国民政府经济部中央工业试验所在嘉定(乐山)设置盐碱试验室办事处，从事试验与研究工作，我校被邀请加入予以协助研究。同年国民政府航空委员会第六修理工厂与学校理、工学院合作开展材料的有关拉力、压力、冲力、硬度及丝棉织品、橡上带等的拉力试验研究等。

2. 博深结合、国民表率

(1)博深结合。大学里应该以一种什么样的模式培养人才，他提出了博深结合的教育理念。

---

① 王星拱:《大学的任务》，载徐正榜、陈协强主编:《名人名师武汉大学演讲录》，武汉大学出版社 2003 年版，第 158 页。

他说，学习不外乎博与深。古今中外的大学问家，都不外乎这两类。古代六朝的学者分为南北两派。北方的学者，渊综浩博，如广处观日；南方的学者，清通简要，如窗中窥月。前者是博，后者是深。在从国外来看，德国人喜欢著大部头的书，连篇累牍，无所不包，是趋向于博。英国人往往写小册子，用很漂亮的文字，把自己特殊的见解或发明写出来，是趋向于深的。博与深的进程上，他认为博应在先，深应在后。“博而不深，无所归属，深而不博，无所取材。”①

在博深思想的指导下，王星拱说，武大的课程有一定的标准，切近的应用和基础的理论自然都应当顾到。学校课程的重点应该是基础课。这一指导思想对高年级和低年级都是适用的。这样安排课程是因为近代学校的制度和课程，是工业革命后所产生的。工业革命的影响，不但是在工业制造一个方面，其他如交通、商业、军事、政治……甚至于艺术、宗教一切的社会状况，都相随而有重大的变迁。因此，他说，“学校里所学的东西，不能和社会距离太远，以至于不能适应社会之要求”。② 事实上，当时大学学生失业，已经成为一个社会问题。有人认为大学毕业学生人数太多，社会上不能容纳；又有人认为多数大学学生所学的专门知识，不够精深，不足以满足各种事业所需要的条件。针对第二种观点，他愿意接受，而且“愿意努力提高大学之标准，充实大学之内容”。③

他认为学校课程的设置是问题的一个方面，博与深要真正落在实处还有待于学生的学。因此，他也要求大学学生，“应当刻苦用功，充分地学习近代事业所需要的知识，以求建设一个近代国家”。④

他说，在大学，虽是有四年之久，然而在头一年，既要补习高中之不足，后一年，又要补救出校后或者不能继续求学的缺陷，所以觉得功课很拥挤。这也是必然的趋势。在这样的情势之下，就要争取最高的效率。

同时，他还特别提醒学生不要犯眼高手低的毛病；不要忽视本系以外的科

① 王星拱：《求学的态度》，载徐正榜、陈协强主编：《名人名师武汉大学演讲录》，武汉大学出版社2003年版，第162页。

② 王星拱：《大学之使命》，载徐正榜、陈协强主编：《名人名师武汉大学演讲录》，武汉大学出版社2003年版，第177页。

③ 王星拱：《大学之使命》，载徐正榜、陈协强主编：《名人名师武汉大学演讲录》，武汉大学出版社2003年版，第177~178页。

④ 王星拱：《大学之使命》，载徐正榜、陈协强主编：《名人名师武汉大学演讲录》，武汉大学出版社2003年版，第178页。

目。他说：学校科学的分类不是一成不变的。各个院系的划分，实际上是为了教学的便利。其实各种学科，都有彼此相联的关系。研究任何一门专门的学问，往往都需要其他学科的帮助。因此，不要认为本系以外的科目无关紧要。

为了提高人才培养质量，在他任内，学校一方面注重第一课堂教学管理，改革教学课程，如在招考新生、课程选修、课程考试、成绩评定等环节都有严格的要求。

如为了提高本科同学阅览西书能力，校务会议通过了一个决议：本科一年级学生须一律选习一种课目叫做基本英文。修习期限为一年；如果第一学年修习完毕，考试不及格者须在第二学年补习一年。如第二学年仍不及格，则即其他课目考试及格，仍不准其升级。此案的目的，是想学生经此项课目及校中其他课目之训练，能得到阅览西书的完全自由。

另一方面注重培养学生的综合素质，如积极为学生的学习、体育锻炼、心灵陶冶创造条件。通过学生实习实践、"总理纪念周"演讲、体育运动等第二课堂活动，教育学生如何做人、如何做事；通过这些活动，使学生的身心得到全面发展，个性与群性得到协调发展，体能、技能、智能得到和谐发展；通过这些活动，进而把学生培养成具有健全的人格，一个身体健壮、心理健康的人，成为一个有知识、有专长、有道德、有高尚情操的人，成为一个有益于集体、他人和社会的人。

(2)国民表率。学校是培养人才的地方，但人才应该达到什么标准？他认为大学里培养出来的学生从道德方面来讲应该是国民的表率。"我们大学学生，应当做国民的表率。"①

在王星拱看来，大学生应当做国民的表率，既是大学生成才的需要，也是时代的需要。他说：我们的至善目标是民族生存、世界公理及人道，而依归至善目标是青年的义务、是青年的责任。他认为，在人类生存条件之中，精神和物质，不可偏废；无物质则无所依附，无精神则无所主持。物质不发展至一定的程度，

① 王星拱：《抗战时期应采取的态度和趋赴的方向》，载徐正榜、陈协强主编：《名人名师武汉大学演讲录》，武汉大学出版社2003年版，第183页。

则必贫而且弱；然而没有精神为之主宰，为之推动，纵有物质，也是无用的。①在这里他强调做国民的表率是大学生的义务和责任。“大学学生是受过高等教育的人，对于道德、经济两方面所应负的责任，必定比别人还要重大。”②

同时，他又认为大学生做国民的表率是当时时代的需要。在抗日战争年代，对日抗战是整个民族意志的表现。在历史上，无论什么战争，都比不上这一次抗战中的精诚团结、一心一德；男女老幼、士农工商，没有不提起日本人就痛恨切骨的。但“因为物质方面有缺乏的地方，所以精神方面，更不能不有艰苦卓绝的毅力、牺牲奋发的热心来补偿它”③。

因此，他要求背负着发展近代科学的青年学生应该从物质和精神两个方向去发展：一是在平常时期，要注重理智之分析，要注重物质之创制和补充；二是在非常时期，要注重情绪之奋发和意志之坚定，要注重精神的锻炼和警惕。他说，士为四民之首，读圣贤书，所学何事，所有最高的道德条件，别人所不能履行的，“士”都应当履行。所谓礼义廉耻，国之四维，四维不张，国乃灭亡，这个四维以复兴民族而使国不至灭亡之责任，大部分都在大学学生的肩膀上。因为在顺适的环境之中，不违犯道德的规律，是常人可以做到的事情；在困难环境之中，而不违犯道德的规律，只能责望于受过高等教育的人。现在我们国弱民贫，是在一种困难环境之中，所以“大学学生的责任特别大”。④

武汉大学西迁乐山后，学校的建筑设备，远不如以前，但学生在这样的环境中“精神”得到锻炼。本来不是用做校舍的房子，东借西凑，稍加改造，大成殿就变成了图书馆，火神庙变成了饭堂，龙神祠、露济寺变成了学生宿舍。小小的寝室放满了高低床，两人对面走路，就无法通过。多数的宿舍，是没有自修室，要读书，白天里去教室、去图书馆；到了晚上，有些同学在自己床前点盏小灯，

---

① 王星拱：《抗战时期应采取的态度和趋赴的方向》，载徐正榜、陈协强主编：《名人名师武汉大学演讲录》，武汉大学出版社 2003 年版，第 181 页。

② 王星拱：《大学之使命》，载徐正榜、陈协强主编：《名人名师武汉大学演讲录》，武汉大学出版社 2003 年版，第 178 页。

③ 王星拱：《抗战时期应采取的态度和趋赴的方向》，载徐正榜、陈协强主编：《名人名师武汉大学演讲录》，武汉大学出版社 2003 年版，第 181 页。

④ 王星拱：《大学之使命》，载徐正榜、陈协强主编：《名人名师武汉大学演讲录》，武汉大学出版社 2003 年版，第 176 页。

坐在床边读。或者，把饭堂临时又改作自修室，饭桌上铺一张报纸，作为书桌，就这样的大家在一起，整理每天所受的功课。

就是在这样艰苦的条件下，学校以做国民的表率的标准培养人，造就了一大批优秀人才。新中国的学部委员中彭少逸、陈荣悌、钱保功、张兴钤、欧阳予、张致一、张效祥；著名的机械工程学家赵耀东、张嗣瀛、葛绍岩、马骥、程无柱，著名的物理海洋学家、青岛海洋大学校长文圣常，著名电磁物理学家、西北电讯工程学院院长王一平，著名的经济学家刘涤源、谭崇台、万典武、刘诗白、甘士杰、席克正、胡代光、唐弘仁、彭情源，著名的法学家端木正、姚梅镇、王名扬、陈安旧、陈造福、唐表明，著名的物理学家张承修、张肃文、周炜、龙咸灵、林应茂，著名的生物学家杨希枚、王焕葆，著名的数学家张远达、路见可、王柔怀，著名的矿冶学家杨烈字、石声泰、许顺生，著名的新闻学家卢云、钱提辛，著名的出版家陈元直，著名的哲学家王玖兴、李匡武，著名水利学家张瑞瑾，著名化学家陈时侃、叶钟文、焦庚辛等，均在这个时期就读于乐山的武汉大学。[①]（本部分参见骆郁廷主编的《流风甚美——武汉大学文化研究》一书第二章，武汉大学出版社 2013 年版）

（三）讲话选录

1. 1929 年 3 月 11 日在刘树杞代校长离任时的讲话（选录）

从人类向上社会进化的立场上看来，道德、知识、技能，都占重要的位置，而尤以知识为基本的主体。因此，鉴别不明，故行为因之而错误。凡道德方面的缺陷，都是由于知识方面不健全。所以苏格拉底说："知识即道德。"至于因物致用的技能，更要借由知识做基础。征服天然，本是科学的能事。所以培根说："知识即权力。"由此言之，在主观方面的修养，不能脱离知识；在客观方面的应用，尤须以知识为源泉，足见知识是我们重要的宝藏了。

我们武汉大学，为全国四大学区之一。它在我国文化上，占据重要的位置，

---

① 涂上飙主编：《乐山时期的武汉大学》，长江文艺出版社 2009 年版，第 274~275 页。

是值得我们大家共同努力的。我们要秉承学术独立的精神，以满足我们共同求知的欲望，使武汉大学不愧为全国知识的中心。这是我们大家对于武汉大学所抱持的极热烈的希望。(《国立武汉大学周刊》第13期)

2. 1930年3月31日在总理纪念周上的演讲(选录)

关于学术设备方面的：学术是随时代而变迁的。古代所讲的学术，是偏重理性，近代所讲的学术，是偏重事物。前者是心理的，后者是物理的；前者是真心诚意，后者是格物致知。古代的学者，不妨独坐山洞之中，也可以立言万卷。在现在的时候，若要研究物有本来事有终始的至理，必定要物质方面有许多工具的帮助。没有完备的天文台，如何能够测定星球的位置和行动？没有发动机和工作厂，如何能够考较能力的应用和变迁？就是图书馆的储藏和阅览，也必定要有合宜的建筑，才可以防危险而收利用。所以新校舍的建筑，是极端需要的。

关于卫生设备方面的：卫生对个人身体的发展和民族健康的维系，都有重要的关系，那是不待言的。但是有人说，我们对于无论哪件事，只要刻苦就够了，何必要良好的校舍？我们承认：刻苦是极其重要；然而刻苦和卫生，是互相为用而不相冲突的。譬如说：洁净的水和充足的日光，都是卫生上必需的条件。水必须洁净，才能防止病菌之侵入，日光必须充足才能维护血能的生机。这两个条件，都必待有适宜的房屋，才能够满足。我们何能因为要刻苦而不讲求这两件事情呢？有一位日本人写一本书，叫做《硬教育》。他说：我们文明人类，因为舒适的日子过多了，组织都变得脆弱了。我们应当吃不易消化的东西、受大家所不能受的苦，以期增加抵抗困难的能力。他自己便以身作则，天天吃不易消化的东西，结果是送到肠胃病院去了。一般人说中国人抵抗病菌的力量，比西洋人强，因为中国人是在病菌繁殖的环境之中，经过天择而遗留下来的。但是，我们可能因为这个缘故，而不讲求卫生吗？抵抗困难的能力，固然是可以增加，但是也有限制。从这一点着想，适当的校舍，不是奢侈，乃是必需。

关于团体观瞻方面的：我们先说中国古代对于学校的重视。凡是一个酋长或皇帝攻克一个城池的时候，第一件要做的事，就是造圣庙，即是所谓辟雍泮宫。这些辟雍泮宫并且占据一个城池里顶好的地方，这是封建时代的事体，我们且不必说。我们试看看近代兴盛的国家，哪一国不是有一些规模宏大的大学呢？再以本国而论，武汉为全国的中心，为工业上、商业上、政治上重要的地点，为全国四大学区之一，难道不需要一个宏伟美丽的大学替我们国家一壮观瞻吗？所以，即便不从实质上讲而从形式讲，武汉大学也应该有一个很好的新校舍。况且，在此四大学区之中，北平因为旧首都的关系、南京因为新首都的关系、广州因为纪念革命策源地的关系，这几区的大学，或者是已有相当的建筑，或者是在建筑方面积极进行；那么，武汉大学，更应当有同样的发展了。(《国立武汉大学周刊》第53期)

3. 1932年12月12日在总理纪念周上的演讲(选录)

我们要使我们的国家成为一个健全、充实的国家，使我们的社会成为一个新时代的、为人类求共同进步的社会，我们必定要有可以担任这样使命的人才。要造就这样的人才，是不能只顾一项的。所以大学的任务，是很繁多的，但是概括起来，可以分作三方面来讲：

在道德的方面，大学应当树立国民的表率。所谓“士不可以不弘毅，士志于道，见危授命，见得思义，祭思敬，丧思哀，可以谓之士矣”……种种说法，都是注重士的道德和责任的意思。凡是在文学上、艺术上、宗教上、政治上……改革的运动，往往都是从大学里产生出来。就其概略而言，中国大学里所注重的道德，是趋于保守的一方面；欧洲大学里所注重的道德，是趋于进取的一方面。现在我们要成立合乎国情而又适应近代趋向的道德标准，这两种的精神都是需要的。这话似乎是不通之论，因为要保守就不能进取，要进取就无须于保守。但是我们所说的保守，是重在“立”，所说的进取，是重在“行”。能立而不能行，是僵立；能行而不能立，是乱行。我们要能够立得住，能够行得通，这两方面的好处，是不可偏废的。这就是人格教育。这样的道德责任，是要大学学生来做国民的表率的。

在知识的方面，大学应当探研高深的理论。

近代学术之最初的起源，本不是从应用方面发生的。希腊学术之所以发展成为古时代的学术之花，是因为它有非功利的精神。欧洲文艺复兴，也是为求正确的知识，不是为求切近的应用。纯粹理论的知识，是和艺术一样，不能用它的功利的价值来批评的。

在科学史上，有许多的研究，先是为应用去做的，但是后来成了理论方面的发明；又有许多的研究，先是完全在理论上进行的，但是以后收了最大的应用效果。波义耳研究气体在圆筒内之膨胀和收缩，原是想增加汽机的能率，然而因此而发明了热力学第二定律——科学中第一级的普遍的定律。德斐耳研究白金的接触作用，原是为工业制造而进行，然而因此而成立了热化学的基础。这是为应用而研究，而在理论方面得结果的。

把以上所说的综合起来，第一，我们需要一种"为理论而理论"的知识；第二，理论之最后的目的是应用；第三，理论和应用有错综的关系。所以大学不应当只在教学上做工夫，还得要在研究上去努力。

大学应当研究推进社会进步的事业。这里把技能排列在第三层，绝对不是看不起技能的意思，也不过是依着习惯如此排列罢了。

自科学发明而产生工业，自工业扩张而改变人类的生活状况，却是处处都有复杂化的趋向。换一句话说，近代的各种人类事业，都含有专门化的性质；要从事于这些专门化的事业，都需要特殊的技能。中国既不能闭关自守，那么，这些近代的事业，也不能不兴办起来。要兴办这些事业，就不能不造就有专门技能的人才。从来有人主张，大学应当只研究理论的知识，具体的办法，就是只设文理两科，至于具有专门技能的人才的造就，应当设专门学校去负这个责任。这样的制度，在欧美各国也有实行的，并且成效甚佳。但是在中国，恐怕不能得同样的结果。如果在大学里不能养成专门的技能，在经费较少、规模较小的专门学校里边，更不能养成专门的技能，所以这个责任，还是大学所应当负的。

学校的教育，须得适应社会的需要。直截了当地说就是：出了学校就可以吃饭的科目，我们就去教它、我们就去学它，这就是适应。生物的适应，固然是进化历程中的重大关键，然而适应的解释，也不是很简单的一件事。至于在人类社会之中，我们更不能无条件地讲适应。一个病态社会里所需要的东西，和一个健全社会里所需要的东西不同，所以要适应一个病态社会的条件，和适应一个健全的社会的条件不同。我们不能只管社会的需要是什么东西，我们应当改良社会，使社会需要它所应当需要的东西。专门的技能，是近代健全的社会所应当需要的。至于在目前状况之中，专门技能之不需要，乃是由于政治未入轨道、秩序不能安宁、工业未曾发展、经济陷于破产、强邻尽力侵略……种种特别的病态的情形而来的。如果我们在健全的状况之中，我们应该感受专门技能之缺乏，不应该恐惧专门技能之过剩。这里所谓专门技能，自然是指真实的、精到的专门技能而言的。如何能够使社会需要专门的技能，这不是仅仅在学校一方面所能解决得了的。但是，大学的任务之一，还在于要造就具有专门技能的人才。

总括起来，大学的任务：在道德方面，要树立国民的表率；在知识方面，要探求高深的理论；在技能方面，要研究推进社会进步的事业。它的应有的机能，固然是很繁多，但是它所包含的意义，并不是大而无当。(《国立武汉大学周刊》第148、149期)

4. 1933年3月6日在总理纪念周上的演讲(选录)

求学是我们本职，不可因为国难而抛弃的。学问的标准，从大处说起来，不外乎博与深(深亦可说成精)。依天然的程序而言，博应在先，深应在后。我们在大学，虽是有四年之久，然而在头一年，既要补习高中之不足，后一年，又要补救出校后或者不能继续求学的缺陷，所以我们觉得功课很拥挤。这也是必然的情势。我们在这样的情势之中，要得最高的效率，不外乎三种方法：

第一，是熟能生巧。我们对于一项学问，如果到了纯熟的程度，于是在这项学问以内的问题，究竟能够成为问题，或者不成问题，以及与此问题有重要关系或无重要关系的材料，一到眼睛里，就可以辨别出来。但是我们在学校的时代，还不能够熟，怎能生得出巧来呢？所以这一层我们还不能完全做到。

第二，是师友的指导。关于一种功课，何处应当特别用功，先生可以算是识途的老马，可以告诉我们的。现在学校里正预备请先生于授课时间之外，有一定的时间，停住在学校里边，以便给予课外的指导，而且各学会，也可以多开讨论会。据个人的意思，这种会不必过于严重化，因为大学的功课都比较忙，哪有工夫去预备严重的讲。但是所谓不严重者，自然也不是随便谈天。我们须将个人自己的意见发表出来，再比较各人意见的异同，自然可以受到互相切磋的效果。大凡我们读一本书，须得循序渐进。所谓一目十行，或者过目不忘，那是有特别秉赋的，我们不能妄有希冀。第一遍是观察大致，陶渊明看书不求甚解，诸葛孔明读书略观大意，那是因为一个是为着会悟养生的玄理，一个是怕妨碍御国的大事，我们不可以引以为训，不过可以把这种方法做第一步的工作罢了。第二遍是详细探求，所有不懂的地方都得用苦功去弄懂，不能放松。第三遍是提要钩玄，融会贯通。一本书要这样读过三遍，才能算得是自己的书。但是这是个人自修的方法。我们在学校里读书，有教师的讲解，有课外的指导，又有朋友的讨论，可以节省工夫不少。

第三是个人的判断。这自然有大部分是关于个人的天才。然而天才也是可以由练习培养而增长的。我们在普遍用功的时候，不要忘了特殊重要的地方。我们在专注一点的时候，也要时常想到相关的各部分。这样的长久练习下去，判断的能力自然可以增加。于是博而不至于无所归属，深而不至于无所取材。这并不是什么玄妙精巧的方法。不过如此做去，我们才可以得着较高的效能而已。(《国立武汉大学周刊》第 157 期)

5. 1933 年 9 月 19 日在国立武汉大学开学典礼上的报告(选录)

本校所应有的精神。第一，须有切实耐劳苦的精神。要成就一种学问，也不是一件容易的事情。古人所谓的囊萤、挂角、燃发、漂麦的故事，都是指示我们求学须得用功。大科学家如达尔文、门捷列夫，也都是用过几十年的苦功。无论研求哪一种学问，决不是走马看花、浅尝辄止所能得到结果的。固然，研究学术，应当注重兴趣之引起，但是兄弟以为这不过是在研究开始的时候所必需的，以后应当经过一段艰难困苦的历程，到了学问有了成就以后，又有融会贯通的快乐。如果一种学问之获取是过于便宜的，则其价值必不高，而且享用也必不久。这一段艰难困苦的历程，是应当在大学 4 年之中经过的。所以我们读书，不能怕麻烦、不能怕艰难。如果遇着一点麻烦，就生了厌恶心，或是遇着一点艰难就生了畏葸心，那就不会有成就。我并不是说：我们必定要把有用的工夫，花费在无用的、琐碎或枯燥的问题上去，但是所谓效能、所谓经济，那是说求学的方法，不是说求学的精神。如果有不畏困难的精神，又有减少困难的方法，自然有更好的结果了。

第二，应当保持团体的目标。一个团体，必定有一个共同的目标。如果团体的目标不能维持，则团体的秩序自然不能遵守。我们最终的目标，是研究学术，以求致力于国家社会。要实现这个目标，不能不图谋学校这个团体之生存和发展，不能不有一定的秩序要共同遵守，以利进行。10 年以前，我们注重思想自由，近来四五年，我们注重思想统一。不但中国是如此，世界各国都是如此。不注重自由，无以求进步；不注重统一，则事无结果。我们现在注重思想统一，但是我们在大学里边，对于思想自由，也应当有相当的维持。大概说来，各人的性情、见解、历史、环境，以及其所专治的学术乃至其思想，都是不同的。“比不同而同之”，在事实上固然是困难，在理论上也未必是合理。所以，我们必定并且应当有不同的地方。然而我们必须注意：这个不同，不能危害到学校团体的生存和发展。如果危害到这一层，那么，我们原有的目标——研究学术以求致力于国家社会——就无从实现了。所以我们对于于学校有利益的事情，都应当鼓励和帮助，对于于学校有妨碍的事情，都应当禁止。

第三，综核名实，以保存固有的声誉。本校自雪艇校长经营数年以来，已经有很好的声誉。声誉是可爱的，但是同时又是可怕的。如果名实不符，乃是一件可耻的事情。因为声誉好了，于是隳废下去，使固有的声誉无以为继，更是可耻的事情。我们听见人家说好，也应当自省。我们的学校，应当求进步求充实的地方还是很多，不可因为有了好声誉便决然自足了。况且在京沪北平各处，大学甚多，在中部的地方，大学甚少，其为国立者，只有武大一所。所以我们对于在中部地区文化之阐扬，各种应用问题之解决以及工商业之发展，都负有极重大的责任。我们应当综核名实，使之充实光辉，名实相符，不至。有声闻过情的耻辱，不至于有名誉低落的危险，这是我们所应当注意的。

此外还有关于训育的一个办法，也在此处报告。

本来大学的目的有两层：(1)知识提高，(2)人格培养。各国大学，对于这两个方面之注意，有轻重之不同。武汉大学对于这两点是并重的，这是雪艇校长从前已经说过的。上学期校务会议曾经议决：新生的训育，由教员分别担任指导(每位教员担任指导 10 人或 20 人)。大纲已经拟就，不日即将讨论详细办法，以便执行。

总之，在今日艰难困苦状况之下，我们想图谋民族之复兴，想成就个人的高深学问，都须得于艰苦卓绝中求之。现在要研究学问，不是住在家里可以做得到的，必须要住学校，所以我们要维护学校。(《国立武汉大学周刊》第 175 期)

八、周鲠生校长

(一)个人履历

周鲠生
国立武汉大学校长
1945.7—1949.8

周鲠生(1889—1971),原名周览,字荫松。湖南长沙人。1906年赴日本早稻田大学留学,并参加同盟会,辛亥革命前回国。1913年赴欧洲留学,先后获英国爱丁堡大学政治学硕士学位和法国巴黎大学法学博士学位。曾参加巴黎的中国工人和学生阻止中国代表在《凡尔赛和约》上签字的爱国活动。1921年回国后,历任上海商务印书馆经济部主任,北京大学、东南大学教授兼政治系主任。1928年7月任国立武汉大学筹委会、评议会委员。1929年9月至1939年6月,任国立武汉大学教授兼政治系、法律系主任,法科研究所所长,教务长。后赴美国从事讲学和研究。1945年7月回国,任国立武汉大学校长,1948年当选为中央研究院院士。新中国成立后,曾任中南军政委员会委员兼文教部副主任、外交部顾问等职。他是第一至第三届全国人大代表,第三届全国人大法案委员会副主任委员。著有《国际法》、《近代欧洲外交史》、《近代欧洲政治史》、《不平等条约10讲》、《现代国际法问题》、《国际政治概论》等著作。

1945年7月,周鲠生接替王星拱担任学校校长,直到1949年8月。这一时期是他在武汉大学最为辉煌的一段时光。

为提高学校的科研实力,他调整充实了研究机构及负责人员,文科研究所

(负责人刘永济；下面只列名)、法科研究所(刘秉麟)、工科研究所(余炽昌)、文科研究所文史学部(李剑农)、法科研究所政治学部(刘迺诚)、法科研究所经济学部(杨端六)、理科研究所理化学部(邬保良)、工科研究所土木工程学部(俞忽)、工科研究所电机工程学部(文斗)。1947年5月，根据教育部的训令，他又改原有的4所11部为8所，分别为中国文学研究所、历史研究所、政治研究所、经济研究所、物理研究所、化学研究所、土木工程研究所、电机工程研究所。

对学院进行了恢复和增设。学校西迁时，教育部命令农学院并入中央大学农学院。1946年5月，他领导恢复了农学院，叶雅各担任筹备主任。1947年，农学院大楼(现工学部办公楼)竣工。1948年，又增设了园艺和农业化学两系。1946年10月，他主持设立了医学院，医学院分解剖学、生理学、生物化学、药理学、细菌免疫学、寄生虫学、病理学、内科、外科、妇产科、小儿科、眼科、耳鼻喉科、精神病学、牙科、放射学、麻醉学、社会医学18个学科，学习年限为7年，1947年开始招生。至1948年，学校设有6院20个学系，成为民国武汉大学规模最大、学科最为齐全的时期。

他还汇聚了一批国内外知名的教授。他们有“联合国教育文化组织中国委员会”委员候选人桂质廷、国内外享有声誉的查谦、中央政府大法官燕树棠、荣获美国哈佛大学“威尔士奖金”的张培刚、桃李满天下的张珽等。此外，还有李剑农、方壮猷、刘永济、刘博平、黄焯、刘秉麟、曾昭安、邬保良、高尚荫、叶雅各、袁昌英等知名教授。

作为一名校长，他在其治校的4年多的时间里，就大学的职能、大学的发展以及大学的科研等方面都提出了自己的见解：认为造就人才、提高学术和改造社会是大学的职能。质量并重、理论与应用并重和自由发展的是大学发展的方向。主张建立以“课题为组织”的大学科研新模式。

在他任期内的武汉大学发展规模继续处于全国前列。当时全国有国立大学31所，中央大学设有7大学院，位居第一。武汉大学与北京大学、浙江大学、中山大学、四川大学、贵州大学、长春大学和台湾大学处于并列第二位，设有6大学院。6大学院的建立，最终实现了王世杰老校长办学之初的理想。学校的人才培养质量得到国际的认可。1948年2月20日，教育部国际文化教育事业处函告学校：英国牛津大学已认可武大本科毕业生在牛津之研究生地位。即武大的毕业生凭学习成绩即可申请攻读牛津大学的研究生。享有同等待遇的还有北大、清华、南开、中央(大学)、浙大及私立北平协和医学院等6所院校。

著有《国际法》、《近代欧洲外交史》、《近代欧洲政治史》、《不平等条约10讲》、《现代国际法问题》、《国际政治概论》等著作。

(二)办学理念

周鲠生在国立武汉大学初创时就在学校从事教学和研究工作，1945年7月任国立武汉大学校长，在其治校的10多年的时间里，就大学的职能、大学的发展以及大学的科研等方面都提出了自己的见解。

1. 造就人才、提高学术和改造社会

周鲠生认为大学存在着三大使命，即造就人才、提高学术和改造社会。

(1)大学三大使命的内涵。对于大学教育的目的和使命是什么，周鲠生认为，大学应该有三个重要的使命：第一造就人才；第二提高学术；第三改造社会。

所谓造就人才，就是大学生经过学校教育的培养，成为掌握一定技能、并对社会有用的人才，如部分学生可以从事管理甚至做领袖当官等。他认为，一个真正有用的人才，不但需要具备相应的学问知识，而且在道德品性上应有充分的修养，比如守秩序、恳切、正直等。只有在学校里养成了良好的习惯，才能濡染到社会。

所谓提高学术，指大学教育应该注重培养学生的学术素养，如很多学生毕业之后可能专门从事学术研究，大学教育应对他们从事研究工作有所贡献。目前，这类人的需求量虽然不多，但又不能缺少，特别是对一些专门问题的研究，对社会国家的发展意义重大。对于提高学术，周鲠生非常看重，他说：“大学最高的使命，就是提高学术。”在武汉大学20周年校庆演讲中，他谈道：“我们的学术空气还不够浓厚，学术研究上比起国内其他有名的少数大学，还有些逊色。今后还要在学术方面加紧努力！希望10年之内，本校毕业的学生中，能产生几个第一流的学者。”

所谓改造社会，就是大学要通过自己的所作所为影响社会，成为社会改造的动力。他说，法国的巴黎大学社会化程度很高，社会上的各种人都可以到教室里自由听课，巴黎大学几乎成为了社会一般交际的场所。改造社会，就是要提高社会文化，要把优美的文化、高深的知识向社会传播，即知识的社会化。什么是知识的社会化呢？即知识要成为社会的宝贝，不是作为个人的公举；知识是为多数人增福利，不是为私人造势力。

大学产生以后，人们对大学职能的认识是慢慢形成并逐步深化的。在中世纪，人们认为大学的目标是以保存和传递古典专业知识为主，培养统治阶级所需要的官员、牧师、法官和医生，于是培养人才就成为大学的主要职能。18世纪以后，随着科技革命的不断深入，大学培养人才的传统职能功能受到严峻的挑战，学术研究职能日益成为大学的新职能。德国柏林大学在冯·洪堡的努力下，把学术研究作为大学的一项重要要求，使大学突破了单一的传播知识的职能，从而拓展了大学的第二个职能——发展知识的职能。到了19世纪末，大学的第三个职能——社会服务职能在美国的大学中产生并得到发展，大学通过各种途径和形式，使大学直接或间接地为社会服务。

由此可见，周鲠生所主张的大学教育的目的和使命，正好与大学职能的发展演变相吻合。他之所以对大学的职能认识如此周详，是与他的求学经历和学术活动紧密相关的。他1906年赴日本早稻田大学求学，1913年又赴欧洲留学，先后获得英国爱丁堡大学政治学硕士学位和法国巴黎大学法学博士学位。大学的前两个功能是在欧洲的大学中形成的，他先后在英法两国留学的经历，使他对大学造就人才的职能非常清楚。另外通过在日本的留学，他间接了解到了德国的教育模式，因为日本大学的模式正是移植德国大学的，这使得他也很清楚大学提高学术的功能。大学的第三个功能是从美国的大学里产生出来的，而周鲠生在1939年9月正好赴美国讲学，直到1945年回国。近6年的美国学术生涯，对美国大学的社会服务功能有着十分深切的认识。

(2)为实现大学三大使命的武大实践。为了造就人才，他在任内对学校的基本组成单位——学院进行了恢复和增设。学校西迁时，教育部命令农学院并入中央大学农学院，仅设有文、法、理、工四大学院。1946年5月，他领导恢复了农学院，叶雅各担任筹备主任。1947年，农学院大楼(现工学部办公楼)竣工。

1948 年，又增设了园艺和农业化学两系。1946 年 10 月，他主持设立了医学院。医学院分解剖学、生理学、生物化学、药理学、细菌免疫学、寄生虫学、病理学、内科、外科、妇产科、小儿科、眼科、耳鼻喉科、精神病学、牙科、放射学、麻醉学、社会医学等 19 个学科，学习年限为 7 年，1947 年开始招生。至 1948 年，学校设有 6 院 20 个学系，成为民国武汉大学规模最大、学科最为齐全的时期。最终实现了大学初创时期王世杰校长提出的建立 6 大学院的构想。

为了提高学术，提升学校的科研实力，他调整充实了研究机构及负责人员，文科研究所(负责人刘永济；下面只列名)、法科研究所(刘秉麟)、工科研究所(余炽昌)、文科研究所文史学部(李剑农)、法科研究所政治学部(刘迺诚)、法科研究所经济学部(杨端六)、理科研究所理化学部(邬保良)、工科研究所土木工程学部(俞忽)、工科研究所电机工程学部(文斗)。1947 年 5 月，根据教育部的训令，他又改原有的 4 所 11 部为 8 所，分别为中国文学研究所、历史研究所、政治研究所、经济研究所、物理研究所、化学研究所、土木工程研究所、电机工程研究所。当时全国设有研究所的高等院校达 33 家。国立大学研究所的设置情况是：中央大学 26 个，清华大学 23 个，北京大学 15 个，中山大学 10 个，浙江大学 9 个，台湾大学、武汉大学 8 个，南开、同济、厦门、四川、重庆、东北等大学各 2 个，交通、复旦、湖南、贵州、政治、山东等大学各一个。武汉大学与台湾大学处于并列第 6 位。

为了实现大学改造社会的目的，在科研中强调其应用性。如在医学院开展华中区域流行病症及寄生虫问题的研究；在农学院开展粟米遗传性的研究和水稻优良品种的选育，并与湖北省农垦处合作，共同建设磨山合作农场。大力开展大学文化的服务，组织学术文化演讲委员会，在武汉推广学术文化服务。向社会公开讲授包括社会、自然、应用科学、文艺及时事等问题。吴于廑、张培刚、高尚荫、查谦、陈华癸等名家为大家作学术演讲。

2. 质量并重、理论应用并重和自由发展

(1)大学要向质与量并重的方向发展。20 世纪 40 年代，在抗日救国的形势下，中国的高等教育得到较快发展，1936 年中国的国立大学只有 23 所，到 1947 年国立大学达到 31 所，其他省立、市立以及私立大学也得到不同程度的发展。

在高校不断增长的时候，他主张在高校数量不断增长的同时，应该注重高校发展的质量。他说，高校的发展，数量的扩张和质量的提高是两个重要的方面。1945年，他在武汉大学开学典礼上演讲说，武汉大学原来的建筑只能容纳1000人左右，在将来要办到能容纳5000人，甚至1万人。美国许多小的大学或学院都有一两千学生，普通大学学生总数更是在1万人以上。在这里，他强调了数量的扩张。但他又说，从站在讲求学术的角度，高等教育不应该平均发展，而应该选择那些设备好、教员好、环境也好的学校来发展。到处开办学校的结果，反倒无助于好学校的发展。就学校内部的发展而言，要讲求数量，也要讲质量，我们的学校应该注重质与量并重。

于是，他在任内一边注重学校数量的扩张，同时也严把学校发展的质量。

他建立文、理、法、工、农、医6大学院，扩大了学科建设的规模；在校学生近3千，是初创时的5倍，扩大了人才培养的规模，实现了学校量的扩张。

但他更注重学校发展的质量。大师是学校发展的一个必备的要素，他在任内曾大力延聘名师。他们有"联合国教育文化组织中国委员会"委员候选人桂质廷、国内外享有声誉的查谦、中央政府大法官燕树棠、荣获美国哈佛大学"威尔士奖金"的张培刚、桃李满天下的张珽等。此外，还有李剑农、方壮猷、刘永济、刘博平、黄焯、刘秉麟、曾昭安、邬保良、高尚荫、叶雅各、袁昌英等知名教授。人才培养的质量是大学生存发展的生命线。于是，他狠抓人才培养的各个环节，如对必修课和选修课进行严格划分、注重基础课的设置、增强课程设置的计划性和系统性以及增加课程数量等。大学的科学研究是大学发展壮大的核心竞争力之一，他特别重视大学的科学研究功能。为此，他恢复了以前因为经费困难已经停办的《文哲季刊》、《社会科学季刊》、《理科季刊》、《工科丛刊》等刊物。为学术成果的产出通过平台，他还鼓励开展各种专题研究，当时不少教授都出版有学术专著。他一生出版有《国际法》、《近代欧洲外交史》、《近代欧洲政治史》、《不平等条约10讲》、《现代国际法问题》、《国际政治概论》等十余种专著。除他之外，李剑农的《中国经济史稿》、刘廼诚的《比较政治制度》、方壮猷的《中国社会史》等都是当时很有影响的著作。

此时，武大的办学质量是得到国际认可的。1948年2月20日，教育部国际文化教育事业处函告学校：英国牛津大学已认可武大本科毕业生在牛津之研究生地位。即武大的毕业生凭学习成绩即可申请攻读牛津大学的研究生。

(2)大学要理论与应用并驾齐驱。在高校人才培养的模式上，是注重理论，还是注重应用？这在民国高等教育发展中是时常会引起争议的一个问题。可谓仁者见仁，智者见智。周鲠生主张理论与应用并重，对于理论还应多加注重。1922年，壬戌学制的推行，美国实用主义的教育模式逐步占据了中国的高等教育市场，加上1927年南京国民政府建立后，国内的经济建设以及挽救民族危亡的需要，政府的教育方针多偏向实科的发展，而限制文科等基础理论科学的发展。针对这种情况，他认为“在政府方面，因为需要技术，走这条路也许是不得已。但是，站在学术教育的立场上，这实在是不妥当的”。他还举例指出，两年前(1943年)有人出国去研究原子理论，当时教育部认为此非抗战之急需而未获允许，等到最近(1945)原子弹打倒了日本，大家才恍然大悟，知道原子理论的重要。

他虽然主张理论与应用并重，但更看重的是理论。武大的学风与北大有着很深的渊源，国立大学初期的几位校长(王世杰、王星拱、周鲠生)均来自北大，特别强调从学的基本理论。武大在学科的发展中，以文理基础学科为主。文科中的中文、外文、历史、哲学，理科中的数学、物理、化学、生物等学科都有很长的发展历史，学科的积淀也比较深厚。周鲠生回国以后，最初执教在北大，沿袭了北大注重基础理论的传统。他一生出版著作15本，发表文章290余篇，都有很重的理论成分。

(3)大学要有特色的自由发展。在大学发展的方向上，他主张大学的自由发展。民国时期的大学，政府通过制定一系列的法令法规，建立起了一套完整的大学教育制度，包括培养目标与学校的机构设置、日常管理、课程设置、教员聘用、研究机构与学位制度等，这对于完善办学体制、提高办学质量都是有益的。但是，这种整齐划一的高等教育，使大学失去了自由发展的机会。周鲠生认为，大学教育的整齐划一，推到极端，确实妨害了大学教育的发展。现在的教育法令多如牛毛，而学校课程及组织，处处受到法令的限制，各大学不能就各自特有的设备、人才及环境发挥所长。

另外，他主张在大学内部要弱化行政权力，现在(1945年)“学校衙门化”了，应该推行蔡元培先生所提出的“行政学术化”。他说：“一个大学的学术工作是根本，学校的行政不过是辅助学术工作的进行。我们今后应本着这种精神，使学校一切避免衙门的习气，维持学术的尊严。如果不这样做的话，即使是一等的大学，在学术上也是站不住脚的，地位也会下降的。”

尽管当时国民政府对学校的管控很严、要求很多，但他在力所能及的范围内进行了有特色的发展探索。如他特别看重大学的科学研究功能，在协调处理学校事务时都把为科学研究服务放在一定的议事日程上。在教学上，除了教育学生学习知识，还要学习技能，即创造知识的能力；在教与研上，要求教师除了授好课外，还要进行研究；在后勤保障上，强调图书的藏量以及实验设备的供给；在日常管理上，推行行政学术化，要求行政为学术服务。因此，在他任内，学术成果不但丰富，而且学术水准很高。整个民国时期，武大的师生在《自然》和《科学》上共计发表 8 篇学术论文，在他任内的 1947 年、1949 年都发表了论文。

3. 科学研究内外结合

(1)大学要加强与研究机构之间的相互融通。周鲠生虽然主张大学应有三种职能，但最为推崇的还是大学的学术研究功能。1945 年 11 月，他在国立武汉大学开学典礼上演讲说：“在一个大学里面，行政机构应该是较小的一部分，而学术工作才是主要的一部门。”1947 年 10 月 31 日，在庆祝国立武汉大学建校典礼上又讲道：“武汉大学除了为国家社会造就人才外，应当更进一步地变成学术研究的中心，形成文化思想运动的原动力。”

之所以有这样的认识，是因为他一生的大部分时间是在大学里度过的，他在日本、英国、法国留过学，在北京大学、东南大学(中央大学前身)、广东大学(中山大学前身)、武汉大学等学校教过书。他一生几乎与学术研究有着不解之缘，从 1923 年在上海的商务印书馆出版《法律》一书以来，不断有学术著作问世，如《近代欧洲外交史》、《现代国际法问题》、《现代英美国际法的思想动向》等都是他不同时期的代表作。正因为他学术成就卓著，国民政府教育部在 1942 年聘任第一批(总计进行了两次)“部聘教授”时，周鲠生被聘为法律方面的教授(当时全国所有学科只有 30 人入选)。

基于对学术研究的重视及长期思考，周鲠生在 1946 年 2 月 18 日的一次演讲中，提出对大学研究工作的一些看法和主张，即要加强大学与研究机构之间的相互融通。20 世纪 30 年代，民国政府设立了中央研究院，下设各研究所，专门从事研究工作。研究院规定，研究人员除兼职人员外，专职人员不得在大学授课。通过这样的方式，确保研究院以研究为主，大学以教学为主，研究院和各大学之间全无联系。周鲠生认为应打通研究院与大学之间的联系，要让研究所里以研究为主的人员到大学里授课，也要让教课为主的大学教员，有机会从事研究。

周鲠生认为，这种研究人员与大学隔绝的格局，使双方都蒙受了损失，因为教授与研究不可分离。英美的大学，教授不从事研究者极少。研究与教学互通，实有许多好处：研究所的研究人员参与教学，有助于整理其思想，并获得与学生讨论的机会。如果所讲的是与研究题目相关的，还可以扩充研究眼光，补充所需要的知识。研究所里虽有研究人员可以切磋，但毕竟人数有限，而大学里青年学生多，给他们讲课，既可以增加刺激，也可以奖掖后学，培育后起之研究人员。对于学校来讲，研究人员来讲课，还可以解决师资的不足，当时正是抗战胜利后，各行各业都需要重建，需要各方面的建设人才，高校中师资更是相对缺乏。另外，研究人员在高校中教课，还可以倡导研究的风尚，提升大学学术研究的氛围。为打通研究所与大学之间的联系，他主张应该让研究员、副研究员在大学里授课。大学教授也可由研究所聘为兼职研究员，聘期 1~2 年，这一建议如果被采纳，不仅中央研究院各所可以充实力量，而且大学里的研究事业也可以逐步得到提高。

(2)要建立以题目为组织的大学内部科研新模式。关于大学学术研究，1929 年教育部专门出台文件，在大学设立研究机关，分为研究学部、研究所和研究院。并规定有 3 个以上研究所时称研究院。研究院的设立，旨在为本科毕业生研究高深学术和大学教员从事研究活动提供方便。研究院为培养研究生和专门从事研究之独立部门。1939 年，研究院进行组织机构改革，原有的研究院、部、所，一律改称为研究所，并与教学的学系合并，系内的教师均为研究人员，不另支薪水，也不因此而减少教学时数。周鲠生认为上述大学里的研究组织形式，最不适合研究工作的开展。现在学校的研究机构主要是培养研究生，而不是在做研究。大学的研究所，如果要名副其实，必须要有研究的成绩，必须要有有价值的“出品”。

要想有价值的“出品”，他认为必须改革现行的研究制度，一方面可以保留按学院、系所、部的研究组织，其作用在于“造人”，即培养研究生。同时，在现行的研究所组织内，设立以研究题目为中心的特殊单位，专门从事“出品”，即出研究成果，这个单位可以称为“研究室”。这个研究室纯粹为从事某项特殊研究的教授及其相关人员工作的地方，在行政上可隶属于某个研究所，在工作上要打破学系之间的界线，而且学院与学院要进行沟通。因为，某一项重要的研究，是很难以学科划分界限的，它主要靠有组织的集体工作。如果要开展某一项研究，有时需要工学院和理学院共同努力，有时也需要理学院和农学院的教授在一起工作。在社会科学方面，许多问题如政治和经济不能分开，法学院和文学院，尤其是史学方面的教员，有时需要在一起共同工作。现世许多重要的研究事业或有永久价值的著作，都是集体研究的结果，而我国学术界、著作界最缺乏的就是这种集体研究工作。

（三）讲话选录

1. 1932 年 5 月 30 日在总理纪念周上的演讲（选录）

我觉得，现代的大学是有它特殊的性质的。我们用客观的见地来观察现代的大学，它应该有三个重要的使命：

第一，造就人才，大学生毕业后大多到社会上服务，充当各方面的领袖，甚至于做官吏等。

第二，提高学术，有的大学生专事学术的研究，不以做事为目的，这样，对于学术方面而自有相当的贡献，但这种人却为数很少；不过，事实上也不必多，因为纯粹研究学术的人一多，则做事的人都没有学问，而有学问的人又都是书呆子了。然而这种人又很重要，如各种专门问题，都非要他们不可，关系于社会国家的发达者很大。

以上两种使命可说是一般的目的，对于大学设立在乡村中间并没有利害关系。但我觉得在这两者之外，还有第三个使命，却是与大学建设在乡村间冲突的，就是社会的使命。我们的大学，除了造就人才和研究学术之外，还要影响社会，要做社会改造的动力。要履行这种社会的使命，大学便不应与社会离开。欧美的大学大多是很接近社会的，他们处在都市里面，和博物馆、图书馆一样，为一般社会人士所接近。尤其如法国的巴黎大学，更为社会化，教室内上课，任何社会的人们都可以自由进去听讲。这固然表示他们一般的教育程度之高，但借此也可见他们的大学与社会接近的程度了。欧洲的大学，除牛津、剑桥几个比较老的大学以外，大都是建设在城市中，尤其是巴黎大学，几乎成为社会一般交际的场所，大学生与社会人士是时常接近的。我们知道，国内的北京大学，在学术上的成就姑且不说，因为目前中国的学术根本谈不到怎样，但北大对于社会影响之大，在思想解放上、政治运动上功绩之大，是什么人也不可否认的事实。假如它早年就搬到西山去了，也许学生的物质生活可以比较安适，而它对于社会的影响恐怕就没有那么大。

然而武汉大学在郊外新辟校址，我却又是主张最力的一个。理由有两点：第一，因为我们旧校舍的物质设备太不好，地方又窄狭，不能发展，而且环境太恶，我们的大学系新创，基础未固，恐怕不惟不能影响社会，还会被社会同化，这是我们要迁移的第一个目的。第二，如李四光先生等都是这样主张，以为中国现在太没有建设的工作，尤其是教育方面，因陋就简。外国人办的学校是那样注重物质的设备，也许精神方面它的功课并不完备，而国立学校则适得其反，对于建筑设备，多不注意。这样相形之下，更见中国教育建设之没有计划。就武汉本地而言，前清时代张之洞在这里的建设工作是不容否认的，虽然他是一个官僚，但湖北大部分的建设，都是他的首创。民国革命而后，便没有什么建设可言了。不惟不建设，而且连旧有的建设还破坏很多。现在我们要努力建设这个武大，就是要做一个榜样给国人看，让国人认清楚，建设并不是不可能或太难的事。再干脆说一句，我们就是为建设而建设。但是，武大现在虽然建设在离开社会的山野，我们究竟不是与现实社会绝缘，我们不要忘记了我们的社会使命。

现在，特别要注意的，就是蔡先生把我们大学决定为国立大学那点，那足见他对于本校很费苦心。武汉大学初提议设立的时候，究竟是省立或国立，性质并没有确定，实则名称也没定。而蔡先生在裁可这个议案的时候，即时决定为国立大学，与北大、中大等并重。这虽然是形式问题，而究竟是很重要的。鉴于湖北省政府变动之频繁，湖北教潮这样纷扰，我们试想，假使武大是省立的，便很难平和发展到现在局面；而且有许多教授们也不会来教书，有许多同学也不会来读书；不但外省同学有许多不会来，就是湖北同学也必然有很多不会来的。这一点，可说是蔡先生对于本校最大的功绩。此外，还有校外许多人士在精神上或物质上给予了我们以帮助而各位尚不知道的。我们的学校所以引起校外各方面人士的注意与援助，一方面因为同事们诚实的努力，另一方面则因为知道本校讲纪律与求学的精神，虽然不敢说是全国算第一，但至少也不会亚于国内别的好的学校。我们大家应当更加勉励，以期毋负社会的期望。

我们的建筑固然完善，东湖的美丽，固然能给我们很大的快感，但它对于我们的学术上究没有什么益处。做诗的人，也许能因它增一点诗兴，但对于科学方面就完全无关系了。我们大家在毕业前可以想到这些问题，如果一想而失望，那就没有办法了。吴稚晖先生从前批评一班没出息的留学生，说他们胡乱往外国混了几年，英文半通半不通，算学半熟半不熟，结局是一无所成，虽则外国读书的环境很好。我希望大家在享受珞珈山新校舍设备的同时，不要踏上那个覆辙。我们要利用我们的好环境，诚实地在学问上做功夫。因为我们有了这个好环境，我们更觉得责任重大，更要加倍地努力。(《国立武汉大学周刊》第 130 期)

2. 1945 年 11 月 5 日在国立武汉大学开学典礼上的演讲(选录)

要想维持武大的长久历史，就必须充实学术，就必须加入新的人才，用新的人才来充实学术文化。

关于本人到校以后的任事计划，有四点要报告给各位：

第一件事，是调整行政机构。在一个大学里面，行政机构应该是较小的一部分，而学术工作才是主要的一部分。不过行政机构如果不灵活，无论教书和学术工作，都要受到影响的。

第二件事，是改善教职员和学生的生活。在教职员方面，熬过了 8 年的苦，我们读书人虽然是安贫乐道，但政府究不能叫教职员枵腹从公，也不能看同学们长此营养不良。好在现在政府对员生的待遇已经增加，本校自身亦当尽经济力量能做到之范围内，对教职员福利和学生生活设法改善。

第三件事，是增加教学的效能。抗战中，大学的教学效能是远不如抗战以前的高了；用合作的精神减少行政困难，远不如抗战以前的高了。对于我们武大的教学效能，比起他校来，虽不算差，然而同事和同学仍都感觉到不满足，尤其对于缺课一层。缺课固然自有其种种原因，但是太影响学术工作和整个的学校风气。现在抗战结束，经济生活亦有改善，便应该回到常轨上去。倘若现在不求增加教学效能，那么，将来改善的困难必定很多，这一点，除唤起同学们切实注意以外，还要请院系方面制定改善的方法。

第四件事，是关于本校复员计划。当本人 8 月间离开重庆的时候，就曾和同事们商量，等办完招生以后，立刻准备复校的事情。不久战争骤然结束，更使人们不能不积极筹备复校。现在复校委员会已经成立，委员们大部分仍旧为当年主持迁校来嘉定之先生们，准备明年夏天迁回珞珈山。

其实，武大基本的任务，还是在学术的发展。我们的努力应当一致朝着这目标进行。

武大原来的建筑只能容纳 1000 人左右，在将来至少要办到能够容 5000 人，甚至于 1 万人。美国的朋友问起武大有多少学生，我们勉强地说有两千人，而结果仍是使美国的朋友们失望；美国许多小的大学或学院都有一两千学生，普通大学，学生总在 1 万人以上。姑且不问教育当局究竟采纳哪一种办法，我们的学校应该注意质、量并重，大家对于这种可能的扩张，便应当有准备。

武大今后的政策，对于理论尚要多注重。本人同各院系负责诸先生，也照此目标努力做去。

大学教育的整齐划一，推到极端，确实妨害了大学教育的发展。这也不单是同学感到困难，办行政的人同时也感到困难。现在教育法令如牛毛，而学校课程及组织，处处受法令的限制，各大学不能就各自特有的设备、人才及环境发挥所长。

要知道，一个大学的学术工作乃是基本，而学校行政，不过是辅助学术工作的进行。我们今后应当本着这种精神，使本校一切避免衙门的习气，维持学术的尊严。不然的话，就是一个一等的大学，在学术上站不住脚，地位也会降低下去的。(《国立武汉大学周刊》第 353 期)

3. 1946 年 2 月 18 日在总理纪念周上的演讲(选录)

为复校而忙，大家当是忙得格外高兴的。复校委员会在杨端六先生主持之下，已经开始规划一切。在武汉方面，原有赵师梅先生驻珞珈山保管校舍，而得汉口方面辅导委员会辛树帜、陶因两先生之协助。最近，校中又请熊国藻先生到武汉，主持珞珈山校舍建修设备事宜，负责进行一切。熊先生由汉口来信，已经定有初步修理计划，只等款到即可着手。同时，关于水电设备恢复所需之机器及运输车辆以及山上治安所需之保护，已请由军政部转知武汉区司令部协助。此外尚有两事可报告的：一为工学院之日军医院拨交问题，一为日俘日野秀荣藏书，中日文共 4 万余册之捐赠问题。

叶雅各、缪恩钊两先生不日即将率同少数工人押运一部分机件，前赴武汉，从事修理设备工作。希望不久复校经费全部核定发下，一切工作，可以照预定计划进行。迁校的工作很繁重，将来真要办得好而快，恐怕不但要大大地动员教职员同仁，而且也许还要动员同学们。一两千学生，如果事事依赖学校，将成为学校的大负累；反之，如果大家能帮助学校的话，即可以成为学校一大力量。这是值得同学们考虑的一点。

大学一方面照着以按学院、系分所、部之研究组织为“造人”之机关；同时在现行研究所组织之内，设立以研究题目为中心之特殊单位从事“出品”之工作，这可以称为“研究室”。

研究室纯为从事特殊研究之教授及其他相关教员工作之所，在行政上每一研究室可隶属于某科研究所，而在工作上则不但学系之界限要打破，而且学院与学院亦须沟通。

现世许多重要的研究事业或有永久价值的著作，当是集体工作之结果。向来我国学术界、著作界最缺乏的是集体工作。在学术工作上，也要发挥合作精神，尤其对于青年好学之士应当多方诱掖和鼓励，使他们能充分利用大学里研究的机会和便利，而增长一般研究的兴趣，提高学术水准。

武汉大学要在国内维持第一流大学的地位，必须在学术上站得住，如是则在校内造成研究的空气，在“出品”工作上有学术价值的贡献，应当是今后大家努力的目标。现在我只是提出这个问题，促大家注意。至于具体办法，当要和学院研究所负责的诸先生从长商讨，以期复校以后可以逐渐实施。(《国立武汉大学周刊》第 357 期)

4. 1947年10月31日在庆祝国立武汉大学建校19周年典礼上的演讲(选录)

今天是本校第19周年校庆日，同时举行本学年开学典礼，下午本校医学院附设医院也正式开幕。这是我们学校最欢欣而热闹的一天。去年的校庆，本人因公赴京沪未能参加，这次由京赶回，和全校师生共同庆祝，不胜欣幸。今天讲话的先生们尚多，时间不容许我多说话。但是有几点意思，我觉得应当借这个庆典机会，向大家说说。

武汉大学在国内是个新兴的学府，大家都知道创业艰难。凡属一种新事业的成功，总有许多因素，而人的因素则确是其中最重要的一种。本校创办，至有今日之规模成效，得力于不少的人的工作或帮助。有的人已经作古，值得我们永久纪念；有的人尚在世，我们要承认他们的贡献，并且尚希望他们继续帮助。我是自始即参加本校创办的一人，对于这些人过去对本校的功劳或帮助知道比较清楚。现在，举出几位特别关系重要的：

第一是已故刘树杞先生。他在1928年掌湖北教育厅的时候，首先提议在武昌重新办大学而得到当地政治分会及省政府的热心赞助。刘先生亲自主持，筹备武汉大学，并在短时期内兼代校长，本校之初基于以树立。

特别有理想、贡献的则是李四光先生。李先生在武汉大学筹备委员会首先提议以150万元巨款于武昌郊外另建新校舍，改造环境。在当时一般人看来，那个计划过于理想。假设没有李先生那个理想，恐怕武汉大学不会有珞珈山壮丽的校舍，今天的校庆还要在东厂口旧校舍举行。

真正实现李四光先生的理想而创立本校规模的，则是第一任校长王世杰先生。王先生于1929年由京辞官来主校政，当时学校尚在东厂口，珞珈山新校址圈地手续尚未办了，而所谓新校舍之建筑费150万(元)中，实际领到的只有20万元，加以省政府已改变，情势变迁，一切都有落空之象。王先生在最困难的时期就职，不到一年，珞珈山新校舍工程居然开始，再过两年武汉大学居然迁到珞珈山新校舍授课了。及至1933年，王先生因被任为教育部长离开学校，本校建筑设备以及制度、人事都已树立规模，我们继任的人，至今大部犹可说是萧规曹随。他对本校创建的伟大功绩，真是不可磨灭的。

至于校外的人，对本校创建最有帮助的，第一要推已故蔡元培先生。蔡先生当时任大学院长，对于我们筹备武汉大学，异常有兴趣；凡我们所提议或请求，几乎无不答应，并且自己积极负责办通。尤其值得记忆的，最初湖北教育当局提议改建大学，对于新大学的性质，颇偏于省办，然而，首先决定必须避免地域性而明定为国立的，是蔡先生。这一着，十分表现蔡先生在教育上眼光远大，而其对于本校基础的确定及其前途发展，关系再大没有的了。

其次，是已故谭延闿先生。在 1929 年王世杰先生由京赴武昌，就本校任职的时候，湖北政局已变，学校建设经费发生根本问题。谭先生当时任行政院院长，很热心地协助我们，令省政府继续担任拨款。而且中间因珞珈山新校舍圈地问题，学校与地方发生争执，谭先生在行政院亦完全支持学校，致圈地之事能如原定计划完成。这些都是于本校创建成功最关重要之事，谭先生在这一方面对于我们帮助之大，很少人能想到的。

学界上对于本校最有认识的，要推胡适先生。他认为武汉大学珞珈山校舍设备是国内最值得称许和赞助之一个新建设。他曾经对一位在北平的美国朋友说，你如果要看中国怎样进步，可以去到武昌看看珞珈山武汉大学。那位朋友有一年果然来到本校参观了。胡先生在许多地方帮助本校，如关于战前中美基金会的捐助，最近李民基金会的奖学金，他为本校说话最有力。最大的帮助，还在他不断给予我们精神上的鼓励和友谊的批评。此外，校内校外的人，对于本校有贡献的，自然尚很多，这里不能全述。

对于本校的创建和发展，多年校内同仁的努力和校外朋友的帮助，是有重大意义的。这个新大学的使命，不只是一个好的、普通高等教育机关，而且要建立华中学术文化的中心。在近代历史上，武汉曾经造成过学术文化的中心；而从地理上说，武汉自然亦居于中心地位。大家都记得，清末举办新政，在教育文化事业建设上，武汉与天津、上海实成鼎足而三的局势。中部诸省的学子、讲新学的，多要到武汉留学。那时候，武汉可算是华中学术文化的中心。辛亥革命以后，大半基于政治原因，武汉在学术文化上之地位，一落千丈。后来，虽然也有高等教育机关继起，人们总感觉武汉成了文化的沙漠，无论如何，一切赶不上平、津、京、沪。从种种见地上着想，这个缺陷必须填补。今后，武汉的教育界应当大家朝着建设华中学术文化中心一致努力。武汉大学依其环境设备规模及其所居地位，特别负有履行这个使命的义务。

过去一年，本校忙于复员，尚不及积极从事学术的建设，现在复员工作已告完成，学术工作即须开始。大学是一个学术机关，不是可专以环境建筑或设备骄人的，我们应当有学术贡献表现出来。本校既然有这种优良的环境，今后务求设备充实、人才集中，使学术研究可以推进，许多文化事业也可以提倡。武汉大学除了为国家社会造就人才之外，应当更进一步地制成学术研究的中心，形成文化思想运动的一个原动力。这正是本校今后要努力的使命。

本校是在继续发展的，今年的校庆日，学校的局面显然胜过去年。尤其本校第一次有医学院，完成了文、法、理、工、农、医六院的计划。学校日臻安定，大家应更求进步，希望明年校庆，在一切更进步的状态下举行，大家更加欢欣。

(《国立武汉大学周刊》第 374 期)

5. 1948 年 10 月 31 日在庆祝国立武汉大学建校 20 周年典礼上的演讲(选录)

今天本校举行 20 周年校庆。其实，要从本校前身——武昌高师算起，到现在已有 30 多年的历史了。

因为本校和城内交通困难，而在现今经济情况之下，设备从简，今天除校友外，校外的朋友，都不敢惊动，所以对于武汉军、政、教育各界，以及社会人士，都没有发请帖。现在仍然有不少的来宾，远道光临，这真是本校之荣幸，本人要代表全校深致感谢并欢迎的。

本校经过抗战 8 年期间的困苦，胜利复员后 3 年间，也历尽艰辛。在过去 3 年间，因为物价波动，同仁和学生生活不安，学校呢？不但经费异常困难，而且又恰是多事之秋。这些苦处，当然是大家不能忘记的，恐怕又是其他大学多少都有的。

今天是校庆日。我们总要从好的一方面看。我们的希望在未来！胜利以后，珞珈山校舍居然保存完整，确是本校最大的幸运。复员后 3 年之间，陆续修建扩充，学校规模，还比战前大，而且日有发展。教职员住宅，3 年来陆续有添建，虽然不能使人人满意，大多数人已可以安居。至于院系，抗战期中停办之农学院，已恢复了，今年已完成 4 系。医学院新办起来，在东厂口旧校舍开办附设医院，已经过一年。旧校舍全部房屋，现已接收，正在要添建病房、完成医院设备。外来的人，都羡慕我们的校舍广大、环境优美，不是无理由的。设备呢？除暖气设备水汀及煤气厂外，几乎都复原，而且有扩张。最近花了五六千美金，购到抽水机，加强水电设备。过去一年，学校添购了 10 万美金的仪器，不久可到，而且教育部及行总、联总分配的尚不计数。现在尚有百余箱在上海。外国图书杂志，除英、美诸友邦购送者，及李氏基金会捐 3000 美金购的外，我们用美金自购者，已在三四千美金以上，此外尚有教育部配给的，最近送到英国书 6 箱，均属教科、参考上之新书。就这一点说，我们的设备，只有好过战前，而且以后尚可希望大批增加。医院 250 张病床的配给价值，不下 30 万美金，战前决无力量购置。天空电离层实验室之设备，原系美国海军设备，随后与美国商部标准局合作，确是国内有数的，纵不说是唯一的新式研究设备。农学院的事业，也在发展，现与农垦队合作，在磨山垦荒，本年农林部拨款 80 多亿(元)作林垦。工学院有与水利部合作之华中水利试验所计划。

讲到学术人才，老教授回校的有：李剑农、燕树棠、陆凤书诸先生，新加聘的学者日增，其中本校出身的亦不少。过去 3 年中，本校毕业生出洋的亦多，除多数自费外，有考取公费出国者四五人，有美国国务部资送者 2 人(已回来)，李氏基金会奖学金资送者，前后 5 人。这些出国深造的同学，必有一部分回校服务，现在有多数自国外回来的青年学者，他校或本校出身的，参加这个学府，这都是我们的生力军。

本校之有今日优良的局面，是由于创办人如李四光先生之有理想的计划，前任两位王校长把学校基础打得好，先后许多同仁共同努力，以及政府及社会各方面热心赞助，这是值得我们记着的。

以上都是从好的一面看来说的话，同时我想大家也都同我一样，可以想到今后学校的问题还多，尚有不少的或比较过去更大的困难要克服。有一点，我今日还要特别提到的是：大学最高的使命，究竟是提高学术。我们不能徒以环境、校舍、设备骄人，我们还得在学问上竞争！本校有不少的教授从事研究，在科学上有他们的贡献。可是，一般地说，我们校内学术空气尚不够浓厚，学术研究上比起国内其他有名的少数大学，不免有逊色。从今以后，大家还要在学术方面加紧努力！要迎头赶上！希望 10 年之内，本校出身的人中，多产生几个第一流的学者！武大在学术上能多有伟大的贡献！到了30周年的时候，我们的校庆可以更热闹、更有光荣，而更有意义了！希望我们同仁和同学们，一致朝着这个目标努力！我们在各方的校友，多多给予鼓励和协助。(《国立武汉大学周刊》第389期)

九、李达校长

(一)个人履历

李 达
国立武汉大学校长
1953.2—1966.8

李达(1890—1966),字永锡,号鹤鸣,笔名鹤、胡炎、江春、立达、李特等。湖南零陵(今永州市)人。马克思主义哲学家、理论家和教育家,中国早期马克思主义的传播者,中国共产党的创始人之一。

1909年入京师优级师范,1913年后留学日本。1918年5月参与组织中华留日学生救国团。五四运动以后,发文并翻译外国著作,积极传播和宣传马克思主义。

1920年回国,与陈独秀、李汉俊在上海发起成立共产党组织,主办《共产党》月刊。1921年7月出席中共一大会议,被选为中共中央局宣传主任。1922年到长沙,任毛泽东创办的湖南自修大学校长。1923年因不满陈独秀的专断作风以及在国共合作问题上的分歧,离开了党组织,中断了与中共的联系。

以后专门从事理论研究和教育工作。1923年至1926年任湖南法政专门学校学监兼教授。1927年1月任中央军事政治学校武汉分校政治教官,后任教于国立武昌中山大学。1930年至1937年先后任上海法政学院、暨南大学、北平大学、中国大学、朝阳大学等校教授。1938年到桂林,任广西大学经济系教授兼系主任。1941年7月,被国民政府教育部解聘,失业居家,坚持著述。1947年至1949年任湖南大学教授。

1949年5月到北京，先后任华北高教委员会常委，中国新法学研究会副会长，中国新哲学研究会主席，北京政法大学副校长，政务院文化教育委员会和法制委员会委员；1949年12月重新加入中国共产党，并任中南军政委员会委员、文化教育委员会副主任，湖南大学校长等职。1953年2月至1966年8月，任武汉大学校长。其间，曾被选为中国科学院学部委员，中国哲学学会会长，中国科学院武汉分院院长，以及第一、第二届全国政协委员，第一至第三届全国人大代表，第三届全国人大常委，中共八大代表，中共湖北省委委员等。

1952年11月，中央人民政府政务院第19次会议批准任命李达为武汉大学校长。1953年2月23日，李达校长正式到校就职。一到任就主持了院系调整工作。学校在1953年9月14日成立了“武汉大学院系调整工作委员会”，李达为主任委员。根据调整方案，武汉大学的机械系、电机系、土木系及外文系英文组被调整出去，湖南大学、南昌大学、广西大学、华南工学院的部分专业调整到武汉大学。1953年10月初，学校的院系调整工作顺利完成。

调整后的武汉大学，成为一所综合性大学，主要培养理论或基础科学(自然科学和社会科学)方面，从事研究工作或教学工作的人才。全校共有数学、物理、化学、生物、中国语言文学、俄文、历史、法律、政治经济学等9个系以及图书馆学专修科。设有数学专业、物理专业、有机化学专业、分析化学专业、动物学专业、植物学专业、中国语言文学专业、俄文专业、历史专业、法律专业、政治经济专业、图书馆学专业等12个专业。1953年度共有教师327人，学生2084人。

院系调整工作完成后，李达领导全校师生开展了对马列主义毛泽东思想的学习。1953年4月13日，李达亲自向参加学习的277名教师作动员报告，学习毛主席的《实践论》。

1954年1月，他主持开展了对国家在过渡时期总路线的学习，任学委会主任委员。为使全校教职员系统地提高政治水平，他主持成立了“马克思列宁主义夜大学”，亲自担任校长。

为使大家明白院系调整以后大学的性质，他主持开展教学改革讨论，加深对综合性大学开展科学研究工作重要性的认识。他说，综合大学的任务之一是培养科学研究人才，要使学生具备科学研究能力，教师首先必须进行科学研究工作，提高科学知识水平。只有开展科学研究工作，教学内容才能不断丰富，教学质量才能不断提高。我国大规模经济建设与科学水平分不开，高等学校开展科学研究工作对加快经济建设速度将起一定的促进作用。

1956 年，高教部提出制订远景发展规划。他根据会议的精神，提出了本校 1956 年至 1967 年的 12 年远景规划。提出必须大力开展科学研究，不要把教学同科学研究或个人提高对立起来，并调整了学校部分机构。

在 10 年自主探索高等教育发展的时期，尤其是 1961 年 9 月 15 日中共中央批准试行《教育部直属高等学校暂行工作条例(草案)》(简称“高校六十条”)，对高校的任务、培养目标、办学思想、党的知识分子政策、管理体制、领导方法、科研工作、研究生教育以及后勤工作等作了规定。

依据“高校六十条”，李达主持调整了办学规模，将提出的万人大学的办学规模调整为 6000 人，其中本科生为 4500 人，研究生为 150 人；设置 15 个专业和 18 个专门组。除保留少量骨干坚持科研工作，大部分师资调到性质相近的专业，加强基础课教学。撤销了工农预科、理化系、政治系，停办了一批工厂，精简了教职工 1000 余人。

他坚决贯彻执行党委领导下的以校长为首的校务委员会负责制，制定了《武汉大学校务委员会工作条例》、《武汉大学关于校领导制度的暂行规定》，《武汉大学关于校系职权划分的几项暂行规定》，《武汉大学关于系领导制度的暂行规定》，《武汉大学关于教学研究室工作的暂行规定》。理顺了学校领导体制的关系，强调了学校各级组织必须贯彻集体领导和分工负责相结合的原则。

在他的领导下，学校一步步向前发展。至 1965 年，学校实际设有中国语言文学，外国语言文学、历史学、哲学、经济学、图书馆学、数学、物理学、化学、生物学等 10 个系，汉语言文学、英国语言、俄罗斯语言、历史学、哲学、政治经济学、图书馆学、数学、物理学、无线电物理学、化学、动物学、植物学、微生物学等 14 个专业；在校学生数为 4133 人，其中研究生 37 人，本科生 4096 人；教职工数为 1816 人，其中专任教师 726 人，专任教师中，教授 46 人，副教授 37 人，讲师 202 人，教员 8 人，助教 433 人。从 1957 年起学校还招收了外国留学生，1957 年 13 人，1965 年达到 130 人，留学生主要来自越南、朝鲜和美国。

继科学研究12年规划之后，1963年他又主持制定了武汉大学10年科研事业发展规划。到1965年，学校已有研究室9个，其中文科5个，理科4个；专职科研人员65人，其中文科18人，理科47人。1957年至1965年的9年间，全校共出版著作66本(文科56本，理科10本)发表论文812篇(文科523篇，理科259篇)。1957年至1965年，学校召开了5次规模较大的科学讨论会；开展了与兄弟单位的合作研究；与中国科学院武汉分院签订了《关于加强科学研究工作的几项协议》，与中国科学院地球物理所签订了《关于加强原订科学研究工作合作合同的执行协议》；与中国科学院水生生物研究所签订了合作协议书。1958年，学校成立了科学研究处，负责学校的科研管理工作。

总之，学校在自主探索中，教学科研都得到了不同程度的发展。

他一生著作颇丰，1926年出版《现代社会学》，1935年出版《社会学大纲》，以后出版有《唯物辩证法大纲》、《〈实践论〉解说》、《(矛盾论)解说》，并有《李达文集》出版。

1966年在所谓打倒"珞珈山三家村"的运动中，被迫害致死。1980年被彻底平反昭雪。

(二)办学理念

李达在武汉大学长达14年的办学实践中，在社会主义新型大学的建设方向、高水平师资队伍建设、教学中心和科学重镇建设，以及大学民主管理等方面都进行了有益的探索。下面就对其中的一些理念进行重点阐述。

1."马列指导"、"红专并重"

(1)马列指导。马克思主义、毛泽东思想，是我们党的指导思想。李达十分清楚马克思主义、毛泽东思想在新中国成立后的重要指导地位。在去武大前夕，李达给著名的史学家吕振羽去信说："日内即去武汉大学就职。……此后，我的主要工作是领导马列主义、毛泽东思想研究。我身虽多病，但还能半休息半工作，决以余年献身于这一研究，学习、学习、再学习，或者能有一点成就。”①1953年2月23日，李达正式到校就职，他在欢迎会上就明确要求，全校干部、教师要团结一致，认真学习马克思主义、毛泽东思想，按照社会主义的方向办好武汉大学。要做到这一点，他认为，必须通过学习提高师生员工的马克思主义水平。只有提高了马克思主义理论水平，才能办好社会主义大学。

李达到任后，很快在武汉大学启动了马克思主义理论教育的工作：

一是亲自辅导学习《矛盾论》、《实践论》。1953年2月他一上任后，就在全校师生中开展了对马列主义、毛泽东思想的学习。4月13日，他亲自向参加学习的277名教师作动员报告，指出：这次学习的方针和任务是，通过系统的理论学习，逐步确立马克思列宁主义的立场、观点和方法，进一步批判资产阶级思想，树立马克思主义的世界观。② 10月30日，李达向参加理论学习的全体教师作了学习《矛盾论》的辅导报告，指出：“《矛盾论》和《实践论》一样，同是毛泽东思想的基础，是无产阶级政党的宇宙观，是革命行动和科学研究的指南，是思想方法和工作方法的统一。”③

二是要求学习党和国家的方针政策。1954年1月，学校开展了国家在过渡时期总路线的学习。为保证学习的进一步深入，学校专门成立了教师政治理论学习委员会，由他任学委会主任委员。1954年《中华人民共和国宪法》(草案)公布。6月23日，他向全校师生员工作了关于学习“宪法草案”的动员报告。号召全校师生员工认真地学习宪法，拥护宪法，遵守宪法，为建设社会主义社会而奋斗。

三是成立“马克思列宁主义夜大学”。为使全校教职员系统地提高政治理论水平，学校成立了“马克思列宁主义夜大学”，由李达任校长。夜大学学习期限4年，开设中国革命史、马克思列宁主义基础、政治经济学、辩证唯物主义与历史唯物主义4门课程。夜大学分为甲、乙两个班，甲班351人，乙班604人，开学的当晚，李达亲自到课堂听课并观察了解学习的情况。

四是主持重建哲学系。武汉大学原有的哲学系在1952年院系调整时合并到北京大学，1956年9月他主持重建哲学系并兼任哲学系主任。他一向认为，马克

---

① 《李达给吕振羽的信》(1953年2月9日)，载《文献》1980年第4辑。

② 吴贻谷主编：《武汉大学校史》，武汉大学出版社1993年版，第239页。

③ 吴贻谷主编：《武汉大学校史》，武汉大学出版社1993年版，第239~241页。

思主义哲学是共产党的世界观，是指导各门具体科学和各项具体工作的最正确、最完备的方法论，在高等学校中应当是“首席科学”、“首席课程”，[①] 一个社会主义的大学，不首先抓马克思主义哲学的教育，是办不好的。

(2)“红专并重”。李达在1953年下学期的开学典礼上指出：“综合大学的培养目标，首先要使学生具有较高深的理论水平与较广阔的科学知识，通晓一般的自然科学或社会科学规律，然后在这个基础之上逐步进行专业训练，逐渐养成能够独立地、创造性地进行研究工作，并善于在马列主义方法论的基础上解决自己专业方面的某些理论和实际的问题。”[②]在这里，他明确地提出了学校的人才培养目标，既要“红”也要“专”。

1957年5月，应《新湖南报》的约请，李达撰写了《怎样做一个社会主义大学生》的专文，就办学目的、社会主义大学生标准等问题提出了许多真知灼见。关于办学的目的，李达指出，我们的目的是培养为人民服务的知识分子，为社会主义事业服务的专家。要想在毕业后成为一个名副其实的社会主义建设人才，那么在学校里应当是一个名副其实的社会主义大学生。关于社会主义大学生的标准，李达说：“社会主义大学大学生有社会主义大学生的标准。这标准概括起来应该有三个条件：第一，他努力把自己培养成为具有马列主义的世界观和共产主义的道德品质的人，决心为社会主义的事业贡献自己的全部力量。第二，他努力地并且有成效地学习现代先进的科学和技术。第三，他努力锻炼自己身体，把自己锻炼成为足以胜任繁重劳动的强健体魄的人。”[③]这些思想观点，进一步丰富和深化了德智体全面发展的教育方针的内涵，强化了既要“红”也要“专”的思想。

1959年5月4日在武汉大学纪念五四运动40周年的演讲上，他专门讲了“红”与“专”的问题。

他说，首先是要“红”。我们的青年一般是在和平环境里成长起来的，没有经历过革命先辈们所经历过的那些惊涛骇浪，没有“经风雨，见世面”，没有经过严重的锻炼和考验，在政治上还不成熟。为了做共产主义者的接班人，必须克服各种错误思想，巩固地树立起共产主义世界观和人生观。要做到这一点，必须

① 程斯辉主编：《新中国著名大学校长(1949—1983)》，湖北人民出版社2007年版，第267页。
② 李达：《开学讲话》，载《新武大》(1953年10月23日)第98期。
③ 《李达文集》第4卷，人民出版社1988年版，第529页。

做到：

第一，坚决实行与工农群众相结合。在目前就是坚决拥护党的教育与生产劳动相结合的方针，积极地参加劳动锻炼。“有的青年，把参加劳动锻炼和‘专’对立起来，似乎参加劳动锻炼就影响‘专’，就不能当专家，要想‘专’就不能参加劳动锻炼。这是不正确的。”①

第二，必须努力学习马克思列宁主义。有的同学认为，政治课可有可无，只要好好劳动就可以自然地“红”起来。这种认识是片面的。他说：“马克思列宁主义是指导我们思想的理论基础，是从事任何专业的人都必须认真学习的一门科学。”②

其次，他讲不仅要“红”，而且要“专”。为了实现国家工业化和农业机械化电气化，需要高度的文化水平和科学技术水平。目前，我们国家的文化水平和科学技术水平整个说来还是低的，青年们的知识也还很不足。因此，必须努力学习，牢固地掌握知识，把自己锻炼成为精通本门业务的专家。知识有书本知识和实际知识两种，应当使两者很好地结合起来。我们反对脱离实际的死读书，但是也反对不读书或是忽视读书。有些同学不重视基础课，认为不能解决实际问题。这是一种近视的观点。“学习科学知识必须循序渐进，只有打好了牢固的基础，才能攀上科学的高峰。”③

“红”和“专”是对立的统一，不应当把二者机械地对立起来。“只专不红”、“先专后红”的思想都是不对的。

2.“教学为主”、“教研结合”

(1)“教学为主”。李达认为，教学工作是学校一切工作的中心。1953 年 10 月 22 日在武汉大学新学年开学典礼上的讲话中说，武汉大学经过院系调整，现已经成为综合大学了，所担负的任务是“适应于国家建设需要，培养具有马列主

① 李达：《青年知识分子要走又红又专的道路》，载徐正榜、陈协强主编：《名人名师武汉大学演讲录》，武汉大学出版社 2003 年版，第 271 页。

② 李达：《青年知识分子要走又红又专的道路》，载徐正榜、陈协强主编：《名人名师武汉大学演讲录》，武汉大学出版社 2003 年版，第 272 页。

③ 李达：《青年知识分子要走又红又专的道路》，载徐正榜、陈协强主编：《名人名师武汉大学演讲录》，武汉大学出版社 2003 年版，第 273 页。

义世界观、全心全意忠实于祖国和人民事业、掌握先进科学和技术的专门人才”。①

根据上述的基本方针，综合大学的任务，主要是培养理论或基础科学(自然科学和社会科学)方面的从事研究工作或教学工作的专门人才，为各个经济和文化教育部门输送研究和教学干部。具体地说，就是培养科学研究工作者和高等学校中等师资。因此，综合大学的培养目标，首先要使学生具有较高深的理论水平与较广阔的科学知识，通晓一般的自然科学或社会科学的规律，然后在这个基础之上逐步进行专业训练，逐渐养成能够独立地、创造性地进行研究工作，并善于在马列主义方法论的基础上解决自己专业方面的某些理论和实际的问题。

为贯彻上述的方针和完成相应的任务，培养出德才兼备的科学研究人才，他提出了如下一些要求：

一要实行教学改革。所谓教学改革，主要是教学内容的改革，包括制订教学计划、教学大纲和教材内容等。

二要改革行政工作。他认为，教学工作是学校一切工作的中心，一切行政工作都服务于教学工作。“我们行政工作人员，必须确立一切工作围绕于教学工作的思想，订立工作计划，建立工作制度，改进工作方法，提高工作效率，以便使教学工作能够顺利地进行。”②

三要求加强政治理论学习，尤其是要求教师们系统地学习马列主义。要求在四年内分别学习中国革命史、马列主义基础、政治经济学、辩证唯物主义和历史唯物主义这四门课程，每一学年度学习一门。

四要加强教研组工作。他说，教学研究指导组(简称教研组)是高等学校的基本教学组织，是直接领导一门或数门性质相近的课程的教学工作、进行科学研究工作、培养和提高师资的主要环节。“一个高等学校的工作成绩如何，在很大的程度上，是要看教研组的工作成绩如何而定的。”③

---

① 李达：《教学工作是学校一切工作的中心》，载徐正榜、陈协强主编：《名人名师武汉大学演讲录》，武汉大学出版社 2003 年版，第 246 页。

② 李达：《教学工作是学校一切工作的中心》，载徐正榜、陈协强主编：《名人名师武汉大学演讲录》，武汉大学出版社 2003 年版，第 251 页。

③ 李达：《教学工作是学校一切工作的中心》，载徐正榜、陈协强主编：《名人名师武汉大学演讲录》，武汉大学出版社 2003 年版，第 252 页。

五要注重培养师资。他说，目前一般高等学校都感觉师资不足，本校也不例外。“要解决这个问题，必须从两方面下手，即一方面培养新的师资，一方面提高现有师资。这两方面的工作，不可偏废，而应该很好地配合进行。”①

六要进行科学研究工作。为了提高教学水平，培养新的师资，推进科学进步，以促进国家建设事业的发展，综合大学必须有步骤地进行科学研究工作。

七要加强对学生的纪律教育。他是针对当时学生中课堂纪律不好，不按教学计划进行学习，不遵守生活秩序，不爱护公物，对教师、对学校工作人员不够尊重，不重视政治时事学习，不注意体育活动等现象提出来的。②

(2)“教研结合”。他在强调大学以教学为主的同时，也要求教研紧密结合，即要开展学术研究。“综合大学主要是一个教学机构，同时也是一个研究机构。教学与研究工作是相互为用，相互提高的，是相互结合而不是相互矛盾的。所以综合大学还必须与各种科学研究机构及各个建设部门取得密切配合，才能更好地结合实际需要与发挥教学效能。”③

对于科学研究工作的范围，他在1953年第二学期的开学讲话中将其进行了细分，即推行具有创造性的教学方法和教学内容的研究工作，编著现代先进科学的教科书和专论；一般科学理论问题的研究；具有国民经济意义的较大的理论性问题研究；业务部门、科学研究机关、工矿企业及其他单位所委托的科学研究工作；科学通俗化的工作。④ 以后，他对研究的内容进行了进一步的深化。1963年11月，在校庆50周年大会上，他指出，积极开展科学研究，争取在较短时期内培养出一支具有国内先进水平的马克思列宁主义理论队伍和自然科学队伍。理科应当结合教学工作、专业特点和国家需要，一面加强基本理论的研究，一面联系当前生产实际和社会主义建设中的重大科学技术问题进行研究。文科要努力运用马克思列宁主义、毛泽东思想的基本原理来总结研究我国革命和建设的丰富经

---

① 李达：《教学工作是学校一切工作的中心》，载徐正榜、陈协强主编：《名人名师武汉大学演讲录》，武汉大学出版社2003年版，第252页。

② 李达：《教学工作是学校一切工作的中心》，载徐正榜、陈协强主编：《名人名师武汉大学演讲录》，武汉大学出版社2003年版，第254~255页。

③ 李达：《教学工作是学校一切工作的中心》，载徐正榜、陈协强主编：《名人名师武汉大学演讲录》，武汉大学出版社2003年版，第248页。

④ 李达：《开学讲话》，载《新武大》(1953年10月23日)第98期。

验，整理我国文化遗产。①

他如此强调大学的科学研究功能，一是他基于对综合大学任务的认识。综合大学的任务主要是培养理论或基础科学(自然科学和社会科学)方面的从事研究工作或教学工作的专门人才，是为各个经济和文化部门输送研究和教学干部的。更具体地说，就是培养科学研究工作者和高等学校以及中等学校的师资。但就培养目标来说，则以培养合乎一定规格的科学研究人才为主要目标，因为能做科学研究工作的人，也可以做高等学校和中等学校的教师。二是他本身就是一位以身作则、勤奋著述的理论家。一生著述达数百万字，包括哲学、政治经济学、科学社会主义、法学、政治学、社会学、货币学、历史学等多个学科领域。《社会学大纲》、《经济学大纲》、《货币学概论》、《社会进化史》、《法理学大纲》都是其新中国成立前的一部分代表作。新中国成立后，尤其主持武汉大学校政后，又发表了100多万字的论著，其中影响巨大的是《〈实践论〉解说》、《〈矛盾论〉解说》以及他去世后出版的《唯物辩证法大纲》等。

在他的关心和重视下，学校的科学研究工作如火如荼地开展了起来。1955年，学校出版发行了人文和自然科学学报，他自己任学报编辑委员会主任。1956年2月，他主持召开校学术委员会会议，主持制定了学校1956—1967年的12年远景发展规划，具体制订了12年的学校科学研究工作规划。学术活动十分活跃，仅1957—1965年，就举行了5次大规模的科学讨论会。1963年举行第四届科学讨论会，会上提交讨论的科研论文以及展出的科研著作之多，在武汉大学的历史上是空前的。会上，他指出“科学上没有长足进步，建设社会主义、共产主义不可能”。他要求“各位系主任，拿出六分之四的时间带个头，向学术方面进军”②。学术成果不断涌现，1957—1964年全校共出版著作66本，发表论文812篇。学术合作研究层出不穷，与中科院武汉分院、中科院地球物理所、中科院水生物所、华中工学院以及武汉重型工具厂等都签订有合作协议。

① 李达:《贯彻党的教育方针，办好社会主义大学——在建校50周年校庆大会上的报告》(1963年11月15日)。

② 《李达文集》第4卷，人民出版社1988年版，第725页。

3.“培养师资”、“完善管理”

(1)“培养师资”。李达在1953年下学期的开学典礼上指出:“综合大学的培养目标，首先要使学生具有较高深的理论水平与较广阔的科学知识，通晓一般的自然科学或社会科学规律，然后在这个基础之上逐步进行专业训练，逐渐养成能够独立地、创造性地进行研究工作，并善于在马列主义方法论的基础上解决自己专业方面的某些理论和实际的问题。

为实现综合大学的这一培养目标，他在讲话中提出要培养师资。李达认为学校的主要矛盾是教学质量与师资水平的矛盾。他认为，要办好社会主义大学，就要找到教育办学的主要矛盾，才能去解决这个矛盾。而学校的主要矛盾是师资水平与教育水平的矛盾。一个学校、一个系办得好不好，一个重要的标志就是看有没有一批知名的教授。因此，培养和提高师资是当务之急，是学校能否办好的关键。

他说，目前一般高等学校，都感觉师资不足，本校也不是例外。要解决这个问题，必须从两方面下手:

从学校层面来讲，既要培养新的师资，也要提高现有的师资。这两方面的工作，不可偏废，而应该很好地配合进行。从长远方面考虑，新师资的培养，是完全必需的。

培养新师资的办法，除派遣一部分青年教师到苏联和东欧人民民主国家以及国内各大学去研究外，主要还是靠我们自己来培养。即依靠我们原有的老教师，利用带徒弟的办法，把一些研究生或毕业不久的青年教师，逐渐培养成为有一定教学能力的教师。这些年来，本校在培养师资方面的工作上，也有过一定的成绩。今后，还应该继续努力，更有计划、有步骤地来进行。①

要做好这个工作，他认为最主要的，还在于教师彼此间的紧密团结。新老教师的关系，过去是不够正常的，影响了教学工作的改进和新老教师的政治思想、业务水平的提高，尤其影响对青年教员的培养。以后新老教师必须认识各自的优

---

① 李达:《教学工作是学校一切工作的中心》，载徐正榜、陈协强主编:《名人名师武汉大学演讲录》，武汉大学出版社2003年版，第252页。

点和缺点，取长补短，互相学习，互相帮助。尤其要求青年教师克服急躁自满的情绪，尊重老教师，虚心向老教师学习；老教师要关怀年轻的教员，热情地、耐心地予以指导和帮助。通过全体教员的团结互助，把教学改革工作更加提高一步。只有在这样彼此敬爱、团结互助的基础上，培养新师资的工作才能取得较好的效果。①

从教师个人来讲，还在于提高教师本身的政治思想水平和业务水平。在业务上的提高有两个方面：一是系统地有计划地读书，要读经典著作，也要读新书、新杂志；既要向经典作家学习，也要吸收最新的科学成果。对科学研究，要下决心，要作长期打算。工作量没有满，而确实又忙着备课写讲稿的教师，可以缓一步；工作量虽然没有满，但有条件搞科学研究的，必须搞起来。对科学研究，青年教师要从自己的基础出发，登高自卑，从小题目搞起，形式不拘。老教师要带头，要带领青年教师做。②

在学校师资队伍建设的过程中，李达通过多种方法招纳贤才。曾昭抡教授是著名化学家、科学院学部委员、高等教育部副部长，他被错划为右派后，别的单位都不敢收留他，李达知道了这一消息之后，立即将其延聘至武汉大学任教。曾先生在武大通过言传身教，辛勤耕耘，培养了一大批中青年学术骨干。他要求为培养中青年人才创造条件。刘纲纪从北京大学毕业分配到武汉大学，本来是做李达的研究生的，当他提出自己的志趣是搞美学时，李达非但不以为怪，而且非常支持，叫秘书写介绍信，让他到北京大学进修美学，以充分发挥他的个人志趣和专长。

(2)“完善管理”。新中国成立以后，百废待兴，一切都在探索之中，高校中实行一种什么样的管理模式，也存在一个摸索过程。李达主张要明确党政的职责关系，确定党政各自的管理权限，实行民主管理，充分发挥专家的作用。

在他来校的初期，学校的管理工作是以党的管理为主的，当时党的组织有党

---

① 李达：《教学工作是学校一切工作的中心》，载徐正榜、陈协强主编：《名人名师武汉大学演讲录》，武汉大学出版社 2003 年版，第 253 页。

② 李达：《贯彻全面发展的教育方针，提高教育质量》，载徐正榜、陈协强主编：《名人名师武汉大学演讲录》，武汉大学出版社 2003 年版，第 259~260 页。

组和党总支。党总支负责党的建设和思想政治工作，党组则负责学校的教学和行政工作，决定学校工作中的重大问题。这样的一种权力架构，导致了党内的权力分配缺乏中心，党组、党总支各管一块，有没有主从关系？党与行政的权力关系分配不清，党组、党总支该管一些什么东西，行政部门负责哪些工作？这种不完善的权力关系，影响了行政效率的充分发挥。

为此，1957 年 1 月 5 日，在学校党委扩大会议上，他提出了“究竟党在学校中做什么？党与行政的关系如何”？① 1961 年 4 月 28 日，学校召开党委常委会议，他说，党在学校是不做行政工作的，我们学校党在做行政工作，党是实线，行政是虚线，这要控一下，把界限划清楚，行政管行政的事情。1961 年 5 月 22 日，学校召开校务委员会会议，他说，“总支书记揽教学行政大权”，这从前是没有的，他要求“各位系主任主持教学，总支书记不得干涉”。

针对上述的一些情况，他在办学的实践中开始了“民主管理”的一些探索。1959 年颁布了《武汉大学校务委员会暂行条例》，规定武汉大学实行学校党委领导下的校务委员会负责制，校务委员会是行政领导机构，实行集体领导分工负责，设常务委员会负责学校日常事务。1959 年 2 月 16 日，第一次校务委员会会议举行，李达在会上说，“今天我们开第一次校务委员会，首先把架子搭起来，便于工作，把党的教育方针贯彻好。今天讨论的问题，是把机构成立起来”。②经过讨论，当日成立了由李达为主席的校务委员会常务委员会和校务委员会下设的科学研究委员会、生活福利委员会、图书资料委员会，几个委员会中，除常务委员会中行政人员多一些以外，其他三个委员会专家、学者占多数，尤其是科学研究委员会，除了极个别的行政人员外，几乎全是专家。校务会议每年都应按时举行会议，讨论包括教学计划、先进的评选、学校的编制、仪器购置、毕业生分配、行政人员安排、教师职称评定、学校发展规划等问题。

校务委员会成立以后，受当时政治运动的影响，校务委员会的作用还没有真正地发挥起来。于是，他又据理力争，1961 年 5 月 26 日在党委常委扩大会议上，针对当时学校出现了把常委领导下的校务委员会负责制度变成了党委书记一长

---

① 《武汉大学党委扩大会议》(1957 年 1 月 5 日)，藏武汉大学档案馆。
② 《武汉大学第一次校务委员会会议》(1959 年 2 月 16 日)，藏武汉大学档案馆。

制，他说，党委讨论写出来的东西，要听取校务委员会的建议。在校务委员会提出意见以后，党委讨论决定。教师提级、系主任、教研室主任及及副科以上的干部，都要在校务委员会上通过。6 月 19 日，在第 8 次校务委员会常委扩大会议上，他又重申："党委领导下的校务委员会负责制是学校工作的根本制度，是党的领导与群众相结合的一种形式。今后有关方针政策及上级指示，经党委讨论，提出实施办法以后，一定要拿到校务委员会上来讨论，作出决定。"（本部分参见骆郁廷主编《流风甚美——武汉大学文化研究》一书第二章，武汉大学出版社 2013 年版）

（三）讲话选录

1. 1953 年 10 月 22 日在武汉大学新学年开学典礼上的讲话（选录）

综合大学的培养目标，首先要使学生具有较高深的理论水平与较广阔的科学知识，通晓一般的自然科学或社会科学的规律，然后在这个基础之上逐步进行专业训练，逐渐养成能够独立地、创造性地进行研究工作，并善于在马列主义方法论的基础上解决自己专业方面的某些理论和实际的问题（但这不是说刚毕业的学生就能做到，而是要经过相当时期的锻炼才行的）。综合大学教育的程度比较深，而方面也比较广，学生毕业后就业的范围也比较广，因此培养目标并不因学生就业而有所影响。

我们的综合大学和苏联制的大学同一类型，而与英美制的普通大学或文理学院根本不同。

在系科设置上，任务明确，内容只包括人文科学与自然科学的基础学问，与旧中国所仿行的美国式的普通大学文、理、政、法、财经、工、农、医混合在一校截然不同；同时因其设有政治经济学及法律学等专业，又与以前所谓文、理学院也不一样。

在学校内部组织上，我们的综合大学，不设院这一级，而以系为教学行政的基层组织，直接受学校行政的领导；同时又设有教研组或教学小组，作为教学和研究的基层组织。

在培养方式上，我们采取专业教育，按照国家建设需要设置专业，并在马列主义的指导下，在深厚广博系统的基础知识上进行精深的专业学习，这样来培养既具有广博理论基础与专门科学知识而又更加切合实际的专家，这是与资产阶级所谓“通才教育”以及狭隘专门教育完全不同的。

综合大学主要是一个教学机构，同时也是一个研究机构。教学与研究工作是相互为用，相互提高的，是相互结合而不是相互矛盾的。所以综合大学还必须与各种科学研究机构及各个建设部门取得密切配合，才能更好地结合实际需要与发挥教学效能。

综合大学为要贯彻上述的方针和任务，培养出德才兼备的科学研究人才，这就首先要求实行教学改革。

所谓教学改革，主要是教学内容的改革。其中，包括制订教学计划、教学大纲和教材内容，而首先要从教学计划的改革开始。

从 1952 学年度起，我们初步进行了院系调整，开始设置了专业，教学改革也有了良好的开端。现在经过院系调整，改为综合大学，除暂时留在校内的水利学院设有水工建筑、河港工程、农田水利三个系和四个专业以外，综合大学本身设有中文、俄文、历史、政治经济学、法律、数学、物理、化学、生物九个系和一个图书馆学专修科，有十二个专业。

教学工作是学校一切工作的中心，一切行政工作都服务于教学工作。我们行政工作人员，必须确立一切工作围绕于教学工作的思想，订立工作计划，建立工作制度，改进工作方法，提高工作效率，以便使教学工作能够顺利地进行。

综合大学是教学机构，同时也是科研机构。教研组便是结合教学工作与研究工作的基本组织。为了提高教学水平，培养新的师资，推进科学进步，以促进国家建设事业的发展，综合大学必须有步骤地进行科学研究工作。

综合大学的科学研究工作的范围，大致可分为以下几点：

进行具有创造性的教学方法和教学内容的研究工作；编著现代先进科学的教科书和专论；一般科学理论问题的研究；具有国民经济意义的较大的理论性问题的研究；业务部门、科学研究机关、工矿、企业及其他的单位所委托的科学研究工作；科学通俗化的工作。(《新武大》第 98 期)

2. 1956年1月6日在武汉大学学术委员会第五次扩大会议上的总结报告(选录)

学生要全面发展，教师要全面负责。教师全面负责，是贯彻全面发展的教育方针的关键。

对学生全面发展负责的具体要求是：(1)通过各个教学环节对学生的接触，每学期对学生作几次访问，或找学生交谈，了解学生的情况，全面地关心他们的生活。(2)每位教师在教学中贯彻爱国主义和国际主义思想教育，通过教学，使学生既获得科学知识，又树立起马克思列宁主义的世界观和人生观。(3)不断提高教学质量，同时贯彻学少一点、学好一点的原则，不使学生负担过重，不挤掉他们学习政治、锻炼身体的时间。(4)在一切必要和可能的场合，以自己的言行来鼓励学生重视政治、重视身体锻炼，积极支持他们进行各项体育活动、文艺活动、报告会、科学研究小组活动等。(5)学生有不遵守学习纪律、不尊重老师以及其他违反全面发展的倾向时，每位教师有责任随时予以教导、劝止或建议学校处理。

要更熟练地掌握各种教学方式，不断地改进教学方法。首先，要搞好课堂讲授，一堂课要重点解决几个问题，要注意越能做到深入浅出、要言不烦就越好。讲授是主要环节，要注意到主要环节和其他各个教学环节之间的有机联系，要注意到在各个教学环节中贯彻思想性和科学性的问题。其他各个教学环节应该起这样的作用，那就是使学生巩固在课堂中学到的知识，丰富和扩大知识的范围，使学生能够运用理论去联系实际，解决问题。

在教学当中，直观教学是很重要的，苏联顾问和专家每次都强调要运用直观教材，提高教学的效果，大家应当特别重视起来。这次讨论会中，历史系、经济系都有教师提出自己来编制直观教材和参考工具资料的意见，非常之好。总而言之，我们不可轻视讲授以外各种教学方式的作用，不可把教学方法视为雕虫小技，要把它们看作是提高质量、提高效果的重要方面。

提高教学质量是提高教育质量的中心问题，业务课、政治理论课、体育课的教学质量都提高了，教师的政治思想水平都提高了，都能全面负责，都能关怀学生在业务、政治、身体三方面的发展，教育质量的提高就有保证了。(《新武大》

第 174 期)

3. 1956 年 2 月 22 日在武汉大学全体学生大会上的讲话(选录)

同学们！我们要在不很长的时间里迅速赶上世界科学的先进水平，没有相当多的高级知识分子是不行的。高等学校的学生要想进一步把自己培养成为高级知识分子，没有一番极其艰苦的劳动是办不到的。科学的旅程是艰辛的，只有具有最坚强的意志的人能够攀到光辉的顶点。(《新武大》第 182 期)

4. 1959 年 5 月 4 日在武汉大学纪念“五四”运动 40 周年上的演讲(选录)

我们青年一代必须依照党和毛主席的教导，努力把自己造就成为“又红又专”的工人阶级的知识分子。

为了做老一辈共产主义者的接班人，我们必须克服各种错误思想，巩固地树立起共产主义世界观和人生观。

我们所需要的工人阶级的红色专家，就是具有社会主义觉悟的、有文化的劳动者。

为了实现国家工业化和农业机械化电气化，需要高度的文化水平和科学技术水平。目前，我们国家的文化水平和科学技术水平整个说来还是低的，青年们的知识也还很不足。因此，必须努力学习，巩固地掌握知识，把自己锻炼成为精通本门业务的专家。

知识有书本知识和实际知识两种，应当使两者很好地结合起来。

科学的书本知识是几千年来生产斗争和阶级斗争经验的总结，是阐明科学规律的。不读书，就不能继承已有的科学成果，就不能扩大知识领域，就不能使自己的经验上升为理论的认识。(《新武大》第 307 期)

5. 1963 年 11 月 15 日在建校 50 周年校庆大会上的报告(选录)

武汉大学最初名为国立武昌高等师范学校，创办于 1913 年，是辛亥革命的产物。

这个学校就在 1924 年改名为国立武昌大学，接受新民主主义文化思潮的影响，反帝爱国的进步力量有所滋长，在革命的启蒙运动和学生运动中做出一定的贡献。

第一次国内革命战争时期，武汉一度成为全国革命的中心。1926 年，武昌大学改名为国立武昌中山大学，当时革命进步势力起了主导作用，学校成为宣传新民主主义文化的重要据点，遭到所有反动派的仇视。1927 年大革命遭受挫折，斗争转入低潮，国民党反动军队包围这个大学，搜捕共产党人和进步分子，一度被迫解散，在 1928 年改组为国立武汉大学。这时候国民党蒋介石反革命势力盘踞武汉，在学校实行法西斯统治，妄图隔断进步力量的传统，杜绝革命思想影响，但是国民党反动派的阴谋并未完全得逞。

1937 年抗日战争初期，武汉大学师生在中国共产党的影响之下，激发起抗日救国、自由民主的革命思潮。从此以后大学内部的进步势力同反动势力的斗争随着革命形势的发展而不断起伏。

抗日战争胜利，大学从四川嘉定迁回武昌，在全国革命形势影响下，进步势力日益壮大，学生运动蓬勃发展。1947 年 6 月 1 日，国民党反动军队黑夜包围学校，搜索进步分子，枪杀学生三人，造成“六一”惨案，全国震怒。与此同时，武汉大学在中国共产党秘密组织的领导下，团结广大群众，发动了大规模的“反饥饿、反内战、反迫害”的群众运动，用公开和秘密的斗争方式，不断打击校内外的反动势力，直到 1949 年 5 月胜利地迎接解放，大学获得了新的生命。

武汉大学在旧社会经历了 36 年，受到英美帝国主义文化的奴役，日本帝国主义侵略军的破坏，封建军阀和国民党反动派的压迫。民主进步力量有时壮大，有时削弱；革命文化思潮的影响有时高涨，有时低落，曲折地反映了国内民主革命和阶级斗争的发展。在反动统治时期，尽管武汉大学是以资产阶级教育为反动统治阶级和旧的经济基础服务的，但是在它的教师和培养出来的文、法、理、工、农、医各学科的毕业生中，毕竟还有相当数量的人在不同程度上受到革命文化思潮的影响，为我国文化教育和科学技术积累了财富，做出了一定的贡献。我们应当继承这份有用的遗产，充分发挥它的积极作用。

1949 年武汉地区解放了，武汉大学回到人民怀抱，从此和全国高等学校一样，随着革命形势的发展，逐步改造为社会主义性质的大学。

武汉大学原来设有文、法、理、工、农、医 6 个学院，系科庞杂，不适宜于分工发展。解放以后的重大改革措施之一，就是实行院系合并，分别建成新的独立的学院。现在的武汉大学，是由原来的文、法、理3个学院为基础建成的新型综合大学，设有哲学、经济、历史、中文、外文、图书馆学、数学、物理、化学、生物等10个系，除图书馆学系是4年制以外，其他各系都是5年制。对于教育方针、管理制度、教学组织、教学计划、教学内容、教学方法等各方面，我们进行了全面的、根本的改革。(以上讲话来自武汉大学档案馆馆藏档案)

十、刘道玉校长

（一）个人履历

刘道玉
武汉大学校长
1981.7—1988.4

刘道玉，字叔嘉，男，1933年11月24日出生，湖北省枣阳市人，我国著名的化学家、教育改革家和社会活动家。

1956年3月8日加入共产党，1957年7月以优异的成绩毕业于武汉大学化学系，后留校任化学系助教，先后晋升为讲师(1964年)、副教授(1982年)和教授(1985年)。1962年1月，赴前苏联科学院攻读副博士学位研究生，曾担任留苏研究生学生会主席。

1966年4月被任命为武汉大学副教务长，1973年3月被任命为武汉大学党委副书记。1977—1979年任国家教育部党组织成员兼高等教育司司长。1981年7月—1988年4月，任武汉大学校长。在任校长期间，倡导民主自由的校园文化，尊重学生的志趣和选择权，提倡自学，围绕着教育体制和教育制度，推行了一系列的改革措施，如学分制、主修辅修制、转学制、插班生制、导师制、学术假制、贷学金制等，从而拉开了高等教育改革的序幕，其教育改革举措在国内外产生了重大的影响。

他在任职期间的一些主要举措有：

加强教学改革的探索与发展。推行学分制、导师制、主修辅修制、插班生制；调整课程结构和更新教学内容，开设跨学科、边缘学科的综合性课程，要求学生参加教学实践和科研训练；加强教材建设，改进教学方法，减少教师授课时数，增加学生自学时间；废止注入式教学法，提倡启发式教学法；改进考试方法，把学生从死记硬背的桎梏中解放出来；建立教学质量评估制度，实行教学质量奖励制度，优秀毕业生及在学优异生奖励制度、纪念奖学金制度。调整学科专业比例，加强基础学科，大力发展应用学科，创办新兴学科。

积极探索研究生培养的新途径。实行集体培养和导师负责相结合的体制。建立博士生指导小组。已获得博士学位、科研成果突出的中、青年教师参加指导小组。实行硕士生导师遴选。对硕士生导师实行“优中选优”。对硕士生实行“中期分流”和健全研究生奖励制度。培养“文科应用型硕士研究生”。试行研究生“三兼”(研究生兼任教学、科研和行政管理工作)制度。开展与校外、校内不同专业、与国外联合培养研究生。切实加强研究生教育的管理。1984 年，经教育部批准，成为全国首批成立研究生院的院校之一。

科学研究中的基础与应用并行发展。1981 年，国家制定了发展科学技术的总方针，他明确提出在加强基础研究的同时，积极开展应用研究。他要求到 1986 年，自然科学各类研究的比例大致为：基础研究 30%，应用研究 60%，开发研究 10%。“七五”期间，应用研究和开发研究的比重达到 75%。实施“重点学科、重点项目、重点实验室”一体化目标，持续地开展基础研究与高技术研究。强调社会科学研究要坚持为国民经济和社会发展服务的方向，要为政府部门提供咨询服务。1987 年 3 月，为加强哲学社会科学研究，成立了社会科学研究处。

作为一名专家，他对专业和管理方面的研究都有诸多成果。在化学研究方面，从事金属有机化学研究，曾与人合作出版学术著作 3 本，在国内外学术期刊上发表论文 80 多篇，多篇论文获得优秀成果奖励。在教育学研究方面，主要是研究高等教育改革理论与实践，先后出版了 10 多部著作，如《高等教育改革的理论与实践》、《创业与人生设计》、《创造教育新论》、《创造教育概论》、《创造思维方法训练》、《创造：一流大学之魂》等，发表了 300 多篇文章，其中多部专著和论文获得一等奖。

自 1986 年起，被选为第 22 届和第 23 届化学会理事，终生化学会会员。1978 年当选第五届全国人民代表大会代表，当选为全国第 10 届和第 12 届党代表大会代表。是中共湖北省委第 10 届和第 11 届省委委员，武汉市第 10 届人大代表。

1985 年 5 月荣获法国总统最高荣誉勋章，1987 年 11 月荣获日本东洋哲学学术研究奖章，1993 年荣获英国剑桥名人中心颁发的 20 世纪银质功勋章。

(二)办学理念

刘道玉作为 20 世纪 80 年代，中国教育改革的先行者，先后推行了一系列的教育教学改革，其理念就是主张创造教育，旨在以人为本，培育创新型人才。其理念典型展开如下：

1.“创造教育”、“制度创新”

(1)“创造教育”。作为探索高等教育变革之道的刘道玉，提出的教育理念就是“创造教育”，人才理念是“创造性人才”，通过创造教育达到培养创造性人才。他的这种教育和人才理念集中体现在其创造教育书系中：第一本是《创造教育概论》，本书对创造教育的基本元素知识、智力和创造力的关系，对创造教育的本质、特征、目的等学科体系等进行了系统的论述；第二本是《创造教育新论》，这本书收录了他在 1996 年至 2003 年 8 年间关于创造教育的研究成果；第三本是《创造：一流大学之魂》，本书则集中了刘道玉对创建一流大学的思考，提出了“塑造大学的创造之魂”的目标；第四本是《创造思维方法训练》，本书是刘道玉开展创造思维方法课程教学改革实验的结晶，可以看作是他对创造教育的实验性探索；第五本是《大学生自我设计与创业》，这是他对创造教育的学生所提出的人生设计和安排，也是检验创造教育结果的重要途径。这五本书系统阐述了刘道玉的创造教育思想，是他几十年来教育实践和思考的结晶和成果。

在上述五本著作中，刘道玉所讲的创造教育，其本质是注重对人的创造性素质的培养，对人的创造能力的培养。一般来说，传统教育注重的是学生对各种知识的学习和掌握，而创造教育则尤其注重对人的智力开发，强调的是人的优化教育，发展人的最优秀的本质。所以，创造教育乃是以培养创造性人才为核心，使学生通过接受教育成为一个具有创造力(观察能力、抽象思维能力和实践能力)的人。①

此外，刘道玉所讲的创造教育，其重要特征在于开放性和对受教育主体的尊重，这种教育要求一种民主、自由、平等、和谐的内部和外部环境。从教育由实施和接受两方配合完成的角度讲，这一教育理念要求教育实施者，应发扬民主的原则，使人们在一种“心理自由”与“心理安全”的状态下发展思维能力；就教育接受方而言，注重尊重人的自我实现原则，强调依靠人的内动力来表现和扩展自己的个性，进而实现自己的价值。所以，在深层次上，创造教育和人的个性发展、心理发展等都是紧密地结合在一起。创造教育要激发人的创造才能，就要实施人性化的教育，尊重受教育的主体，激活他们内在的原动力，最大限度地调动他们的主观能动性、自觉性和积极性，发展他们的个性。因而，刘道玉提倡的创造教育，是符合人的本性的优化教育。②

今天，在世界范围内的一切竞争，归根到底都是智力的竞争，并且总是智者获得胜利。智力是动力，是促进社会与经济进步的高效催化剂，而开发智力关键在教育。教育机构特别是大学应把培养创造性人才作为自己的根本任务。创造性人才乃是抽象思维能力强；头脑开放、能敏感地接受新事务，勇敢向传统观念挑战、决裂；勤察多疑，细心体察新奇现象，善于捕捉发明的思想、信息；不知满足，经常给自己出难题，永远进取的人。刘道玉认为，培养创造性人才需要：①尊重科学、发扬民主，造成活跃的民主学术气氛；②保护个性、因材施教、允许冒尖；③倡导自学、启迪思想、打好基础。以上三点主要是通过教育和理论学习，来提高创造性解决问题的能力，还应看到通过实践尤其是科学研究的实践，也能培养这种能力，促进创造性人才的产生和成长。

(2)“制度创新”。倡导新的教育理念，实施创造教育，培养创造性人才，就必须要有新的教学制度与管理与其相配套。所以，改革传统的教学体制，转变传统教育理念，就成为刘道玉教育实践的重要内容。传统的教学体制的最大特点是统一性，统一教学计划的实施，大批量地进行教学。当社会处于贫困和温饱的年代，这种教学体制对教育方针的普及，起到了积极的促进作用。但是，当社会已经从温饱

① 刘道玉:《开发智力，迎接新的技术革命》，载刘道玉等著:《高等教育改革的理论与实践》，武汉大学出版社 1985 年版，第 10 页。

② 参见刘道玉著:《创造教育概论》，武汉大学出版社 2009 年版。

向小康转型，向和谐的社会目标迈进时，过度地死守传统教学体制的统一性，它的弊端就会凸显，学生的差异容易被忽视，受教育者的积极性和主动性难以调动，“因材施教”的原则无法实现，更谈不上培养学生的创造思维能力了。正是出于这种考虑，刘道玉在武汉大学推行了一系列的教学制度改革，有力地支持了他的创造教育理念。

第一，改学时制为学分制。学分制是伴随着选科制产生的，19 世纪 70 年代，美国的一些大学实行选科制，1914 年哈佛大学正式实行了学分制。学分是一种以学时作为计量学生学习量的单位，以修满规定的学分方可结业的教学管理制度。在具体做法上，凡是需要课外自习的课程，每周上课 1 学时，修满 1 学期并经考试合格者，可获得 1 个学分；凡是无须课外仔细的课程，如实验、实习、专题讲座等，每周上课 2~3 学时，修满 1 学期者，方可获得 1 个学分。四年制本科生，总共修满 120 个学分者，即可获得大学毕业文凭和学士学位。武汉大学从 1978 年开始在历史系、经济系和数学系试行学分制。刘道玉担任校长后在对历史系、物理系等单位调研的基础上，进一步深化完善了学分制，提出了与学分制相适应的系列管理制度。学分制的实行使学生的知识结构得以优化，学习积极性得到提高，有力地培养了学生的学习能力。

第二，实行了双学位制。双学位制是指允许大学生在学校学习期间，有选择攻读两个学士学位课程权利的制度。凡是攻读双学位的学生，在校 4 年(可适当延长)学习期间，在修满本专业学士学位课程学分的同时，还修满了另一专业所必需的学士学位课程学分，便可获得两个专业的学士学位证书。实施双学位制的好处是，不仅拓宽了学生的专业知识面，更重要的是增加了就业的机会，提高了对职业的适应能力。在实行双学位制的同时，学校还实行了主副修制度，它是广义上的双学位制，可以扩宽学生知识面，只是不以获取第二学士学位为目的。

第三，推行转学制度。这一制度是指在尊重和保护学生兴趣的前提下，允许学生不仅在系内各专业之间转换，而且还允许学生在系与系之间、文理科之间，甚至校际之间转学。例如，中文系 78 级学生徐传毅对数学有着特别的爱好，他转入数学系以后学习成绩优秀，毕业后被美国著名的麻省理工学院数学系录取为研究生，别人需要 5 年获得博士学位，而他 5 年却拿到了应用数学和物理学两个博士学位。这一案例，充分显示了转学制度可以挖掘一些天才，可以使学生按照自己的兴趣学习。

第四，试行导师制。导师制是英国牛津大学、剑桥大学于15世纪初实行的一种个别指导的制度，其优点在于将教书育人制度化，实现政治与业务的有机结合，体现了“传道、授业、解惑”的完美统一。武汉大学于1984年实行这一制度，当时是全国唯一的，其实施旨在建立一支稳定的、权威的、有效的管理学生制度，促使教师真正地与学生交流，并在交流中管理学生。

另外，刘道玉在武汉大学还实行了很多教学制度，如从1985年到1987年招收了三届插班生和两届作家班，这种插班生制度克服了“一次高考定终生”的弊端，打破了按部就班的升级制度，创立了评价和录取学生的新方法，突出地培养了创造性人才。又如1987年学校在全国率先实行贷学金与奖学金相结合的制度，使经济困难的学生申请贷学金，学习优秀的学生申请奖学金，达到奖贷结合的目的。以上这些教育改革和措施的实行，充分体现了刘道玉的培养创造性人才的教育思想，也反映了他将高等教育改革的重点落实到教学制度改革的思想上。

2.“教研并重”、“以人为本”

(1)“教研并重”。从“创造教育”理念的提出和践行，可以看出刘道玉的教育思想具有现代性和革新性意蕴。他认为，教育不仅仅是传授知识，教学也不仅仅是学校唯一的功能和目的，现代教学应该是多元化、多功能的，大学的任务也应该是多方面的。具体来说，其功能可以归纳为六点：①培养合格的大学本科生，培养普通的、各类学科的专业人才。②开展研究生教育，培养高等的专门人才。③开展回归教育，或是终生教育，摆脱一次教育的模式，变成二次的、多次的、终生的教育，提高师资水平，为企业界培养各种熟练的专门家。④大力开展科学研究，完成国家的重点科研项目，充当科研一个方面军的作用。⑤要负责促进社会的进步和经济的发展，建立学校与生产的联合体。⑥要普及科学技术，要为建设社会主义精神文明、为提高全民族的科学文化水平服务。① 所以，大学教育的目的，一方面是培养包括文化、科学、心理、身体和个性等各方面素质全面发展

---

① 刘道玉：《开发智力，迎接新的技术革命》，载刘道玉等著：《高等教育改革的理论与实践》，武汉大学出版社1985年版，第10~11页。

的人，另一方面是培养社会所需要的各种专门人才。

关于大学应该如何培养人才，刘道玉认为应该“教研并重”，即大学应该将教学和科研作为学校发展的两个重心，二者应共同发展，不可偏废其一。在发展我国的科学事业中，应当充分发挥高等学校这个方面军的作用。邓小平同志提出：高等学校要办成两个中心，既是教学中心，又是科研中心。重点大学，应当坚定不移地按照“两个中心”的思想办学，并且用它作为衡量一个学校水平高低的标准。两个中心形象地说明了高等学校的性质和任务。教学和科学研究，是高等学校的两个基本职能，二者是相辅相成的，都是为了培养和造就又红又专的各类专门人才。

重点大学应当按照两个中心办学，如何达到这个标准呢，刘道玉认为应做到以下几点：①重点大学的教师特别是讲师以上的教师，一定要坚持既搞教学又搞科学研究。教书是教师的天职，科学研究是提高业务水平的主要途径。②在保证教学的同时，要根据学校的基础和国家的需要，建立一批有特色的研究所或研究室，要能承担一定的国家任务，为科学的发展和“四化”建设服务。③重点大学要逐步增加研究生，扩大研究生与大学生的比例，并积极创造条件成立研究生院。④要具备现代的仪器设备、丰富的图书资料，使之既为教学服务，又为科研服务。①

什么叫科学研究？刘道玉所理解的大学科学研究，是一个广义的概念，至少可分为三个类型。①专业学术研究，这里面又分为基础、应用和开发的研究。专业学术研究是多层次的，大的可以是一项国家规模的科研，小的可以是一个公式、一个实验方法的研究。②教育科学的研究，包括课程设计、教材、教法、教学技能、学习方法等。一定要消除一种误解，以为这些问题是教育学专家们研究的事。其实，正是由于专业教师不愿研究、而教育学家们又研究不了，才造成了这一交叉领域里的空白状况。③教育管理学的研究，包括思想管理、教与学的管理、学生的课余学习活动管理等。② 过去，只是靠少数政工干部作一些思想管理和行政管理。教师必须参加管理，研究教育管理，积极发挥教授的主导作用。

---

① 刘道玉：《关于高等学校的科学研究及管理》，载刘道玉等著：《高等教育改革的理论与实践》，武汉大学出版社 1985 年版，第 251 页。

② 刘道玉著：《创造教育概论》，武汉大学出版社 2009 年版，第 175~176 页。

为了提高科研水平，刘道玉组织建立了一个支持科研的后勤保障系统，让科研处、总务处和设备处的负责人亲自了解研究室、实验室的情况，以提供所需的器材，解决问题。这些努力，使武汉大学在 1981 年获得国家发明三等奖 1 项，1983 年获得国家发明奖 4 项，为教育部直属综合大学第二名，此后每年都获得各种国家级奖励。同时在文科研究方面，到 1983 年底出版著作 279 部，仅 1983 年就出版了 49 部；历史系唐长孺教授的专著《敦煌吐鲁番文书初探》，被国内学者称为“具有开创性的研究成果”；韩德培受国家委托，主持起草的《环境法》和《国际法》，填补了国内空白。另外，刘道玉通过向教育部申请，与社会各方面合作，健全各种科研制度，为学术研究创造环境，提供保障。具体如下：

第一，申请了国家软件工程重点实验室。1984 年底，通过专家论证，国家计委正式批准在武汉大学建立国家软件工程重点实验室，首批拨款 500 万元人民币。这意味着在软件工程研究方面，学校已成为国家队，担负着赶超世界先进水平的任务。

第二，申请成立武汉大学出版社，为教学、科研和学术交流服务。出版社成立以后，刘道玉从文理科各系调出 7 名副教授充实编辑队伍，并新建了 5000 多平方米的出版社大楼，而且武汉市人民政府将拥有 480 多万固定资产和近 300 名技术工人的市属企业江汉印刷厂，无偿地转为武汉大学所有，使武汉大学出版社一跃成为教育部重点出版社。出版社的成立为学校科研成果的交流提供了平台，特别是对社会科学的研究者来说，有了出版学术专著的基地，这有力地支撑了武汉大学学术的进步。

第三，实行学术假制，为教师从事科学研究工作创造条件。学术假是西方国家大学教师的休假年，刘道玉将其改造为适应于长期担任基础课教师从事科研工作的一种激励性的制度。学校规定凡连续 5 年从事基础课教学且教学效果优良者，均可享受 1 年的学术假。在学术假期间，教师可以到国内外学术单位进修或合作研究，也可专心著述；如果做课题研究，可向学校申请科研费。在学术假期间，教师除了保留工资和福利外，还可以享受一定的购书费用补贴，以利开展工作。这一制度，不仅在一定程度上克服了教学与科学研究之间的矛盾，而且还活跃了学术交流，使教师的业务提高得到了保证。

第四，成立全校青年教师科学与技术协会，举办学术沙龙，编印“学术动态”简报，出版“珞珈青年丛书”。“科学论坛”便是其中最重要的一项学术活动，其主要内容包括：一是当代国际上最前沿的研究方向，二是国内外学术界最有争议的学术问题，三是科学研究中最难解的疑难问题。论坛形式可以是专题报告，也可是围绕某一问题自由讨论，报告人可以特邀，也可以毛遂自荐。这种学术论坛形式灵活多样，没有限制，可以真正地做到百家争鸣、百花齐放，促进学术的交流与进步。这一系列措施的实施，使得学校科学研究得以大踏步前进。

(2)“以人为本”。这里所说的以人为本，强调更多的是以学生为本，即大学在人才培养的过程中为学生的成才创造条件。

学校是培养人才的主要场所，如何才能多出人才、快出人才、出好人才呢？他认为改革学制是一个重要的办法。现在的高等学校普遍实行的学时制和一贯制，学生入校后，不管学习兴趣如何，不管接受能力怎样，不管实际的学习好坏，不管毕业后做什么工作，搞“一刀切”。

这样，不利于学生主动地、创造性地学习，不利于人才的选拔和培养。怎么解决这个问题呢？他认为要对现行的学生学习的制度进行改革：改学时制为学分制，改一贯制为分段制，改单一专业制为主修与辅修制。所谓学分制，就是允许学生按专业要求，在必修课以外，根据自己的兴趣选修若干课程，提前修满总学分的学生可以提前毕业或报考研究生。所谓分段制，就是把整个学制分为两段，比如四年制，可以分为二、二两段，五年制可以分为二、三或三、二两段。根据学生学习进展情况，分段毕业，一部分分配工作，一部分继续深造。二年或三年的毕业生相当于大学专科，授予基础大学毕业文凭。所谓主修、辅修制，就是每个学生除招生时确定的专业外，可以根据自己的兴趣、学习成绩和专业的性质，另选一个性质相近的专业作为辅修，其成绩也算学习的总分，但辅修课的比重不得超过主修课。

他认为实行学分制、分段制和主修辅修制有很多的好处。

首先，可以调动学生的学习主动性，有利于打好基础和增强学生的适应性，有利于人才的冒尖和不断的筛选。学生入校后，可以根据自己的志趣选修不同的辅修系科、不同的课程，真正做到因材施教，如果说，高考是人才第一次筛选，那么入大学后实行分段制就可以进行人才的第二次筛选，使那些学得好的学生继续深造。

其次，可以缩短培养周期，有利于扩大招生。现在学生入校后就被限定了，不到四年或五年就不能毕业。搞学分制允许优秀学生提前毕业，实行分段制，也可以使一部分学生提前毕业，这样就把培养学生的周期缩短了。

最后，可以培养不同规格的学生，适应国家各种各样的需要。目前，一个大学生产的“产品”可以说是一个规格，既不管“原料”的特点，也不问社会的需要，的确存在一定的盲目性。学生的情况千差万别，社会的需要多种多样，搞“一刀切”，既不利于人才的选拔和培养，也不能适应各方面不同的需要。

鉴于上述情况，学校从 1978 年开始，试行了学分制，改变了过去那种学时制的老办法。从实践的情况看，虽然还有一些具体问题有待解决，但已经可以看出它的优越性。已开设的选修课 56 门，选修人数计 3000 余人次。从 1978 年上学期到 1979 年上学期，全校就有 390 余人次免修了 22 门课程。不少尖子学生冒出来了，有的已提前报考了研究生，有的则可以提前毕业。据初步统计，仅 77 级 1194 名学生中，就有 40 多名可以提前半年至一年毕业。①

学校在实行灵活机动的教学制度的同时，还进行了一些配套改革。如允许学生转系或转专业，倡导学生自学、乐学；设立大学生纪念奖学金、大学生业余科学研究基金等。

当时他在引导学生乐学方面值得一提。他认为学生应运用两个课堂来学习，第一课堂即教学计划规定的学习内容，第二课堂指课外的学术社团活动。1981 年武汉大学成立的多学科讨论会就是众多学生社团中的典型代表，各学科的学生在固定时间、固定地点参加某一问题讨论，以在交流中获得知识，砥砺思想。这种乐学的学校氛围，使得武汉大学学生中的各种学术刊物如雨后春笋，如历史系的《古今》、生物系的《生物天地》、化学系的《趣味化学》、管理学院的《管理者》、中文系的《珞珈山》和《这一代》等，在当时都是很好的学术刊物。

允许学生转系、转专业，不仅调整了学生的知识结构，而且先后有一批学生提前毕业，从而缩短了教育周期，提高了经济效益，达到了快出人才、出好人才的目的。自 1981 年以来，学校共有 85 人转系、转专业。有的是文、理内部转，

① 刘道玉：《积极改革，发挥优势——对改革高等教育的一些意见》，载刘道玉等著：《高等教育改革的理论与实践》，武汉大学出版社 1985 年版，第 26 页。

有的是文和理互转。实践证明，这样做对培养人才是有利的。[①]（以上参考骆郁廷主编的《流风甚美——武汉大学文化研究》一书第二章，武汉大学出版社 2013 年版）

（三）讲话选录

1. 要重视大学生智能的培养（选录）

知识当然是很重要的，它是构成能力或智能的基础。但是，知识并不等于能力。书本知识多的人，不一定工作能力强，考分高的学生，不一定是优秀人才。知识与能力是有差异的。

加强基础课教学对培养大学生智能十分重要。

为了适应现代经济和科学技术迅猛发展的需要，必须改革课程的结构，发展各学科之间的联系。重新组合各种相近的学科，创立新兴学科，以培养具有广博知识的人才。

知识虽然不等于智能，但二者有着密切的联系。知识是智能的基础，智能又是进一步获得知识的手段。

为了培养学生的智能。必须克服学生知识贫乏的弊病。首先，要充分调动学生学习的积极性。在教学中，教师是起主导作用的，教师对学生成才有很大的影响。

在学习中，学生既要虚心向老师学习，但又不能完全依赖老师。

其次，要注意学生的兴趣和爱好，真正做到因人制宜，因材施教，充分开发他们的聪明才智。当一个人对一件事产生了兴趣，那么他就会专心去做，就会作出成绩来。因此，在学习中，我们应适当地保护和尊重个人的志趣，不能把个人志趣与个人主义混同起来。

要充分发挥学分制的优越性。我校全面实行学分制已经多年了，从各方面初

---

① 刘道玉：《坚持开放办学，为经济和社会发展服务》，载刘道玉等著：《高等教育改革的理论与实践》，武汉大学出版社 1985 年版，第 104 页。

步显示了优越性。学分制的实质，是让学生在教师指导下，合理地组织自己的知识结构。实行学分制，固然是让少数修满学分的优秀生提前毕业，做到早出人才，但更重要的是让大多数的学生学得主动、生动活泼，获得较广博的知识，组成较合理的智能结构。

就综合大学来说，培养的学生应是具有坚实的理论基础、掌握本专业知识、至少懂得一门外语的科学研究人才。为了达到这个培养目标，对大学生进行科学研究训练是很必要的。因为只有通过科学研究，才能使学生巩固和运用所学知识，才能培养其独立分析和解决问题的能力，才能培养他们创新的精神。

培养大学生的智能，很重要的一点就是培养学生思维能力的灵活性和创造性，为此，在教学中，不仅要传授已有的知识，而且还要让学生鉴别和运用这些知识；不仅从一个角度看问题，还要从几个角度看问题；不仅传播真理，而且要引导学生去发现真理。(选自刘道玉等著《高等教育改革的理论与实践》一书，武汉大学出版社 1985 年版)

2. 创造性人才的特点与培养(选录)

培养创造性人才，是科学技术发展的需要。现代科学技术的基本特征是，极大地突破了经典科学的范畴，越来越深入到新的领域而且发展速度也急剧加快，新的科学技术不断问世。显然，新的科学技术不会产生于因循守旧的土壤上，只会出于富于创造性的人才之手。另外，在国际上，各国科学技术的发展不平衡，竞争总是存在的。较为先进的国家，如不抓紧创造性人才的培养，以完成更新的科学技术成果，其先进的地位将会摇摇欲坠。而较为落后的国家，若满足于跟在别人后面模仿、借用，则永远也改变不了令人寒心的局面，始终处于被动的地位。这也是各国越来越重视创办尖子学校，培养创造性人才的根本原因所在。

富于想象，抽象思维能力强，是创造性人才的基本特点之一。一般来说，不论科学上的发现，还是技术上的发明，都来源于人们的实践。但是这并不否认抽象思维和想象力的重要性。恰恰相反，正突出了它的重要性。通过实践，只能得到科学事实，然而，事实并不等于发明创造。只有经过科学抽象、逻辑思维，有时是丰富的想象，才能透过现象，逼近本质，从而作出发明。

头脑开放，能敏感地接受新事物，勇敢地向传统观念挑战、决裂，这是创造性人才的特点之二。创造意味着革新，意味着同陈腐的传统观念的决裂。富于创造性的人才十分注意这一点。新的事物、思想、观点一旦出现，他们就能敏感地接受，适应变化了的环境。不仅如此，即使在新的事物还没出现的时候，只要认识到传统观念的局限，他们就敢于坚决向传统观念及其权威挑战，从批判旧观念中，促进新事物的出现。无疑，这要冒风险，会招致各方面的讥讽，以至打击。但是，为了科学技术上的进步，坚持真理，他们在所不惜。这就是为科学献身的精神。

勤察多疑，细心体察新奇现象，善于捕捉发明的思想、信息，这是创造性人才的特点之三。科学技术的发明、发现产生于对新奇现象的捕获。在科学发明中，有时称为机遇。它首先是一种现象、信息，其中孕育着事物的本质；同时它又有新颖、奇特之处，与一般的常见现象不同，透过这种现象，可以抓住新的本质导致发明、创造。

不知满足，经常给自己出难题，永远进取，这是创造性人才的特点之四。创造性人才所表现出的创造性不限于一时一地，而体现在向科学技术尖端不断进击的全过程中。围绕某一课题，作出重大发现，有时并不困难，因为机遇的偶然获得，长时间地研究某一问题，都能获得一时的成功，而且表现出创造性。而困难的倒是不断地有所发明。

培养创造性人才的基本途径。创造性人才的基本特点，决定了培养这种人才需要有区别于其他人才培养的基本途径。如何认识和实践这些途径，是当前高等教育改革中应当重点研究的大问题。

第一，要尊重科学，发扬民主，造成活跃的民主学术气氛。

第二，保护个性、因材施教、允许冒尖。

第三，倡导自学、启迪思想、打好基础。(以上选自刘道玉等著《高等教育改革的理论与实践》一书，武汉大学出版社 1985 年版)

3. 研究生教育要适应新时代的需要(选录)

大力发展研究生教育，造就大批高级专门人才，这是开发智力的一个重要方面。

要真正体现以研究生为主。研究生教育以研究为主，包括两层意思：一是要体现以科学研究为主，以培养研究生独立的科研能力和完成新颖的科研成果为目的；二是用研究式的方法进行学习，不仅仅学习知识，而主要是培养能力。怎样才能达到这一目的呢？我认为，应当从三个方面进行改革：第一，改革课程结构，减少课目，围绕着研究生的培养方向，开设少而精的课程；第二，提倡自学，引导学生自己研究问题；第三，增加科研时间，尽早把科研题目确定下来。把科研工作贯穿于研究生学习的全过程。

要着力培养研究生的创新意识。所谓创新意识，就是一种创造性思维能力，也是大脑加工信息的一种能力。创新意识对于创立新理论、新学说、新观点、新学派等具有决定性的作用。创造能力既是一种高层次的思维能力，也是一种高层次的实践能力。

研究生教育是大学生教育的深化，但不是大学生教育的简单的继续。从大学生到研究生，无论在培养目标上或在培养方法上，都应当有一个质的飞跃。对于研究生来说，传授知识和打好基础无疑是重要的，但更重要的是在这个过程中，培养他们的创新意识。

在研究生教育中，如何才能培养这种创新的意识呢？我认为，首先是要破除对创造发明的迷信。要使研究生认识到，发明创造并不是高不可攀的。它作为一种高层次的思维和实践活动，人们是可以认识的。特别是研究生正处在黄金时代，发明创造的几率最大。其次，要有良好的创造环境，这就是民主、自由、无拘无束的环境。我们都知道，在美国加州大学伯克莱分校和英国剑桥大学凯文迪什实验室誉为学术的温床，他们作出了许多世界性的重大发明。再次，充分发挥教师的指导作用。我认为，导师这个名字起得好，关键在“导”字上面。俗话说：“指导者，师之功也。”现在，有为数不少的导师仍习惯于“抱着走”的培养方式。我们应当摒弃这种传统方式，放手让研究生去闯新路，培养他们的创新能力。最后，既要传知识又要教方法。现在，研究生的课程多偏重于业务知识，对于软科学重视不够。因此，我建议开设“科学发明史”、“科学方法论”、“创造心理学”等选修课，以培养他们的创新意识和科学的思维方法。（选自刘道玉等著《高等教育改革的理论与实践》一书，武汉大学出版社 1985 年版）

4. 关于高等学校的科学研究及管理(选录)

高等学校不仅是传授知识、培养人才的场所，而且也是开展研究、出成果的学术中心。因此，在发展我国的科学事业中，应当充分发挥高等学校这个方面军的作用。

重点大学的教师特别讲师以上的教师，一定要坚持既搞教学又搞科学研究。教书是教师的天职，科学研究是提高业务水平的主要途径；在保证教学的同时，要根据学校的基础和国家的需要，建立一批有特色的研究所或研究室，要能承担一定的国家任务，为科学的发展和四化建设服务；重点大学要逐步增加研究生，扩大研究生与大学生的比例，并积极创造条件成立研究生院；要具备现代的仪器设备、丰富的图书资料，使之既为教学服务，又为科研服务。

基础科学研究，其任务是研究自然界的基本规律，其特点是深，即要求理论的深刻性。在管理上，属于自由研究。基础科学研究是欧洲大陆科学研究的特色，这是由于受古希腊经院式研究传统的影响。美国的一些名牌大学，如哈佛、耶鲁、普林斯顿等，也具有这种特点。从对社会的贡献讲，基础研究是一种长期的投资，一般需三五十年或一百年以后，才能看出社会经济效果。

技术科学研究，其任务是研究和创造新产品，其特点是新。在管理上，竞争性很强。这类研究是美国科学技术的特色，麻省理工学院、斯坦福大学和IBM公司是这类研究单位的代表。技术科学研究是一种中期的投资，希望五到十年内出成果，并能增强社会生产力。

发展研究，其任务主要不是为了创新，而是将已有的设计和新产品投入生产，以求低成本和高效率。在管理上完全使用企业的办法，其特点是与生产实际紧密结合。这类研究是日本科学技术和工业的特色，它是一种短期的投资，企图在一两年或三五年出成果，并能起到增强社会生产力的作用。

科学技术工作与经济工作一样，都必须讲究经济效果，而且经济工作的效果又是与科技工作的经济效果密切联系在一起的。例如，日本国民总产值占世界第三，而劳动生产率却占世界第一位。据估计，现代劳动生产率的提高有60%~80%是依靠科学技术。我校生物系多年从事氨基酸的研究工作，他们从猪血粉中提取了12种氨基酸，将该项成果推广到全国22个省、市，仅1981年就出口200

吨氨基酸，换取外汇 1500 万美元。这些都证明了科学技术是生产力的科学论断。科学技术走在生产的前面，意思是说，科学研究的成果是工业生产的先导。从这个意义上讲，没有科学研究，就没有现代的生产，就没有新产品的诞生。

科技档案是科研管理的一个组成部分，它产生于科学研究，又反过来为科学研究服务。科技档案与情报有密切的联系。科研档案是指在自然科学研究活动中形成的，反映一个全部活动的重要文件、资料和结果。就其内容，科研档案包括：任务书、协议书、课题论证报告，评议报告、原始记录、工作总结、计划图纸、鉴定书和经济效益等。科研档案管理的任务，是正确地组织科研档案的归档、科学管理，积极发挥作用，为科研工作服务。为了加强科研档案管理，必须做到以下几点：(1)要了解科研进行的情况，当一项任务完成后，要立即组织有材料归档；(2)要了解科研的内容，根据科研工作的急需，积极为各阶段科研提供材料；(3)要对科研档案进行分析和加工，按科学方法分类编目；(4)要建立制定科研档案管理制度，做好日常的借阅。(选自刘道玉等著《高等教育改革的理论与实践》一书，武汉大学出版社 1985 年版)

5. 建立适合中国国情的专业学科体系(选录)

什么是中国的专业学科教育体系呢？我以为有以下的特点：

宽窄适度。我国大学的专业设置，既不应过宽，也不应过窄，一般以二级学科来划分专业较为适宜。个别特殊专业可以按三级学科设置，但应当按二级学科指导和组织教学，以便增强培养人才的适应性。

因地制宜。世界上的文化、科学知识是人类在长期的实践过程中，逐步积累起来的，是人类的共同财富。对这些公共学科，毫无疑问，我们应当发展。但是，每个民族还有其自己特有的文化、艺术、工艺和资源，应当培养与此相适应的各类人才。我国地大物博，具有悠久的灿烂文化，我们应当建立这些有特色的专业学科，培养专门人才。

全国统一布局。建立全国配套的专业学科体系。这就是：稀有短线专业，不宜普遍设置，全国统一布点；新兴学科、新技术，有较强的生命力，可以按大协作区配齐；通用长线专业，应当按省、市、自治区配套。(选自刘道玉等著《高等教育改革的理论与实践》一书，武汉大学出版社 1985 年版)

6. 提高高等教育经济效益的几个问题(选录)

在高等学校的结构上，逐步变单一的“重型结构”为多学科的院校。

在学制上，变单一学制为多层次学制，缩短周期，培养多品种、多规格人才。

在专业设置上，要压缩长线，加强短线，填补空白，以适应经济结构的需要。

合理地使用人、财、物，做到人尽其用，财尽其力。

科学地组织教学、积极进行教学改革，提高教学的效益和效果。

从 1978 年以来，我们在全校实行了学分制，初步获得了效果。学分制的实质是让大学生合理地组织自己的知识结构，着重培养学生的智能。学分制扩大学生选课的范围和知识面，可以增强对今后的工作的适应性。学生修满学分，成绩优秀者，经批准后可以提前毕业或报考研究生。这不仅缩短了培养周期，节约了经费，而且可以尽快地为国家输送一批优秀人才；他们投入经济建设工作以后，可以为国家作出贡献。从教育经济学观看，学分制确实是一种有效的制度，应当大力推广。

继实行学分制之后，本学期以来，我们又试行导师制、教分制、主辅修制和教师学术假制。我们改革的目的，中心还是围绕着提高教学质量，提高教育的经济效益，走中国自己发展高等教育的道路。(以上选自刘道玉等著《高等教育改革的理论与实践》一书，武汉大学出版社 1985 年)

十一、齐民友校长

(一)个人履历

齐 民 友
武汉大学校长
1988.4—1992.10

齐民友，安徽芜湖人，数学家。1949年加入中国共产党，1948—1952年在武汉大学数学系学习，毕业后留校任教，先后任武汉大学助教、讲师、副教授。1980年晋升为教授。1956—1958年任数学系党总支书记，曾任数学研究所副所长、研究生院院长，1984—1988年任武汉大学副校长，1988年4月—1992年10月任武汉大学校长。

他在任职期间，有很多举措值得一提，特别是在人才培养方面。如加强基础理论人才的培养，采用特殊的人才培养模式。在中法数学试验班的基础上，扩大开办数、理、化三个试验班。提前招生，单独考试，学制6年，本硕打通培养，单独制定培养方案。开拓研究生培养的新途径。接受委托培养研究生，先以事业单位委托培养为主，后转向接受政府机关、大型企业委托培养为主。自1992年起，自筹经费招收博士，在国家拨款没有增加、学校财力紧张的情况下，自筹经费招收计划外的博士研究生。为确保应用型人才培养的质量，经、管、法等学科专业从高级人民法院、大型厂矿企业等实际部门，聘请一批专家参加硕士生的指导工作等。

在他任内，学校的各项指标不断攀升。当时有6个学院、32个系、55个专业，1 个国家重点实验室，29 个博士点(其中有 9 个国家重点学科)、57 名博士导师，8 个博士后流动站，91 个硕士点，与世界上 150 多所大学和科研机构建立了学术交流和合作关系。共有各类在校生 15000 多人，其中研究生约 1500 人，大专科生约 8000 人，外国留学生约 100 人。共有教师约 2200 人，其中正、副教授 800 多人，讲师 800 多人。

社会兼职有：1978—1983 年任中国数学学会副理事长，1984—1997 年任第二、三、四届湖北省科学技术协会副主席，1990 年任第三十一届国际数学奥林匹克主试委员会主任，1993 年任第八届全国人大常委会科教文卫委员会委员，1996—2002 年任湖北省数学学会、武汉数学学会理事长。

1980 年 1—4 月，在日本京都大学数理解析研究所做访问学者。1986 年 1—4 月，在美国加州大学圣地亚哥分校任教。

他的研究领域主要集中在微分方程，对双曲方程柯西问题的研究取得不少成果。他在 20 世纪 50 年代对一阶椭圆线性方程组解的性质和蜕缩双曲型方程的研究，受到了国际同行的高度评价，80 年代又对奇型偏微分方程展开深入的研究，还对傅立叶微分算子进行了系统研究，都取得了一些重要成果，并获得奖励。他的 Fuchs 型和奇微分方程在 1985 年获国家教委科技进步奖二等奖。

著有《世纪之交话数学》、《数学与文化 = Mathematics and culture》，合著有《广义函数与数学物理方程》，主编有《概率论与数理统计》、《高等数学》，译著有《常微分方程续论：从多面体到水立方》、《复分析 = Visual complex analysis》、《经典力学的数学方法》、《普林斯顿数学指南》、《计数和数字》(和译)、《流形上的微积分 = Calculus on manifolds》(和译)、《数学分析八讲》(和译)等 30 多部。

(二)办学理念

齐民友校长治校的时候，正是国家在意识形态上进行治理整顿的时候。学校当时以坚定社会主义政治方向，反对资产阶级自由化为主。学校的治理也就仅仅围绕这个大方向进行。如他强调对青年学生既要满腔热情，又要严格要求。要通过多方面的工作，使每一个学生都成为德、智、体全面发展的合格人才。要求大家把坚持正确的政治方向放在首位，要从严要求自己。作为干部，必须政治上可靠，必须要更好地解决人生观问题。干部要多接触实际，了解国情。青年干部要多往院、系跑。希望大家成为马克思主义者，要学些哲学，使自己的思想理论化。但除此之外，齐校长还有一些理念值得一提，如在管理上要做到潜心为之，学校的发展要不忘历史的启迪等。这些对我们当今的治校不无借鉴意义。

1. 潜心管理

1989 年 12 月 4 日，齐民友校长在给机关青年干部培训班上的讲话中，就干部的管理问题，谈了自己的一些看法，表达了干部应该努力做到潜心管理的思想。

(1)他谈了干部管理工作的重要性。他说，机关干部队伍建设是整个学校建设的一个重要方面。干部队伍在一个学校的建设中起着重要的作用。一个学校有三支重要队伍：教师队伍、干部队伍和工人队伍。在这三支中，决定一个学校的学术水平和办学水平的是教师，而决定一个学校的办学方向的是干部。

他又说，党和国家的政策、方针要靠谁来体现？最关键的还是干部。比如贯彻实施五中全会的决定，国家教委根据中央精神有一个决定，学校相应地也有一个决定，必须经过一层一层的工作，五中全会的精神才能让群众都知道。学校体现党和国家意图主要依靠的是干部。学校还要通过干部反映各种实际情况。有些情况要先经支部到总支，而后到党委；有些是由教研室通过系反映到校行政。下情上达、上情下达，上下通达都依靠干部去做工作。

同时，他还对管理干部所在的机关的重要性进行了说明。他说，机关是一部“机器”，是学校的“骨架”，是权力机关。它肩负着上下沟通、宣传、贯彻、体现党和国家的方针和政策的任务。如果没有一个现代化的运转自如的机关，学校是无法办好的。一个社会的现代化，往往要求它的管理系统现代化，而学校管理的现代化，又要求它的机关是现代化的。因此，他认为社会愈发展，机关工作就愈重要。机关不仅仅是学校的“骨架”，而且是“神经系统”、“循环系统”，轻视机关工作是不对的，是要不得的。

(2)他谈了干部管理上存在的问题。他说，学校里的有些工作做不做现在看起来无所谓，但从长远看不做就不行。为此，他举了三个例子。例一，全国总工会的一个老校友回母校，提到一件事很有意义。新中国成立刚接管武大时，这位老校友负责接管档案，当时武大的档案保存得非常之好。如校内有多少国民党员等都记载得很清楚，这为以后的清理工作提供了很好的条件。例二，东湖边的铁路疗养院所在地原来是武大的地点，最初修建时供建造长江大桥的苏联专家使用的，当时说好大桥一建起就还给武大，可到现在还没有还。为什么？原因很简单，当时订的协议学校搞丢了，找不到了，想打官司都打不起。例三，老图书馆的木地板下有一套供热取暖系统，非常科学，底下一烧火，地板就发热，房子就暖和了，这些设施的图纸保存在哪里？如果这些图纸找不到，今后大馆的维修就非常困难。档案工作平时难以引起重视，但这个工作又确实太重要了。现在不注意，以后就可能吃大亏。

他还说，学校的管理存在的问题很多。行政大楼里的微机有七八台，满负荷的有多少？学校各个院系有 80 多台录放相机，有多少台是用于教学科研的？

(3)他谈了对干部管理的要求问题。他说，机关的青年干部应该做到四个字：又红又专。

所谓“红”，就是作为干部，必须政治上可靠。政治上可靠就是要善于把握方针政策，既不能脱离文件，又不能完全照抄照搬文件。如对国发(1986)107 号文件的掌握，什么时候宽一点，什么时候应紧一点，这完全取决于外事干部的管理水平，完全取决于领会文告的深刻程度。学生工作亦如此，一方面要帮助学生清理思想，另一方面对学生的处理要宽严适度。简而言之，政治上可靠就是要时刻跟党一条心。

同时，还要解决好人生观问题，这个问题的核心是解决为谁服务的问题。现在面临的问题很多，归纳起来有两点：一是中国究竟要不要走社会主义道路，这个问题没有什么可讨论的。只有社会主义才能救中国是不容置疑的，年轻同志们更应牢固地树立这个信念。二是要为人民服务。在这个问题上对干部的要求更高、更严。

所谓“专”的问题。他说管理干部要把管理当成一门科学来研究学习。党的建设也是一门科学，现在有一门学问就叫党建学。还有思想政治工作，这是一门大科学。后勤管理、伙食管理就是学问。现在看了很多文章，总是觉得不能解决问题，是隔靴搔痒。前面谈到的问题，档案怎么管？人事、教师工作怎么做都有很多学问，机关干部当前最迫切的问题是学习管理科学。他说，高校接触思想意识形态的东西很多，希望大家成为马克思主义者，要学些哲学，使自己的思想理论化。建议大家学学写作，写写文章。

他认为，青年干部光充实理论还不够，还要实际化，即干部要多接触实际，了解国情。他说，今后青年干部要多往院、系跑。

齐校长所谈问题的三个方面，都是围绕一个主题，那就是管理干部如何潜心做好工作。要求潜心做事确实是一个非常重要的理念，一般工作取得好的成绩者，都是潜心工作者，出现问题者都是潜心工作欠缺者。

2. 学史兴校

弄通、明了一个学校的历史，无疑会有着多方面的意义。齐校长在多次的讲话中，表达了这些意思。

(1)知史可以明了自己的过去，包括历史起源、传统风格以及历史作用。

关于学校的历史起源，1989 年 9 月 16 日，他在 89 级新生开学典礼暨军训动员会上的讲话中说，武汉大学是我国一所有较长办学历史和光荣传统的高等学校。通常计算校龄是从 1913 年开始，其实她的前身历史更长，可追溯到 1893 年，再过几年就是她的 100 周年诞辰了。1991 年 9 月 11 日，他在 91 级新生开学典礼暨军训动员大会上的讲话中，再次提到学校的历史起源。他说，学校的前身可追溯到 1893 年湖广总督张之洞创办的自强学堂，它是在当时中国人民寻求救国救民真理，“废科举，兴学堂”，“努力学习西方”的历史潮流下，建立起来的近代中国最早的高等学府之一。其后学校易名为方言学堂，1913 年又改名为武昌高等师范学校，这就成了一所较为正规的现代意义上的大学，校庆都是从 1913 年算起的。武昌高师之后，学校又易名为武昌师范大学，国立武昌中山大学，并于 1928 年正式定名为国立武汉大学。

谈到学校的传统，他在校庆 75 周年座谈会上的讲话中说，凡是在这个地方生活过的人都知道武大的学风是很严谨、很朴素、很求实的。同时，他认为，武大也是一所能勇于担当的学校。武大的历史是与我们国家和民族的历史分不开的，为了国家和民族，武大总是肩负重任，甚至是在十分困难的环境下总是站在前列努力奋斗。抗战的 8 年以及新中国成立前的几年，是我们国家、民族最困难的时候，可是当时的武汉大学在王星拱校长、周鲠生校长的率领下，不但是弦歌不辍，而且民主、活泼、求实、创新的学风有很大的发展。不论多么困难，我们的校长们都是爱护学生像自己的子弟一样，又总是尽一切努力吸引知名的学者，尽一切努力抵制有害的思潮和势力，使得我们的学校既成为学术中心，又成为推动国家、民族进步的中心。

谈到学校的历史作用，他说，武大几十年来，出现了一批又一批的学者、科学家，出现了一批又一批的政治家，他们治学、治国、功绩自在。学校还有许多师生，在民族危难之际，以自己的鲜血和生命贡献于人民。他希望，在适当的时候，在有了适当的建筑物时，要为这些学者、科学家、政治家以及这些烈士塑像竖碑，永远怀念。然而，更应该提到的是，几十年来，从这个学校出去的学生，确实是“千千万万”。他们中间大多数人，包括许多专家、教授、政府领导人，都是在平凡的工作中作出了自己的贡献。几十年来，学校共为国家输送了 3 万多名学生，其中绝大多数人都成为各条战线上的骨干。不少人为国家的社会主义建设事业作出了重大贡献。

(2)知史可以明白自己所担当的社会责任。

他说，大约从 20 世纪 30 年代起，即从建立新校区起，武大成为国内一所著名的大学，这在武大历史上是划时代的大事。从那时起，对武大的发展卓有贡献而今已辞世的领导人，新中国成立前有李四光先生、王世杰(雪艇)校长、王星拱(抚五)校长、周鲠生校长。新中国成立后最早一段时期，面临着把旧的武大改造成为社会主义服务，为新中国服务的社会主义大学的任务，当时的领导人是校务委员会主任邬保良先生，副主任查谦先生。党组织领导人是徐懋庸同志。1953 年以后，武大开始有今天的格局，首先任校长的是李达同志。如今，他们已先后作古。其后的学校负责人，除刘仰峤同志、纪辉同志因病辞世外，都还在各自的岗位上为国家和民族尽心尽力。无论是辞世的还是健在的这些领导人，对武大的建立、发展，都在不同时期、不同条件下作出了贡献。

在追述前贤的基础上，他进一步总结说，办好一所大学对于人类社会的贡献是十分巨大的，贡献自己的终生于这一事业也是最值得纪念的事。四光先生作为中国科学家的卓越代表，他建立武汉大学的功绩实际上是他一生活动中一个重要的方面。故校长雪艇先生，早年就从事民主革命活动，同时又是著名的学者。美国立国的大政治家、大学者杰弗逊，是弗吉尼亚大学的创始人，可是在自己的墓碑上不愿题记自己曾任美国总统，而只题弗吉尼亚大学的创始人。雪艇先生也追步先哲，要求在自己的墓碑上也只刻“国立武汉大学创始人王世杰之墓”。抚五校长是著名的化学家，他著的《科学概论》一书在当时国内有很大影响，当他于1949年在上海去世时，在追悼会上，当时上海市陈毅市长亲自题横幅赞他为“一代完人”。著名的国际法学家鲠生先生在新中国成立后一直受到周总理的尊重，担任周总理的国际法顾问多年，在新中国的外交事业中起了重要的作用。李达同志在建党和传播马克思主义理论上所起的重要作用，得到了党和人民的公认。这些事实说明，一个好的大学所起的作用是会受到永远的纪念的。这些都鼓励我们奉献全部力量于母校的发展。

在追述前贤的同时，他说追述的目的是要踏着他们的足迹前进，将学校向更高的目标推进。他说，先辈们当年建校时都怀有远见卓识，他们的理想有一些已经实现，例如抚五校长就希望武大能有万人以上的学生，今天我们已经实现了。但更重要的是他们都希望武大能成为一个学术中心，这将永远是我们一代又一代人努力的目标。

我们以母校的传统来教育学生，并不是只要他们缅怀昔日先辈的业绩，而更是着眼现实，着眼未来，着眼于实现四个现代化，着眼于改革大业。总之，我们不是要用历史来束缚现实，而是要用几代人毕生奋斗所形成的巨大精神力量服务于现实。

(三)讲话选录

1. 在1989级新生开学典礼暨军训动员会上的讲话(选录)(1989年9月16日)

同学们，武汉大学是我国一所有较长办学历史和光荣传统的高等学校。我们通常计算校龄是从1913年开始，其实她的前身历史更长，可追溯到1893年，再过几年就是她的100周年诞辰了。不论计算的方法如何，可以说武汉大学诞生在中华民族处于深重灾难的年代中，她的诞生反映了中国人民求解放、求富强的深切愿望，这就决定了武汉大学的历史使命。

学校的发展更重要的是表现在质量上，我校现有博士后流动站 8 个，博士点 24 个，博士导师 33 人，硕士点 83 个，国家重点学科 9 个，有教授 160 人，副教授 514 人，其中不少教师是国内外的知名学者。在科研方面，近些年来，我校共为国家贡献出近 500 项科研成果，其中达到世界水平的有 50 多项。正因为如此，我们的学校方成为一所国内以至在国际上都具有一定影响的高等学府。

我们的基本方针，是对青年学生既要满腔热情，又要严格要求。要通过多方面的工作，使武汉大学的每一个学生都成为德、智、体全面发展的合格人才。

一定合理的严格要求，就是适应年轻人的特点，在生动活泼之中，在思想上、学业上、管理上严要求，使每个学生在良好的环境中，逐步成长为"有理想、有道德、有文化、有纪律"的"四有"合格人才，使大家将来能够适应社会，受社会欢迎。

武汉大学的优良传统中有一个值得称道的地方，就是具有"严谨，朴素、活泼、创新"的良好学风。

应该自觉地以我们严谨治学的老师们为榜样，珍惜每寸光阴，勤奋学习，刻苦钻研，掌握将来为人民无私奉献的知识和本领，去实现为我们社会主义祖国的繁荣昌盛服务终生的崇高理想。(以上文献出自武大档案馆馆藏档案)

2. 齐民友校长在机关青年干部培训班上的讲话(选录)(1989 年 12 月 4 日)

干部队伍在一个学校的建设中起着重要的作用。

通常我们说教师建设是学校第一位的工作，这是不错。一个学校有三支重要队伍：教师队伍、干部队伍和工人队伍。在这三支中，我对教师队伍比较了解，但对干部队伍和工人队伍不是很熟悉。我们的整个教育系统包括我们学校和我本人在内都有这个偏见，即过低地估计了干部队伍的作用。决定一个学校的学术水平和办学水平的是教师，而决定一个学校的办学方向的是干部，包括在座的同志们。

学校里的有些工作做不做现在看起来无所谓，但从长远看不做就不行。前几天全国总工会的一个老校友回母校，他提到一件事很有意义。刚解放接管武大时，这位老校友负责接管档案，他讲当时武大的档案保存得非常之好，如校内有多少国民党员等都记载得很清楚，这为以后的清理工作提供了很好的条件。还有一个例子，东湖边的铁路疗养院所在地原来是武大的地点，最初修建时供建造长江大桥的苏联专家使用的，当时说好大桥一建起就还给我们，可到现在还没有还。为什么？原因很简单，当时订的协议我们搞丢了，找不到了，想打官司都打不起。再比如我记得老图书馆的木地板下有一套供热取暖系统，非常科学，底下一烧火，地板就发热，房子就暖和了，这些设施的图纸保存在哪里？如果这些图纸找不到，今后大馆的维修就非常困难。说了这么多，总而言之就是档案工作平时难以引起我们的重视，但这个工作又确实太重要了，现在不注意，以后就可能吃大亏。

一个社会的现代化，往往要求它的管理系统现代化，而学校管理的现代化，又要求它的机关是现代化的。管理是一门很大的科学，我们要认真研究机关管理的规律，使我们的机关管理现代化。像现场办公、现场拍板这种做法我是表示怀疑的，处理一件事情要有一个调查研究的过程，现场拍板拍错了怎么办？

要把管理当成一门科学来研究学习。党的建设也是一门科学，现在有一门学问就叫党建学。还有思想政治工作，这是一门大科学。后勤管理、伙食管理就是学问。

学校的管理存在的问题很多，大楼里的微机有七八台，满负荷的有多少？学校各个院系有 80 多台录放相机，有多少台是用于教学科研的？档案怎么管，人事、教师工作怎么做都有很多学问，机关干部当前最迫切的问题是学习管理科学。

今后青年干部要多往院、系跑。听说教务处准备在今年期末考试时，把大家派下去监考，这个意见我很赞成。希望你们加强纪律性和主动性，把两者结合起来。工作上既不能互相推诿，又不要自以为是，要逐渐培养良好的工作作风。希望你们下定决心，从头学起。

我建议大家学学写作，写写文章。别人用 50 个字能说清楚的，你用了 500 个字还说不清楚就不行，起草文件的措词是很有讲究的。（以上文献出自武大档案馆馆藏档案）

3. 齐民友校长在校庆七十五周年座谈会上的讲话(选录)

今天是我校七十五周年校庆纪念日，实际上，武大的前身还要早些，可追溯到1893年，但是习惯上我们是从1913年的武昌高师算起，所以我们还是依旧从大约30年代起，即从建立新校区起，武大成了国内一所著名的大学，这在武大历史上是划时代的大事。从那时起，对武大的发展卓有贡献而今已辞世的领导人，新中国成立前有李四光先生、王世杰(雪艇)校长、王星拱(抚五)校长、周鲠生校长。

办好一所大学对于人类社会的贡献是十分巨大的，贡献自己的终生于这一事业也是最值得纪念的事。四光先生作为中国科学家的卓越代表，他的贡献已经不需多作赘言。而他建立武汉大学的功绩实际上是他一生活动中一个重要的方面，只不过因为他在科学上的贡献之大，而使人们注意这一方面较少而已。故校长雪艇先生，早年就从事民主革命活动，同时又是著名的学者。美国立国的大政治家、大学者杰弗逊，是弗吉尼亚大学的创始人，可是在自己的墓碑上不愿题记自己曾任美国总统，而只题弗吉尼亚大学的创始人。雪艇先生也追步先哲，要求在自己的墓碑上也只刻"国立武汉大学创始人王世杰之墓"。抚五校长是著名的化学家，他著的《科学概论》一书在当时国内有很大影响，当他于1949年在上海去世时，在追悼会上，当时上海市陈毅市长亲自题横幅赞他为"一代完人"。著名的国际法学家鲠生先生在新中国成立后一直受到周总理的尊重，担任周总理的国际法顾问多年，在新中国的外交事业中起了重要的作用。李达同志在建党和传播马克思主义理论上所起的重要作用，得到了党和人民的公认。这些事说明，一个好的大学所起的作用是会受到永远的纪念的。这些都鼓励我们奉献全部力量于母校的发展。

我们时常问武汉大学的传统是什么？凡是在这个地方生活过的人都知道武大的学风是很严谨，很朴素，很求实的。

我们要理解改革、支持改革，团结全校师生员工，一心一意地把自己的力量贡献于改革的大业，我们也要像先辈一样，在推动社会进步的同时，始终不忘武大作为一个学术中心的任务，搞好学风，艰苦奋斗，培养出一代又一代杰出的人才，使我们的母校在中国乃至在世界学术史上焕发自己的光辉。(以上文献出自

武大档案馆馆藏档案)

4. 齐民友校长在1991年教师节上的讲话(选录)(1991年9月10日)

上学期，我们已经初步制订了“八五”计划和十年设想。从本学期起，就要认真执行，关于具体的工作在本学期工作计划中已讲到，现在要再着重提出几点：

首先是学术方向问题，在政治方向解决的前提下，要认真考虑怎样在科学技术上向更高的水平迈进。

一是要把大部分力量投入四化建设的主战场，这不但是理科，也包括文科不少专业，如经济、管理，也都应该这样做。一个主题就是，发展高技术，实现产业化。我们不但要考虑如何缓解学校经费困难的矛盾，更重要的是要把科技成果更迅速地转化为生产力。这不但是学校办学的需要，而且是科学技术发展的必然趋势。学校已经成立了校办产业委员会，本学期要开专门的会议，现在就不多说了。

同时，绝不能放松基础研究，在这个问题上要把眼光放远一点，否则就要犯错误。因此理科各系要继续贯彻兰州会议的精神，各个专业要瞄准本专业发展的前沿，考虑占据几个制高点，真正在世界科学发展的前沿去拼搏。要明白，基础研究只能有一个标准、就是国际水平，所谓“填补国内空白”等等，否则就没有什么意义。文科要贯彻上半年文科教改会议的精神，但由于形势的发展，要提出更高的要求，要按照“全面批判资本主义、全面批判资产阶级、全面批判民主社会主义”的要求安排自己的工作。(以上文献出自武大档案馆馆藏档案)

5. 齐民友校长在91级新生开学典礼暨军训动员大会上的讲话(选录)(1991年9月11日)

新中国成立前的武汉大学，我们对它应作两方面的估计：一方面，当时的政府是希望通过武大培养为其利益服务的人才，学校也确实培养了部分符合他们目的的人；另一方面，由于武汉大学深深地植根于中华民族的土壤之中，始终与人民同呼吸共命运，在灾难深重的中国它更是培养了一大批爱国者、科学家以及成千上万为民族兴盛祖国富强而尽心尽力的人才。这是它的主体。所以，我们可以说，武汉大学从建校起就是一所充满了爱国主义思想的学校。

武汉大学有光荣的革命传统。在新民主主义革命和社会主义革命时期，武汉大学一直是革命力量的阵地，地下党在武汉大学有很长的历史。

“五四”运动和第一次国内革命战争时期，老一辈无产阶级革命家董必武、陈潭秋、李汉俊、罗荣桓等曾在校从事革命活动，党的“五大”在武汉大学秘密召开。

抗日战争期间，周恩来、郭沫若、邓颖超等移居珞珈山，领导武汉地区的革命运动，周恩来、董必武等冒着敌人的空袭危险，多次为革命师生讲演，宣传我党的抗日主张。

解放战争时期，武汉大学是武汉地区革命斗争的中心，被誉为“武汉的解放区”。在艰苦的革命斗争年代里，不少武大师生为国家和民族的独立、繁荣、富强和人民的解放献出了自己的生命。

1947 年，武大师生在党的领导下积极参加了反内战、反饥饿的斗争，成为当时第二条革命战线上的一支尖兵。6 月 1 日，国民党反动派为镇压革命力量，派军队在校内枪杀了 3 名进步的革命学生，并逮捕了很多师生，造成了震惊国内外的“六 · 一”惨案。进步的革命师生用自己的鲜血和生命，为新中国的诞生贡献了自己的力量，为武汉大学的历史谱写了辉煌壮丽的一页。(以上讲话来自武汉大学档案馆馆藏档案)

十二、陶德麟校长

(一)个人履历

陶 德 麟
武汉大学校长
1992.10—1996.10

陶德麟(1931—)，祖籍湖北武汉，1931年10月31日出生于上海，马克思主义哲学家。

1949年入校，1953年毕业于武汉大学经济系，留校任李达校长的学术研究助手。1982年任教授，1984年批准为博士生导师，同年任哲学系系主任。1988年4月任武汉大学副校长，1992年至1997年任武汉大学校长兼研究生院院长。他是学校马克思主义哲学学科博士点和国家重点学科的创建人，被同行专家评价为“我国马克思主义研究领域最前沿的、最有影响的前辈学人之一”。

他在任校长期间，成功地举办了100周年校庆。经过考证，确认了学校的最早前身是清末湖广总督张之洞在1893年创办的自强学堂。制定了面向21世纪的发展战略，即力争在21世纪把武汉大学办成世界一流水平的大学。这一发展战略包括三个阶段：第一阶段，从现在起到本世纪末，努力使武汉大学居于全国一流大学的前列；第二阶段，从2000年到2010年，努力使武汉大学跻身亚洲第一流大学行列；第三阶段，从2010年到21世纪中叶，力争成为世界一流的大学。在他带领下，学校成功通过国家“211工程”预审，成为学校全面发展、阔步走向21世纪的新起点。

他在过去已有工作的基础上，使学校的各项工作都取得了巨大进展。学校已形成并完善以全日制本科教育和研究生教育为主，多层次、多形式地培养各类高级专门人才的办学格局和体系。在前有教学改革的基础上，逐步改革和完善了包括学分制、主辅修制、双学位制、导师制、教学顾问制、插班生制、本科硕士连读制、硕士博士连读制以及学生科研基金制度在内的一整套教学管理制度，为培养全面素质的人才提供了优越的环境，在全国引起了良好的反响。

办学规模稳步扩大，本科生在校人数从 1993 年的 7600 余人扩大到 1996 年的 8300 余人，研究生在校人数从 1993 年的 1600 余人扩大到 1996 年的 2300 余人，成教生人数从 1993 年的 5500 余人扩大到 1996 年的 15600 余人，留学生在校人数从 1993 年的 150 余人扩大到 1996 年的 170 余人；人才培养加大了为地方服务的力度，如本科生，在湖北招生的比例由 1993 年的 38%扩大到 1997 年的 51%；人才培养结构进一步优化，研究生在本科以上学生总数中所占比例从 1993 年的 15%提高到 1997 年的 22%；有哲学、历史、数学、化学和生物五个国家基础理论人才培养基地；教学质量稳步提高，1995 年，国家教委发布了《直属高校办学基本情况数据分析白皮书》，在本科生人才培养质量方面，学校在同类学校中排名第五；教材建设取得显著成绩，在 1996 年进行的第三届全国优秀教材评奖中，学校共有 19 项获奖，获奖数居全国高校第六位、中南地区高校第一位。

科研方面，自然科学重大和重点科研项目不断增加，科技工作积极面向国民经济主战场，加强科技为地方经济服务；拥有省部级以上重点实验室和工程技术中心 8 个；社会科学研究坚持正确的方向，紧紧围绕改革和社会主义现代化建设中的重大理论和现实问题开展研究，在 1995 年国家教委举行的首届人文社会科学优秀科研成果评奖中，学校获奖数在全国高校中排名第三。

学科建设，博士点由 1993 年的 31 个增加到 1996 年的 36 个，100 余个学科专业获硕士学位授予权，9 个学科被评为国家级重点学科，数学、物理学、化学、生物学、法学等 5 个一级学科设有博士后流动站，16 个博士点获准招收博士后人员。高端人才，先后有 7 位教授担任中国科学院院士，27 位教授分别担任国务院学位委员会学科评议组成员和国家教委科技委员会委员等职，9 位教授被授予国家级有突出贡献专家的称号。国际交流，渠道不断拓宽，规模不断扩大，层次不断提高，效益不断增加。1993 年以来，与美国加州伯克莱分校等 30

所世界著名大学建立了正式的交流合作关系，到 1996 年为止已与 41 个国家和地区的 160 多所大学、科研机构和国际组织建立了合作交流关系，争取重大国际合作项目达 10 余项。

办学经费方面，经费总量逐年增加，自筹经费的能力不断增强。1993 年经费总量为 10301 万元，1996 年达到 15306 万元，其中学校自筹经费在办学总经费中所占比例从 1993 年的 47%提高到 1996 年的 51%。新建教职工住宅 848 套，63248 平方米，教职工住房条件有较大的改善。1994 年和 1996 年学校两度被湖北省委、省政府授予"文明单位"称号，1996 年获中华全国总工会授予的"五一劳动奖状"。

他 1984 年被国家人事部首批授予有突出贡献的中青年专家称号；1991 年获国务院颁发的政府特殊津贴；1996 年由湖北省人民政府授予劳动模范称号。论文《逻辑证明与真理标准》获普通高等学校人文社会科学研究成果奖一等奖；作为第一作者的《在实践中坚持和发展马克思主义》获中宣部"五个一工程"奖；主编的《社会稳定论》获中国图书奖。2010 年 11 月获湖北省首选"荆楚社科名家"。

自 1985 年起先后任国务院学位委员会哲学学科评议组成员和召集人，全国普通高校哲学教学指导委员会主任委员，全国博士后管理委员会专家组(哲学)召集人，国家社科"七五"、"八五"规划哲学组成员和"九五"、"十五"规划哲学组副组长，中国马克思主义研究基金会常务理事，教育部邓小平理论研究中心副主任，中国学位与研究生教育学会副会长，湖北省社会科学联合会主席，教育部社会科学委员会委员，中央马克思主义理论研究和建设工程哲学教材组主要成员、美国依阿华大学亚太研究中心国际顾问等兼职。

主持的课题有国家社会科学基金"九五"规划重大课题 1 项，"八五"、"九五"、"十五"重点课题 3 项，国家"211 工程"重点建设项目 2 项，教育部重点项目 1 项。获奖的科研成果有 10 项，其中中宣部"五个一工程奖"1 项，中国图书奖 1 项，教育部人文社会科学优秀成果一等奖 1 项、三等奖 1 项，教育部全国普通高校优秀教材一等奖 1 项、二等奖 2 项，湖北省人文社会科学优秀成果一等奖 1 项、荣誉奖 1 项，湖北省委宣传部优秀论文一等奖 1 项。

自 1985 年以来多次应邀赴美、德、法、奥、日本等国和中国香港、澳门、台湾等地区 10 多所大学访问讲学，1995 年由池田大作授予日本创价大学最高荣誉奖，1996年受聘为美国依阿华大学亚洲及太平洋地区研究中心国际顾问（International Adviser），2001年在昆明主持"世界马克思主义2001"国际会议。受聘为清华大学、复旦大学、南京大学、东南大学、黑龙江大学、华南师范大学、湖南师范大学等10多所高校的兼职教授。

《中国当代社科精华》、《实际学人，百年影像》、《高校理论战线》等书刊对陶德麟教授的学术贡献作了介绍。

(二)办学理念

20世纪90年代，学校在80年代改革发展的基础上，继续向前迈进。在90年代中后期哲学家陶德麟任校长时提出了不少治校方略。

如他提出要遵循高等教育发展的客观规律以及教育与科学、经济、社会协调发展的客观规律，坚持社会主义的办学方向和德智体全面发展的人才培养标准，贯彻党的教育方针，积极适应和促进社会主义市场经济的发展，始终将培养、输送适应我国改革与发展需要的高级专门人才为己任，不断拓展大学科学技术创新和辐射等新功能，努力使学校在21世纪成为世界一流大学；要按照高等教育发展规律和市场经济运行规律，通过利益机制对办学要素的结构进行调整和改革，逐步实现现有办学资源以及潜在办学资源的合理配置和优化，不断提高办学的规模效益；要坚持改革开放和解放思想，以深化综合配套改革作为学校持续、稳定和加速健康发展的动力，逐步推进办学的科学化、民主化和法制化；要主动适应我国科技、经济和社会发展的需要，积极为国家和湖北省、武汉市的科技、经济和社会发展服务；要以互惠互利、有益于社会的原则，联合一切可以联合的办学力量，调动社会各方面助学的积极因素，通过整合形成群体的综合优势和整体效应，不断争取和创造有利于自身加速发展的条件确定等。

他提出的建设一流大学的目标，以及为向一流目标迈进而进行的一系列综合改革，是其思想中最耀眼的篇章。

1."一流目标"

1993年11月29日，武汉大学举行建校100周年庆祝大会，校长陶德麟在大会上作了《为在21世纪把武汉大学办成世界第一流大学而奋斗》的报告，正式提出了建立一流大学的目标。1994年6月15日，他在武汉大学第三届教职工代表大会第二次会议上的工作报告中，再次提出，“通过几代人坚持不懈的努力，在21世纪把武汉大学建成世界第一流大学的战略目标是能够实现的，我们从现在起就朝着这个目标奋斗”。①

在目标确定之后，他又对大学的发展模式、建设内涵以及实施步骤进行了阐述：

在发展模式上，提出了要建成“研究型”的大学。要以教学、科学研究为中心，以研究为先导，以培养人才为主体，以科学研究促教学的复合模型进行学科结构、管理体制等办学要素的调整和改革，逐步完成从“政府·大学”体制向“政府·社会·大学”(国际上称官·产·学)体制的过渡。使大学逐渐成为按教育规律办学、自主办学、依法办学的事业法人实体。通过不断提高学校的综合实力优势，经过几代人的努力，使学校成为具有“研究型”特点的世界一流大学。

在建设内涵上，提出了建世界第一流大学，应拥有一流学科、一流人才、一流管理、一流保障、一流产业、一流环境，从而产生一流的办学效益。

在实施步骤上，分三步走：第一阶段：从1994年起至20世纪末，努力使武汉大学居于全国一流大学的前列(综合性大学前5名)，这一个阶段是调整发展时期，旨在实现办学资源的合理配置、优化，弥补学校的明显弱点。第二阶段：从2000年至2010年，努力使武汉大学跻身亚洲第一流大学之列，这一阶段是加速发展时期。第三阶段：从2010年至21世纪中叶前后，力争成为世界一流大学，这一阶段是高速发展时期。②

同时，他又认为，跻身世界第一流大学是一项长期、艰苦和复杂的工作，必须处理好注意硬投入与软环境建设的关系、市场导向与宏观调控的关系、重点突破和整体推进的关系、稳定发展与超常规发展的关系、发展新学科与传统学科的重组和改造的关系、创造特色与遵循国际惯例的关系、对重点投入倾斜与综合平

---

① 陶德麟：《把握机遇，迎难而进——在武汉大学第三届教职工代表大会第二次会议上的工作报告》(1994年6月15日)，藏武汉大学档案馆，档号：X1-1994-129。

② 陶德麟：《把握机遇，迎难而进——在武汉大学第三届教职工代表大会第二次会议上的工作报告》(1994年6月15日)，藏武汉大学档案馆，档号：X1-1994-129。

衡的关系、外延发展与内涵深化的关系。

为实现上述目标，他在 1995 年接受新华社采访时，谈到了实现目标的对策和措施：

一要稳定本专科人才培养规模，扩大研究生教育的比重，适度发展以继教教育为主体的成人教育。研究生与本专科生之比逐步增加到 1∶3，使在读研究生达到 2500~3000 人。其中，博士生占研究生总数的 30%。

二要建立结构合理、门类齐全的学科专业结构。其总原则是“保重、扬优、改老、扶新”。保重，就是保基础学科专业，数、理、化、生、文、史、哲这 7 个学科，要争取全部成为国家基础研究和教学人才培养基地专业点，进行重点建设。扬优，是对本校一批有特色有优势的专业，甚至是全国唯一的专业，要在原有基础上更上一层楼，创造出特色。改老、扶新，是对部分传统学科专业，要根据社会主义市场经济的发展，调整改造，并增设新型的交叉学科、边缘学科等应用型专业，对新设专业加强建设，增加投入，办出特色。

三要加强教学基本建设。今后 5 年内，重点建设 3~5 个教学实验室，300 种教材，150 门主干课程和系统建设硕士、博士水平课程。在师资力量的配备、教材建设、教学改革、教学手段、教学质量等方面按国内一流水平标准加强建设，力争一流水平的教材占 1/3 左右，一流水平的课程占 50%以上。

四要深化教学管理制度的改革。打破学生学习的专业界限，增加转学、转专业的灵活性和学制弹性，允许学生提前修满学分毕业或延长学习时间至 7 年毕业；强化竞争机制，以学分计算单位收取学生学费等；扩大主辅修和双学位的实施；为保证学生选课，实行每天排课 12 小时，调整课程结构，扩大选修比例。在研究生教育方面，实行学士、硕士连续和硕士、博士连续制，参照国际惯例，建设高级人才培养基地。

五要切实加强教师队伍建设，实施造就跨世纪学术带头人的三大工程。一是攀登工程，选拔 25 人左右，作为院士预备队；二是砥柱工程，在 50 岁以下的教授中选拔 150 人左右，作为博士导师预备队；三是跨世纪工程，在 40 岁以下的正、副教授中选拔 150 人左右，建立中青年优秀学术骨干队伍。三大工程均实行滚动制选拔，实行校内津贴，从人力、物力、财力、出国进修、职务评审等方面给予优先支持。

六要加速建设多功能的武汉大学国际科学园。科学园以高科技产业为主体，以咨询产业、第三产业为辅，其主要功能，一是转化研究成果，发展产业，直接为国家建设和地市经济建设服务；二是为学校教学、科研提供实践基地；三是为学校办学提供一定规模的经费。由此形成教育、研究、产业三位一体、互相促进的新局面，使武汉大学成为实力雄厚的人才培养中心，科研中心和产业中心。①

2. “综合改革”

党的十一届三中全会以来，武汉大学始终贯彻党的一个中心、两个基本点的基本路线和教育方针，在改革的道路上不断前进。邓小平同志视察南方讲话和党的十四大之后，在陶德麟的主持下，为了实现“一流”的目标，学校在 20 世纪 80 年代侧重教学改革的基础上，进行了综合改革。

综合改革的指导思想是：以建设有中国特色社会主义理论为指导，坚持党的基本路线和教育方针，以“三个有利于”作为判断改革成败的标准；各项改革以高水平师资队伍建设为核心，以学科建设为“龙头”，以校办产业和创收为基础。以加强党对改革的领导和思想政治工作为保证；立足为湖北多做贡献，面向国民经济建设主战场，迎接世界科技挑战，建立主动适用社会主义市场经济和社会发展的办学模式。改革必须紧紧依靠广大师生员工，尤其是广大教师。

从 1992 年下半年开始，学校的综合改革工作全面展开。

为了有步骤地深入地进行各项改革，学校经过调研，出台了《武汉大学综合改革方案》、《关于教学改革的意见》、《科技体制改革方案》、《关于加强和改进党的建设与思想政治工作的意见》、《武汉大学校内管理体制改革方案》、《武汉大学学位与研究生教育改革与发展方案》和《武汉大学后勤管理改革方案》等以及 20 多个配套的子方案。

依据改革方案，先后对师资、学科、教学、科技及管理进行了全方位改革调整。

在教师队伍建设上，在职称评定中采取了破格提拔和晋升的办法。重点抓了

① 陶德麟：《谈武大面向 21 世纪的改革与发展》，藏武汉大学档案馆，档号：X1-1995-99。

200 名左右的学术骨干队伍的培养，其中具有博导水平的有 100 名，在未来不太长的时期内能达到博士导师水平的中青年教师有 100 名，使他们中的部分学术带头人在不久的将来能成为国内乃至国际一流学者。

在学科建设中，巩固 9 个国家级重点学科和 1 个国家级重点实验室，力争将 3 个国家级专业实验室办成重点实验室。对从事基础学科教学和科研的教师采取保护和分配倾斜政策，对基础学科试验班学生实行“学硕连读”的新学制，对基础学科的研究生实行“硕博连读”制。对应用学科专业，依据人才市场的需求调整专业方向。

在教学改革中，加强基础课教学、优化课程结构；加强主干课程建设，带动教材建设；实行课程教学评估制度，提高教学的质量；坚持评选优秀教学成果奖的制度；加强实践性教学环节，提高学生分析和解决问题的能力。教学管理制度改革向纵深发展，如改计划学分制为“完全学分制”；设立大学生科研基金、各学科著名学者奖学金或纪念奖学金等。

在科技改革中，首先改革科技管理体制，将科研处、开发部，产业办合并成立科学技术处，实行研究、开发、产业一体化管理。其次调整政策，在经费使用上，放权给课题组，增加活动经费的比例；在课题选择上，多争纵向，扩大横向和军工项目；对在国内外重要刊物发表高质量论文者，给予奖励；对科研成果突出者给予重奖等。

在校内管理体制改革中，推行实行学院制。实行校、院、系三级管理，校部以宏观为主，学院以实体为主，系以教学科研活动为主。学校给学院放权，增强学院办学的自主权和积极性，突出学校教学、科研两个中心的特点，充分发挥综合大学的优势。在学校机构改革中，重在转变职能，理顺关系，提高效率，对有关机构实行撤、并、转、建。如后勤机关由行政管理型逐步转为服务型、经营型、管理服务型向社会化、产业化方向发展。①

通过系列的综合改革，武大教师队伍的水平有所提高，一批青年教师已在国内外学术界崭露头角。在 1994 年的全国博士导师评审中，武大出现了一批 30 多

---

① 《武汉大学综合改革述要》，载武汉大学百年校庆办公室编：《百年树人　百年辉煌——武汉大学百年校庆记盛》，武汉大学出版社 1994 年版，第 292~298 页。

岁至45岁的青年博士导师，其中最年轻的博导仅30岁。深化教学改革大大提高了教学质量，武大学生英语4级合格率达99%以上，一次通过率达80%以上，有些专业的英语六级通过率达50%左右，涉外专业六级英语通过率几乎为100%。通过科技改革，促进了武大科研工作的发展。在社会科学方面，武大获准国家级各种基金项目量和经费量均在综合大学前列。科学技术研究一直呈上升的发展态势：1993年获准项目42项，经费210多万元，进入全国高校前15名、综合大学第5名。(以上参见骆郁廷主编的《流风甚美——武汉大学文化研究》一书第二章，武汉大学出版社2013年版)

(三)讲话选录

1. 陶德麟谈我校文科科研工作(选录)

我校10年来文科科研工作的成绩是有目共睹的，无论在指导思想和方法方面、研究的视野和涉及的领域方面、成果的水平和数量方面、学科的深化和发展方面、国际国内的学术交流方面、人才的成长和学术梯队的建设方面，我们的成绩都是以往任何时期不可比拟的。这一点，我们有具体的材料说明，这里不多说，我们的文科有相当厚实的底子，加上这10年的努力，应该说在全国是居于前列的。

我个人认为，很难在基础和应用之间划绝对分明的界限。完全没有应用价值的基础学科和完全没有理论基础的应用学科恐怕没有。但是在相对的意义上两者的区别是存在的，我们也只是在这个意义上谈两者的关系。

我觉得我们必须非常重视应用学科，采取切实的办法加强应用性的研究。这主要不是为了创收。文科要适应改革的需要，在四化建设中充分发挥应用的作用，不重视应用研究是不行的，画家有那么多迫切需要解决的实际问题，我们文科视而不见，不去研究，或者怕冒风险，采取回避的办法那怎么行？搞应用研究并不容易，在某些方面比基础研究更难，轻视应用研究的学术价值是不对的。当然，有不同水平的应用研究，我们似乎应该多搞些高水平的应用研究。

我们又决不能削弱基础学科和基础理论研究。综合大学的优势主要还是在基础学科。一个基础学科很弱的综合大学是站不住脚的。基础理论的研究有些(决不是所有)确实不能“马上见效”，但它对我们的经济建设、文化建设的作用是深层的、长远的，对于提高全民族的文化素养、思维能力、道德情操、审美情趣等等是一种不可代替的力量。而且，没有理论基础，应用也走不远，只能是低水平的。它的“效益”是不能用金钱计算的。如果采取短视的做法，一窝蜂地都去搞应用，丢了基础理论研究，我们会犯难以挽回的错误。在基础理论方面要形成一个强有力的队伍，要几十年甚至几代人的努力。(以上讲话来自武汉大学档案馆馆藏档案)

2. 把握机遇，迎难而进——在武汉大学第三届教职工代表大会第二次会议上的工作报告(选录)(1994年6月15日)

学校党委和行政在校庆大会上提出的“为在21世纪把武汉大学办成世界第一流大学而奋斗”的口号受到全校师生和海内外校友的广泛认同，成了激励全校奋勇前进的精神动力。国家教委主任朱开轩同志看了我校百年校庆的总结报告后，打电话对校庆活动的成功表示祝贺。

世界第一流大学应拥有：一流学科、一流人才、一流管理、一流保障、一流产业、一流环境，从而产生一流的办学效益。武汉大学面向21世纪加速发展的总体目标是：在21世纪中叶前后，将武汉大学建设成学科覆盖面广、专业结构合理，向社会输送高层次、高质量的优秀人才和重大科研成果，以富有鲜明的学科特色闻名于世的世界一流“研究型”大学。

这一总体目标大体分成三个阶段性目标。

第一阶段：从1994年起至21世纪末，努力使武汉大学居于全国一流大学的前列(综合性大学前5名)，这一个阶段是调整发展时期，旨在实现办学资源的合理配置、优化，弥补我校的明显弱点。

第二阶段：从2000年至2010年，努力使武汉大学跻身亚洲第一流大学之列，这一阶段是加速发展时期。

第三阶段：从2010年至21世纪中叶前后，力争成为世界一流大学，这一阶段是高速发展时期。(以上讲话来自武汉大学档案馆馆藏档案)

3. 陶德麟谈武大面向21世纪的改革与发展(选录)

武汉大学自1893年建校以来，到今天已走过100多年的历程，成为在全国，特别是南方具有重要影响的学府。

武汉大学面向21世纪加速发展的总体目标是：将武汉大学建设成为学科覆盖面广、专业结构合理，向社会输送高层次、高质量的优秀人才和重大科研成果，富有鲜明学科特色，闻名于世的研究型大学。

武汉大学确定的研究型大学发展模式，就是以教学、科研为中心，以研究为先导，以培养人才为主体，以科学研究促教学的复合模型进行学科结构、管理体制等办学要素的调整和改革，逐步完成从“政府·大学”体制向“政府·社会·大学”(国际上称“官·产·学”)体制的过渡，使大学逐渐成为按教学规律办学、自主办学、依法办学的事业法人实体。为此，必须尽快形成一流的学科、一流的人才、一流的管理、一流的后勤保障、一流的产业、一流的环境和一流的办学效益。

4. 在1995级新生开学典礼上的讲话(选录)(1995年9月8日)

同学们，你们现在就是这所历史悠久、成就卓著、风景如画的高等学府的主人了！社会主义的高等学府，是为传播人类先进的科学文化，为社会主义事业服务的。你们是世纪之交的青年知识分子，继承和发展人类的科学文化、建设有中国特色的社会主义，振兴祖国的责任已经落在了你们的肩上，希望同学们从现在起就要具备承担起这一伟大的历史责任的勇气。在此，我向同学们提三点希望：

首先，希望同学们树立科学的世界观和远大的理想。马克思主义的世界观是在总结人类历史的发展规律和人类一切科学创造成果的基础上形成的科学世界观，是一个人的人生观、价值观、政治观等各种基本观念的基础。社会主义事业是迄今为止人类最崇高的事业，社会主义的存在、发展和最终实现共产主义，是人类历史发展的必然趋势。中国的社会主义已经把一个备受帝国主义和封建主义凌辱、贫穷落后的旧中国，改造成一个欣欣向荣、民主富强的新中国。现在，我们正在从事建设有中国特色的社会主义这一伟大事业，你们将是这一事业的接班人和建设者，希望你们树立起马克思主义的科学世界观，学习好必要的科学知识和技能，努力提高政治思想道德素质，为将来到祖国各行各业中去发挥你们的聪明才智做好充分准备。

其次，希望你们珍惜机会，珍惜时间，珍惜青春，勤于思考，刻苦学习。同学们，你们是从全国各地选拔出来的，千百万你们的同龄人没有机会和你们一样继续深造，甚至还有好些人根本没有机会接受起码的教育，你们实在是时代的幸运儿！这个机会是祖国给的，是人民给的，是你们的含辛茹苦的父母给的，我殷切希望你们能珍惜这个来之不易的好机会。大学阶段是人生的关键时期，短短的三四年内，既要奠定专业知识结构，又要基本完成心理的成熟和人格的健全，所以丝毫不能松懈。伟大的志向和伟大的事业，都是在大学期间成熟和确定下来的，我希望你们抓紧时间，以学习为要务，刻苦学习，勤于思考，谦虚谨慎，不断取得更好的成绩。

最后，希望同学们继承武大的优良传统，克服狭隘的个人主义和利己主义，培养集体主义观念，尊敬师长，团结友爱，遵守大学生守则和校纪校规。希望同学们在日常生活中，在学习知识和追求真理中，在培养自己健全的人格中，都要发扬自强、弘毅、求是、拓新的精神，不仅要造就一个智慧的头脑，同时还要造就一个高尚的灵魂。(以上讲话来自武汉大学档案馆馆藏档案)

5. 在武汉大学第三届教职工代表大会第三次会议上的工作报告(选录)(1996年4月10日)

对取得的成绩作出实事求是的估计是完全必要的。同时，我们又必须清醒地看到存在的问题，看到我们的弱点，看到我们的危机，决不能有丝毫的沾沾自喜。我们武大当前总的形势是很好的，“211”预审专家组认为现在是武大历史上最好的时期之一，是有根据的。但是，我们同先进的兄弟院校的差距仍然很大，现在仍然问题成堆，每前进一步都要克服来自多方的阻力。除了客观存在的困难之外，我们主观上的弱点也是比较突出的。

第一，我们还没有在全校绝大部分教职工中真正牢固地树立以教学科研为中心，以培养人才为目标的强烈意识，以及在这种意识指导下的全校一盘棋的思想。有不少部门和相当一部分同志还有自己的小算盘、小计划，把局部利益实际上放在全局利益之上，把心思花在部门利益甚至个人利益之上。少数同志不顾大局，不惜损害学校利益。有的同志对自己有利的事不该干的也干；对自己无利的事该干的也不干。有的同志对本职工作不负责任，阳奉阴违，拖拉推诿，互相扯皮。这种情况严重地妨碍了全校步调一致地为提高整体水平而奋斗，是要下大决心，采取硬措施来加以解决的。我们认为，利益关系是要正确妥善地处理的，但是一切小利益必须服从大利益，而我校最大的利益就是要把学校的整体水平搞上去，首先是要把教学科研水平和人才培养质量搞上去。这是硬道理。丢掉了或者削弱了这一条，武大就会垮下来，我们就会成为历史的罪人。

第二，我们的改革力度还太小，管理水平还很落后。我们啃硬骨头的决心和魄力还远远不够。对改革、稳定的发展三者的关系还没有吃透。劳逸不均、人浮于事、效率不高的现象还大量存在。在措施上还缺乏强有力的激励机制，对某些压抑先进、保护落后的陈规陋习缺乏大刀阔斧的改革，对一些公然损害学校利益、吃社会主义、挖学校墙脚的恶劣现象斗争不力。

第三，我们的学风、教风和工作作风总的来说是良好的，但也存在着隐患和危机。我们的科学研究较普遍地存在着重量轻质的偏向，缺乏承担重大课题和攻克尖端问题的勇气。十本粗劣的著作不如一篇杰出论文的观念还没有真正树立。极少数教师学风很不端正，浮夸不实甚至弄虚作假的恶劣现象没有及时地揭露。在教学上我们还远没有做到精益求精，少数教师不负责任。我们的工作人员也有不忠于职守的，这些问题看来似乎很“软”，实际上对一个学校来说是致命的问题。如不下狠心整治，学校必定会垮下去。

学科是教学、科研、产业的生长点，是学校的根本，没有一流的学科，一流大学无从谈起。

整治武大校园环境是实施科教兴国、科教兴鄂、科研兴市和精神文明建设的一项重要而又紧迫的战略任务，各级部门要从武大的现实需要出发，成立专班、专人负责，以坚决的态度和过硬的措施，按照确定的方案一抓到底，限期解决，一直抓到问题彻底解决为止。

我们在国家级科研奖项方面，承担重大科研课题方面，提供高水平的研究论文和科技成果方面，在涌现学科领域的优秀带头人和学术权威方面，全校上下都要高度重视，要采取切实可行的措施，精心组织，在科学研究的管理方面迈出新的步子；要充分重视人才，要实行奖励、鼓劲和淘汰并重的措施，不拘一格降人才，不拘一格发现、扶持和奖励人才。各院系、各部门在科研人才培养和选拔上，都要遵循科学发展规律，服从全校的统一部署，使真正的人才脱颖而出，早出成果，多出成果。

按教学科研主体工作需要对现有机构及其内设机构进行调整或撤并，改变非主体性机构膨胀、机构重复、政出多门、人浮于事的状况，扭转政企不分的局面。结合人事制度改革，优化干部学历结构、年龄结构，提高人才配置效益和使用效益。

正确的思想和价值标准，是事业的保证，不充分调动和发扬全校师生员工的主人翁精神，发挥积极性、主动性和创造性，一切科学的规划，得力的措施和美好的设想都无从实现。(以上讲话来自武汉大学档案馆馆藏档案)

十三、侯杰昌校长

（一）个人履历

侯杰昌
武汉大学校长
1996.10—2003.7

侯杰昌，1937年11月出生，广东梅县人，空间物理学家，博士生导师。

1956年考入武汉大学物理系，1964年武汉大学物理系研究生毕业留校任教。1980年破格晋升为教授，曾是当时全国最年轻的教授之一。1989年获全国优秀教师称号，1991年享受国家特殊津贴，1992年获国家级有突出贡献的青年专家称号。1996年10月至2003年7月担任武汉大学校长。他是第九届全国人大代表，兼任国务院学位委员会学科评议组成员、湖北省科协副主席、武汉市咨询委员会主任等职。

他在任期内最值得一提的是积极参与国家高教管理体制改革，抓住发展机遇，通过合并使学校又一次进入了国家重点建设行列，奠定了学校向世界一流大学迈进的基础。新武汉大学的组建符合党中央、国务院提出的强强联合、优势互补的原则。武汉大学、武汉水利电力大学、武汉测绘科技大学都是全国重点大学，都进入了国家“211工程”，都有广泛的国际影响；湖北医科大学是湖北省重点高校，很多学科独具特色。四校校园依山环湖，连为一体，地理环境得天独厚。

通过合并，学校学科门类更加齐全，特色更加明显。多学科发展的格局为文理交叉、理工结合提供了便利条件，有利于形成新的学科生长点，增强学科的活力和生命力，为创建世界一流的综合性大学创造了有利的学科条件。通过合并，学校综合实力明显增强，有100个本科专业、188个硕士学位授权专业、99个博士学位授权专业、15个博士后科研流动站、20个国家重点学科、6个国家重点实验室和专业实验室、6个国家人文社会科学重点研究基地、6个国家基础科学人才培养基地、有中国科学院院士5人、中国工程院院士5人、国际欧亚科学院院士2人。通过合并，实现了资源重组，初步实现实质性融合。完成了"机构、人事、财务"的统一，实现了一套班子、一套机构、统一规划、统一管理。按照精简、统一、高效和事企分开的原则，学校调整、精简了机关管理机构，并采用民主推荐、公开选拔、党委讨论的方式配备了各个管理部门的干部。按照人文科学、社会科学、理学、工学、信息科学、医学等六类进行整合，调整重组。

作为一位具有前瞻性意识，但又超群的教育家，侯杰昌运筹帷幄，呕心沥血，为谋求武汉大学的跨越式发展，提高武汉大学为科教兴国作贡献的力度，作出了创造性的贡献。

作为空间物理学家和博士生导师，侯杰昌长期从事空间物理学的教学和研究工作，取得了一系列重要成果，在电离层与电波传播关系的研究方面成果卓著，其中部分研究成果填补了国内空白。曾获国家教委科技进步一等奖、国家自然科学奖三等奖。著有《电磁波传播原理》等。

(二)办学理念

侯杰昌校长在其任期内，有不少的思想理念。如在合校后，他提出经过努力，要建成一批国际知名、有武汉大学特色的品牌学科，造就一批国际知名大师，取得一批重大科研成果，培养一大批素质高、基础扎实、知识面宽、具有实践创新能力和适应21世纪社会经济发展要求的优秀人才，使武汉大学成为国家及湖北(武汉)地区培养高级专门人才和解决国民经济建设及社会发展重大理论与实际问题的重要基地，成为我国中部地区最具影响力的学术、科技、文化和教育中心，成为具有广泛国际影响的知名大学。在发展思路上，他主张学校的发展应该是以内涵为主的发展、应该是以重点突破方式为主的发展、应该是以创新为动力的发展、应该是跨越式的发展。在其理念中比较关注、谈论较多的是关于人才培养和如何发展的问题。关于人才培养，他强调要创新人才培养模式，以“三创”的理念培养人才；关于大学的发展问题，他认为应在全面发展的基础上，充实大学发展的内涵。

1. 创新培养

他认为，在进入 21 世纪前，知识经济对社会、对经济、对人自身的发展越来越重要。大学作为培养人才的地方，如何适应知识经济发展的需要，是一个必须回答的问题。侯杰昌提出了创建新型人才培养模式的理念。

(1)1997 年任校长以后对培养人才的认识。针对当时的形势，他说，国家在改革，世界也在变化，我们的人才培养模式应该发生变化。为什么呢？因为我们现在培养的人才存在一些问题，其中最大的问题，就是培养出的人才知识面窄，这是最大的不足。

这样培养出的人才，肯定是不能适应 21 世纪科学和经济发展需要的。因为科学技术变化那么快，经济的变化是经常发生的，不可能设想一个人找一个职业，终身从事这个职业不变。因此在一个人一辈子当中，可能要搞几个职业，当工作变换的时候，能够很快地适应，这就需要有个好的基础。

他说，我们学校培养的人才，应该提供这个基础。即使一个人终身从事某种职业，比如教师，一辈子就是在教书，但在一辈子教书的过程中，在不同的阶段，其内容也是不一样的，也是变化的。在这个变化过程中，一个人必须能够很快地适应才行，而这个适应的基础，就应该由学校提供的。因此，需要宽一点的知识面，厚一点的基础。

为此，他认为，在学校的教学里面，一是要求知识面宽，为以后能够适应社会经济变化，适应工作变化奠定基础。另外就是一定要强调给予获得知识的方法。这在现在的教学中是非常困难的。我们现在的教学方法是填鸭式的，要教的东西太多，老师们的责任心也很强，总是希望把自己懂得的东西教给学生。但今天教了，明天又有新的东西要教，所以教师的课时总是不够，课程负担也越来越重。这就根本谈不上启发、诱导学生的创造精神、创造意识。学生们的好奇心得不到发展，没有好奇心就不可能有创造的意识、创造的思维，而创造的意识和创造的思维对学生又是极为重要的。

因此，他强调，在教学过程当中，以前是把学生当作教学的对象，是接受知识的对象，是被动的学习。现在应该把主动的学习、能动的学习、创造性的学习、创造性的思维的训练放在首位，使学生既是教学的主体又是教学的客体。他还举例说，现在有的学科分得太细，造成理工科学生不懂人文社会科学，人文社会科学的学生不懂理工科。武汉大学、华中理工大学、武汉测绘科技大学、武汉水利电力大学和武汉地质大学有联合办学的协议。各校的学生可以自由地到其他学校去选课，可以自由地到其他学校实验室做实验，到其他学校的图书馆借书。结果发现，4 所理工学校每年都有四五百人选人文科学。武大本校学理工科的同学，主动选修人文社会科学的比例是 1∶3。学生学到很多知识，知道在学校里怎样组建自己的知识结构。

他还说，近 200 年来，由于学科的发展分得很细，使各部分发展得很好。到今天，新的学科往往落实在两个学科交叉的地方，或者在两个学科的边缘地带产生。那么你要有所发明，有所创造，有所建树的话，势必需要懂得很多学科的知识才行。这里举个例子，武大曾有一个搞电磁场的学生不懂生物，没法做下去，他就选择生物系的课程，结果就做下去了。像这样交叉的事情，在现阶段学科发展中是非常普遍的，所以学科间的交流应该多一些，才有可能有所建树，有所发现。

因此，他说，对学校来说，有很多事情要做。比如说，课程的设置和内容、教学的方法以至于考试的方法，都要改革，都得变化，以利于人才的成长。这里举一个例子，我们有些学生很会背书，但现在考风不好，20 个学生至少要 2 个老师监考，防止作弊、抄书。也有些老师，考试采取开卷，可以看书，那些死记硬背的学生，考得就差，因为这种考试，不是书上能找得出来的，考的是对学到的知识的运用和综合能力。用这种方法考试，就不需要监考了。

另外，我们进入 21 世纪的学校，应该树立终身学习、终身教育的观念。从历史上看，从石器时代到铁器时代，花了几万年，到蒸汽机出现，又花了几千年的时间，到电气时代，花了几百年时间，到用上计算机是几十年的时间。科学技术发展这么快，确实不能够一职终身，一个人出去以后也要不断地学习。因此，他认为现在国家有项规定是不合理的，即规定年龄超过多少以后就不能考硕士研究生，考博士研究生，这是不利于终身教育的。一个人认为需要学习就应该允许他学习，类似的观念和政策都应该改变。

他建议，国家对高校应该进行分类管理，不要千篇一律，有国家队的，有省队的，有地区队的。这些高校的布局，应该根据地区，根据经济发展来确定。只有这样，全民都来办教育，我国受高等教育的人才会越来越多，人的素质才会越来越高，科学和民主的精神才有可能实现。①

基于对人才培养创新的认识，1998 年，他在学校发起了一场围绕创新型人才培养的教育思想大讨论。讨论广泛而深入，大大促进了全校教育思想的转变和教育观念的更新。

(2)新武大组建后对创新培养人才认识的深化。2003 年 5 月，侯杰昌在接受《中国青年报》记者采访时，进一步深化了培养要创新的理念。

他说，高等学校从来都是搞创新的。高等学校培养的人才应该对人类的知识宝库有所贡献，这样人类才能不断地前进。如果都是人家怎么做，我们就怎么做，对人类的知识宝库一块砖、一片瓦都不加的话，这个大学便没有存在的必要。

他认为，传统高等教育，以灌输和传授知识为主，培养的人才创新意识和创新能力都比较弱。比如我们的中学生，在数理化国际奥林匹克竞赛上都可以拿冠军，但为什么我们拿不到诺贝尔奖呢？因为奥林匹克竞赛所使用的知识都是现成的，加上中国的学生非常勤奋和刻苦，他们可以将这部分知识掌握得非常好并且灵活运用，但诺贝尔奖强调的是别人没有搞过的东西，是有所发明和创造的东西，这就对我们提出了更高的要求。

那么，什么是创新型的人才呢？他认为，它的基本要求是，宽口径、厚基础、高素质。宽口径是指具有专业知识面广，适应能力强和就业机会多的特点；厚基础是要有坚实的基础知识、基础理论和基本技能；高素质是指高境界、高智能、高稳定能力结构的心理素质和身体素质。

他说，中华民族要在 21 世纪实现全面复兴，靠的就是现在的这些大学生。今后各行各业的骨干都应该是由受过高等教育的人来担任。这些人的能力和素质

---

① 侯杰昌：《创建新型人才培养模式》，载《中国青年政治学院学报》1998 年第 4 期，第 12~13 页。

如何直接决定着中华民族的前途和命运。所以说，创新对于高等教育来讲太重要了。

为培养创新人才，武大在实行学分制、双学位制、主辅修制和本科—硕士—博士连读的基础上，新近又推出了研究生与导师互选制、教学工作校长负责制、教学顾问督导制、任课教师聘任制等配套改革，设立了旨在鼓励学生创新的学术创新基金和近百项各类学科奖学金。

他说，创新人才培养的关键是要有创新型的教师，没有创新能力的教师绝对教不出有创新能力的学生。于是，学校按照培养创新型人才的要求，正致力于建设一支具有创新精神的师资队伍。学校先后出台了"吸引杰出人才来校工作办法"、"特聘教授岗位制度实施办法"、"青年学术骨干工程实施办法"、"教师业绩津贴实施办法"等一系列调动教师积极性的政策措施。①

2."三创"教育

2001 年 5 月，侯杰昌主持明确提出了"三创"的教育理念，即对学生进行创造、创新和创业教育，培养具有创造能力、创新思维和创业精神的新一代青年。"三创教育"是创造教育、创新教育和创业教育的有机统一，以培养学生的创造、创新和创业精神和能力为核心，强调教学活动要围绕"三创"能力的培养而展开，倡导因材施教，注重发挥学生的能动性，致力于培养"创造、创新、创业"型的复合型人才。"三创"教育理念是适应知识经济时代的需要而提出的一种人才培养新理念，不仅有利于培养大学生的国际竞争力，而且也有利于大学自身的发展。

在"三创"的教育理念中，创造乃是"建立新理论新方法，作出新的东西或新的成绩"，强调的是一个从无到有的发生过程；创新则可说是一种"改良"、"革新"，强调在原有知识、技术和技巧的基础上有所前进，有所突破，体现的是对现在事物的更新和改造，是一个从有到优的过程；创业是"开创基业、创办事业"，强调的是充分发挥个人的聪明才智，充分利用现有条件，开创新局面，辟出新天地，是从优到用的过程。所以，创造强调"原创性"，创新是"推陈出新"，

① 侯杰昌:《创新是一个民族的灵魂》，载新华网，2003 年 5 月 11 日。

而创业是将创造与创新的东西变成现实，开创新事业，三者不仅具有内在的一致性，而且是层层递进的过程。“三创教育”正是要将这种有机统一和层层递进融入到教育之中，强调大学教育不仅要培养学生的创造能力和创新思维，而且要培养学生的创业精神，即将自己的创造能力和创新思维运用到实际之中，创造实际的价值。

他认为，要推进“三创”的教育理念，必须将这种理念融入到大学日常的教学活动之中，改革人才培养模式，加强师资队伍建设，重视实践教学，并形成与之相适应的教学管理制度。

通过不断的革新与发展，武汉大学目前已逐步形成了立体交叉多元型的“三创”教育体系，所培养的人才已显现出了“三创”型的特征。如原本还应该在物理基地班读本科三年级的邓量子，如今却在大洋彼岸的美国休斯顿大学跨级攻读博士学位，并进入世界著名实验室“得州超导中心”，他谈道：“学校创造了一个自由宽松、鼓励创新的环境，在武大只要想学习，就一定有条件获得成功。”所以，三创教育已经在新的武汉大学生了根、发了芽，成为学校核心的育人理念，并已经切实贯穿到学校的各项制度与工作之中了。

3. 内涵发展

学校从20世纪80年代初起，在刘道玉校长的领导下，开始推行教育教学改革，其影响之深有目共睹；90年代齐民友校长、陶德麟校长继续进行学校改革，从当初的教学改革向其他领域推进，效果十分明显；转世纪前后，侯杰昌校长在改革的大潮下，治校的一个法宝仍就是改革，不过此时的改革在前有的基础上转向内涵的发展。他在《武汉大学教育事业“十五”发展计划(草案)》的报告中指出：学校经过合并和发展，今后的主要任务不是规模的扩张，而是水平的提高。要苦练“内功”，通过调整、充实和完善，以质取胜。教学、科研、学科建设、队伍建设等各方面都要瞄准世界一流大学的目标，按照高水平、高质量的标准来建设，找到自己的发展空间，以水平和质量来参与国内外竞争，从而使学校的发展进入快车道，实现质的飞跃。

(1)发展缘由。为什么要强调内涵发展，他在《武汉大学教育事业“十五”发展计划(草案)》的报告中指出，21世纪是知识经济时代，国际经济竞争，实际上是科技和人才的竞争，归根到底是教育的竞争。同时，国家“科教兴国”基本国策的确立，使教育处于优先发展的战略地位，并对教育提出了越来越高的要求。近年来，高教管理体制的改革和布局结构调整，高校之间的竞争变得更加激烈。面对新的发展机遇和挑战，学校如何在未来的发展中不断增强综合实力和国际国内竞争力，这必然是我们确定发展目标的基本出发点。可见，注重内涵发展是国际国内发展的时代要求。

在这样的时代要求下，如何迎接时代挑战，发挥学校在国家“科教兴国”战略中的作用，学校也制定了相应的奋斗目标：在《武汉大学教育事业“十五”发展计划(草案)》的报告中，他提出，经过5年努力，要建成一批国际知名、有武汉大学特色的品牌学科，造就一批国际知名大师，取得一批重大科研成果，培养一大批素质高、基础扎实、知识面宽、具有实践创新能力和适应21世纪社会经济发展要求的优秀人才，使武汉大学成为国家及湖北(武汉)地区培养高级专门人才和解决国民经济建设及社会发展重大理论与实际问题的重要基地，成为中部地区最具影响力的学术、科技、文化和教育中心，到2005年使武汉大学综合实力居于全国一流大学的前列，成为具有广泛国际影响的知名大学。从上可知，强调内涵发展是实现自身奋斗目标的需要。

(2)发展内涵。一要注意发展规模。发展规模涉及学校的方方面面，是开展系列工作的基本依据。从内涵发展的基调出发，就是要控制规模，这里所说的规模主要是指学生的规模。早在1997年，学校就提出要合理调整办学规模，根据社会效益和经济效益最优原则，优化资源配置，走内涵发展道路，缩短战线，调整层次结构，提高质量，适当控制校内成人教育规模。稳定本科教育现有规模，逐步扩大研究生规模，快速发展留学生教育规模。

合校以后，学校的规模自然地变大。于是，他提出要控制学生规模，即稳定本科生教育，发展研究生、留学生教育，全日制在校学生总数为45000人左右。在学生的结构上，按研究型大学的要求，注重培养高层次的人才，扩大研究生和留学生的教育规模。计划到2005年研究生与本科生之比为1∶2，博士研究生与硕士研究生之比为1∶4，即本科生30000人，硕士生12000人，博士生3000人；外国留学生规模在1500人左右。

二要狠抓人才培养。他说，人才培养质量是学校的生命线。为此，应该着力抓好以下几点：

要科学地设置课程体系；加强学生的创新观念、创新思维、创新精神和创业能力的培养；不断更新教学内容。要适时进行专业设置、专业方向、培养目标和教学内容的调整，增强培养人才的社会竞争力。

要举办学科复合、教学复合的各种试验班，进行跨学科人才的培养；在校内逐步推广试验班经验、更新课程体系和内容、教授要给本科生上基础课、建设一批国内外一流教材、推动双语教学、建设一批开放的高水平的适应创新人才成长的实验基地等。

要进一步完善教学管理制度，积极推行新学分制、学术假制、严格淘汰制等制度，同时构建具有自身特色的学位与研究生教育体系及其运行机制，人才培养提供良好的体制环境。要建立有利于加强教学质量的人事和分配制度；要改革不利于学生个性发展、综合素质提高的教学管理模式和方法；要建立健全教学质量监控与评估体系，对教学过程实行科学化、规范化和信息化管理。

三要突出学科建设。他说，学科建设是学校工作的重中之重。今后的学科建设要突出重点。在现有 20 个国家级重点学科的基础上，经过努力，到 2005 年，争取其中 5 个左右的学科成为国际知名的学科，40 个左右的学科达到国家级重点学科的水平。要充分发挥多学科的优势，加强学科间的合作，促进学科群、学科链的形成，在学科的边缘寻求新的学科生长点；进一步组建跨学科、跨学院的研究实体，最大程度实现学科资源的共享。为保证学科建设目标的实现，决定筹资 10 亿元以上资金作为专项经费，建成若干个具有国内外领先水平的学科。

四要加强科研与服务。在这一方面，他的基本思路是：加强基础，发展应用，整合资源，拓展空间。基础研究是学校的传统优势，是学校学术实力的重要体现，是学校科学研究持续创新的动力和源泉。因此，要加大高层次研究人才的培养和引进，加强基础实验室和研究基地的建设，提高承接重大基础科研项目的能力。

在应用研究方面，要紧密结合社会经济的发展要求，把科研力量的主力投入到国民经济建设和社会发展的主战场，解决一系列重大理论和实际问题，为国家的可持续发展作出贡献。在科研资源的整合上，要以项目为纽带组建若干个综合性的跨学科、跨院系的研究中心、研究基地或其他研究实体，形成高水平的科研群体，提高学校承担国家和地方重大科研攻关项目的能力。

同时，要拓展科研的空间。在生命科学、环境工程、水利水电工程、电气工程、信息科学、土木工程、医学等研究领域及地方经济、军工等方面进一步挖掘潜力。重点在生物工程、3S技术、电子信息、化学化工、新材料、医药、能源和环保等领域加大发展力度，形成特色产业、优势产业，推出“拳头”产品，创精品，树名牌，提高成果转化和推广的水平、速度和规模。

五要重视队伍建设。他说，队伍建设是学校的基本建设。为此，要加强学术梯队建设，尤其是中青年学术带头人和骨干队伍的建设。要培养45岁以下并具有国内一流水平的优秀学术带头人、35岁以下具有发展潜力的学术骨干，并使之形成合理的梯队结构。对中青年教师，要通过学习、考研、进修、承担科研课题等方式来提高其学术水平。要不断优化教师队伍的知识结构、学历结构、年龄结构和学缘结构，使具有硕士以上学历的教师达到80%，45岁以下教师中具有博士学历的达到30%，提高45岁以下高级职务教师的比例，每年接收一定比例的校外毕业生，以改善教师学缘结构。同时也要加强干部队伍和后勤职工队伍的建设。

六要加大国际交流与合作。他说，加大国际交流与合作是学校“十五”期间的一项重要任务。在今后的几年，要把加强项目外事作为学校工作的重点，加大与国外著名大学交流合作力度；要促进和推动不同层次的国际交流，每个学院至少要和1所以上国外著名大学的相关学科开展合作与交流；要推动教师开展国际合作研究项目；要拓宽留学生招生渠道；要进一步完善学校国际交流与合作的制度。

七要创新管理体制。他说，要借鉴海内外名牌大学成功的管理经验，探索符合学校实际、机构精简、职责明确、竞争有序、保障有力、效率一流的管理模式和运行机制。为此，要通过改革，在人事、干部任免、职称评定、财务管理和分配等方面给予学院更大的自主空间，强调学院在人才培养、科学研究、队伍建设、学科建设等方面的权力和责任，充分发挥学院办学的主动性和积极性。通过学院之间的互相激励和竞争，营造良好的发展环境，逐渐形成学院办学特色，全面提升学校总体办学水平。在人事管理上，要强化编制管理，做到以岗定人。打破分配中的“大锅饭”，实现结构工资制度，建立激励性分配体制。要坚持民主办学和依法治校，要坚持公开、公正、公平的原则，形成民主决策、民主管理、民主监督的有效机制。

他还强调要加强校园建设，建设世界一流的校园。加强校园基础设施建设，加强校园环境的综合治理。要花气力筹措办学经费，进一步拓宽资金来源渠道。强调要切实加强党委对学校改革和发展的领导，强调加强思想政治工作，要加强党的组织和干部队伍建设，要加强党风廉政建设等。

（三）讲话选录

1. 解放思想　团结奋斗　改革攻坚　振兴武大——在武汉大学第一届教职工代表大会暨第十五次工会会员代表大会上的工作报告（选录）（1997年10月30日）

要打破常规，采取一系列特殊措施，力争在三年内基本解决相当一部分学科面临的人才匮乏、梯队断层、近亲繁殖问题，建设一支总量适中、结构合理、素质优良、合理流动、相对稳定的教师队伍。

树立以人才为本的思想，在抓好三支队伍建设的同时，把教师队伍建设作为关系学校生存和发展的首要任务来抓，形成尊师重教的良好氛围，树立“教师本位”的思想，在制定一切政策时都要考虑是否有利于稳定和吸引人才，是否有利于调动教师的积极性；对学校已经制定和即将出台的有关政策要在具体工作中切实落实。

立足现有教师队伍，采取切实措施，稳定、培养、提高；要重视对骨干教师特别是青年骨干教师的培养，真正形成使人才脱颖而出的竞争环境与有效的激励机制；坚持“五湖四海、德才兼备、不拘一格”的原则，引进和补充优秀人才，对“帅才”、“将才”，要在各方面采取特殊优惠政策，要认真把对“帅才”的识才、爱才、惜才、用才作为人事管理的首要任务研究落实，努力营造一个具有吸引力和竞争力的人才环境。

教师要真正负起教书育人的责任，为人师表，引导学生德智体全面发展；全身心投入教学科研工作，坚持走教学科研并重的道路；要积极主动地更新教育思想，转变教育观念，积极主动地更新知识，用各学科领域最新的科研成果充实基础教学，向学生传授最新的知识。

本着“保重、扬优、改老、扶新”的方针，对现有学科实行分类管理；发挥学校与院系两个积极性，突出重点，分清轻重缓急，采取相应对策大力扶持学科发展；学科建设的核心是配备好学术带头人，组建学术梯队；支持优势学科同国际一流学科的交流与竞争；重点建设10个以上具有全国或世界一流水平的学科。

积极争取国家有关部委、省市政府和社会各界的支持，力争在本世纪把我校建设成为包括艺术、医科、农科在内的实质性的综合性大学。

按照编制性质，实行分类管理，继续完善对院系的工资总额动态包干和目标管理；对机关实行定编定岗和岗位责任制；对企业或可实行企业化管理的单位实行企业化管理。

根据精简、统一、效能的原则深化机构改革，建立运转协调、办事高效、行为规范的行政管理体系；坚持唯贤是用、德才兼备、不拘一格的原则，选拔与任用干部，彻底打破论资排辈、赏罚不明、流动不畅的做法，完善干部岗位责任制度、选拔任用制度、培养提高制度与定期交流制度，从制度上清除滋生弄权营私、拉帮结派、不思进取、平庸无为等不良风气的基础；精简干部队伍，优化结构，提高素质，现有干部总量近期内应裁减20%左右。

坚决实行竞争上岗，换岗分流，优化人员结构，提高用人效益；更新就业观念，充分发挥市场功能，促进人才资源的合理配置。

改革临时工用工制度。临时工要纳入用工单位编制，并实行社会公开招聘，由人事部门实行统一管理；现有临时工总量要大幅度裁减，为校内职工换岗分流腾出岗位，以加强学校管理，提高服务水平。

对各类用房、教学科研设备、图书资料实行学校统一管理和统一调配，对财务收支实行归口管理，提高各类办学资源的使用效益，按照多劳多得、少劳少得、不劳不得的原则，理顺收入分配关系，调整收入分配政策。

后勤管理改革要有大的突破，按照事企分开和“小机关、多实体”的要求，建立科学的后勤管理体制、服务体系和运行机制，努力改进服务态度。

要切实加强学校精神文明建设，不断提高师生员工的思想道德素质和科学文化素质；积极开展“讲文明、树新风”活动，激励师生员工处处讲文明、人人争先进，共同把我们的校园建设成为整洁、安全、优美、文明的校园，争创国家级文明单位；进一步加强和改进学校德育工作，努力培养深受社会欢迎的有理想、有道德、有文化、有纪律的优秀人才；校园文化建设要坚持正确导向，突出主旋律，提倡高格调，要加强文化基础设施建设，改善师生员工文化生活条件，不断丰富校园文化生活。(以上讲话来自武汉大学档案馆馆藏档案)

2. 团结务实、开拓进取、为实现学校跨越式发展而努力奋斗——在武汉大学第五届教职工代表大会和第十六次工会会员代表大会上的工作报告(摘要)

无论是学校自身的需要，还是外部的需要，对于一所学校来说，坚持发展都是一个永恒的主题，采取什么方式发展，则体现了学校的特色和个性。我们认为：

第一，学校的发展应该是以内涵为主的发展。学校经过合并和发展，今后的主要任务不是规模的扩张，而是水平的提高。要苦练“内功”，通过调整、充实和完善，以质取胜。教学、科研、学科建设、队伍建设等各方面都要瞄准世界一流大学的目标，按照高水平、高质量的标准来建设，找到自己的发展空间，以水平和质量来参与国内外竞争，从而使学校的发展进入快车道，实现质的飞跃。

第二，学校的发展应该是以重点突破方式为主的发展。学校的发展不可能呈均衡状态，必须突出战略重点，尤其是重点学科，凝聚人力、财力、物力，建成一批世界一流学科，造就一批世界一流学术大师，以此形成武汉大学强有力的支撑。

第三，学校的发展应该是以创新为动力的发展。创新是一个民族进步的灵魂，同样，创新也是学校发展的内在生命力。学校在发展的过程中，要坚持知识创新、技术创新和人才培养的创新，同时，也要做到与时俱进，不断更新观念，不断地在管理体制和管理方式上创新，从而形成学校持续发展的活力。

第四，学校的发展应该是跨越式的发展。这不仅是因为社会发展的速度正在逐步加快，高等教育的竞争日趋激烈，学校不进则退，慢进也要落后，而且也是因为学校目前的现状与师生要求的距离还很大，我们现在所作的工作还只是初步的。要想实现我们的目标，必须大踏步前进，实现跨越式发展。

“充实内涵、重点突破、改革创新、跨越发展”的十六字工作思路，是根据社会形势的发展及我们学校的实际情况提出的，必须贯彻到十五计划的每项工作中和每项工作的各个环节中。(以上讲话来自武汉大学档案馆馆藏档案)

3. 大力加强学科建设　全面推进学校的跨越式发展——在武汉大学学科建设工作会议上的报告(选录)

我们所说的学科建设是包括人才培养、科学研究、队伍建设、基地建设等在内的广义的学科建设，它既是学校发展的一个突破口，更是全面推进学校工作的一项整体性、战略性和根本性的工作。加强学科建设是学校发展中一项艰巨而又紧迫的任务。

我们的重点学科不多，优势不明显，与世界一流大学相比，差距很大；在学科的主流方向上发言权不多，也就是说，在学科前沿的工作不多、不深，原创性的成果不多，组织承担国家重大项目的能力不强；有相当一部分学科缺乏高水平的学术带头人和具有发展潜力的优秀的青年学者，吸引优秀人才的措施亟待加强；我们的先进仪器设备、近期的图书资料、教学科研用房等支撑条件远远跟不上事业发展的要求，近几年科研项目和科研经费相对呈下滑趋势，自然科学三大奖与学校的地位不相称；我们的教育观念亟待更新，教学内容、教学方法和教学手段适应培养创新性人才需要的问题还未解决；研究生培养教育缺乏创新，真正优秀的有创见的博士论文不多。

对于科学技术的发展和复合型人才的培养，学科门类齐全是一个十分明显的优势，因为这给我们提供了学科相互交叉、融合、渗透和集成的巨大空间，提供了学科创新、科技创新的巨大空间，提供了优化资源配置的巨大空间。但是这种综合优势要变成现实的学科优势，就需要我们组织一些跨学院、跨学科特别是文理交叉、理工结合的学科平台或教学、科研中心，最大限度地拓展学科发展空间和创新空间。

突出重点首先是一个思想认识问题。我们要改变长期以来在办学过程中形成的均衡发展观念，树立有重点才有突破、有突破才有快速发展的思想。事实上，一些世界一流大学的水平和地位总是体现于它的部分学科和部分领域。如牛津大学的政治经济学、古典文学、数学、化学；剑桥大学的物理学、化学、经济学、生物学；哈佛大学的商业管理、政治学、化学、哲学；伯克利加州大学的原子物理学、化学、生物学、人类学；还有2002年位居美国大学综合排行榜之首的普林斯顿大学，靠的是享誉世界的数学和物理学。由此可见，实行重点突破的发展战略，是学科建设的一条重要规律。

学科建设要有所为有所不为。有所为就是要讲突出重点，实施重点投入、重点建设；而有所不为并不是无所作为。总的思想应该是通过重点建设实现重点突破，推动全面发展。

坚持创新首要的是学科发展理念的创新，要打破传统的学科思维模式，跟踪学科发展前沿，把握学科发展方向，建立学科创新体系、科技创新体系和以培养"三创"复合型人才为核心的教育创新体系；同时，要加强体制创新，通过体制创新落实学科创新、科技创新和教育创新。创新是学科建设的动力，也是学科发展的根本出路。

我们的所有学科都要有争创一流的思想，都要创造条件，奋发有为，否则就有被淘汰的可能。所以各学院和学科都要有明确的学科发展战略计划和具体的措施，积极主动地做好学科建设工作；要充分发挥广大教师在学科建设中的主人翁作用。包括学科建设主管部门在内的各职能部门都要积极主动地为学院服务，为学科建设服务，为教职员工服务。

我们在加强和重视基础学科建设，不断发展基础学科优势的同时，要优先发展代表科学技术发展趋势的高新技术和新兴学科；大力发展面向国家和地方经济建设和社会发展的应用性学科。形成优势学科与特色学科相统一、基础学科与应用学科相结合、传统学科与新兴学科相促进、多学科协调发展的格局。

要建立和完善若干个优势突出、特色明显、覆盖面广，并对学校发展具有巨大推动作用的学科群。学校合并之后，我们已经进行了学科的重组和学院的调整，但这只是初步的，要形成真正意义上的学科群，还有大量的工作要做，特别是在学科群的组成上，要进行充分论证，形成重点方向、重点学科、支撑学科、相关学科相统一的有机整体。同时建立一批学科交叉平台，不断形成新的学科增长点。

学科发展到一定的阶段，就需要创新和突破，而创新和突破的关键在于凝炼学科方向。因而要大力支持对学科发展具有重大意义的三级学科建设，瞄准学科前沿，鼓励学术创新，通过新兴学科、国家级重点实验室、科研基地、工程中心的建设，引导所在学科有所创新、有所突破。学校要求每一个学科都要在凝炼学科方向上下工夫，一旦看准和确定，就要抓紧建设。通过建立实验室或研究中心，形成一流的研究队伍、一流的研究课题、一流的实验设备，成为学科建设的亮点。

形成一批重点学科、重点研究基地、重大科研项目三位一体的重点工程，在创造重大科研成果的同时，造就大专家、大学者。

在高等学校，学科建设、科学研究与人才培养是一个相互促进的整体。没有高水平的学科，没有高水平的学术研究，也就没有高水平的人才培养；人才培养是学科发展的基础，没有高水平的人才培养，也很难形成高水平的学科和科学研究，教学工作为学科建设提供了学术人才和专业基础。一个优秀的学术带头人，一个具有战略眼光的学术大师，往往都有一段精彩的教学经历，特别是本科教学经历；一个优势学科或重点学科，往往是以一个相应的专业为起点的；一个优秀的科研群体，往往是由教学群体演变发展而来。教学工作对于学科建设具有基础性的意义。

去年，我们已经召开了教学工作会议，明确了以三创教育为特色的人才培养的方案，适应这种需要，我们要建立一批品牌专业、品牌课程和品牌教材，形成一批名师，由此推动人才培养整体水平的提高。在这里，我要特别强调两个问题：

第一，教学内容的更新问题。在科学技术突飞猛进、我国社会经济发展迅速的情况下，我们的教学内容一定要与时俱进，跟上时代的步伐，我们的教师一定要站在科技发展的前沿，将学科发展的新成果、新观念、新思维、新方法不断地引进和充实到我们的教学中来，使我们的人才培养始终处在一个比较高的起点上。

第二，学科进行研究性学习的问题。我们的学生从本科阶段开始就要强调研究性学习，要尽早地进入科学研究领域，用科学研究的思维引导学习，用创新的精神驾驭知识。在这方面，我们已经有效地开展了一些工作，主要是大学生课外科研活动、社会调查和社会服务。但显然这些科研活动还是一种辅助性质的。今后，学校要加强创新教育的探索，积极创造条件，逐步形成以研究性学习和创新性学习为主体的学习方式。

在研究生教育方面，要缩短硕士培养年限，大力发展硕博连读，逐步形成以博士研究生为主、以硕士为过渡学位的研究生教育体系，使研究生在过渡学位阶段完成各种课程学习，进入博士阶段后专心致志地进行学术研究和科技创新。要通过各种渠道招收博士后研究的人员，创造条件，扩大规模，使博士生和博士后研究人员成为学校学科建设和科学研究的主力军。

要努力适应人才市场的要求，大力发展包括工商管理硕士、公共管理专业硕士、法律专业硕士、工程管理硕士在内的各类专业学位教育，大力培养复合型、应用型人才。(以上讲话来自武汉大学档案馆馆藏档案)

十四、刘经南校长

(一)个人履历

刘经南
武汉大学校长
2003.7.10—2008.11

刘经南，男，汉族，湖南长沙人。1943年7月出生，研究生学历，工学硕士。1994年3月加入中国共产党，1967年7月参加工作。现任江苏昆山杜克大学校长，教授、博导、中国工程院院士。

1962年9月至1967年7月，在武汉测绘学院天文大地测量专业本科学习；1967年7月至1968年7月留校待分配；1968年7月至1979年9月任湖南省煤田物测队技术员、助工；1979年9月至1982年9月在武汉测绘学院大地测量专业研究生学习；1982年9月至1986年10月任湘潭矿业学院(现湖南科技大学)教师。

1986年10月至1992年1月任武汉测绘科技大学教师；1992年1月至1993年12月任武汉测绘科技大学大地测量系副主任兼地学空间测量与地球科学研究所副所长；1993年12月至1995年8月任武汉测绘科技大学地球科学与测量工程学院卫星测量所所长；1995年9月至1997年2月任武汉测绘科技大学地学测量工程学院院长；1997年2月至2000年8月任武汉测绘科技大学党委常委、副校长。

1986年12月晋升为讲师，1989年1月晋升为副教授，1992年5月晋升为教授，1993 年 8 月遴选为博士生导师，1999 年 12 月当选为中国工程院院士。全国第十一届政协委员。

2000 年 8 月至 2003 年 7 月任武汉大学党委常委、副校长；2003 年 7 月至 2008 年 11 月任武汉大学党委常委、校长。

他在掌校期间的主要亮点工作有：开展了学校大规模的基础建设。在他治校期间，学校动工兴建和完成了许多建设项目。如计算机科学大楼、信息管理大楼、化学大楼扩建，文科区的法学大楼、商学大楼、外语大楼等。成功举办了学校 110 周年校庆。这是 2000 年 8 月 2 日新的武汉大学组建后，学校举行的第一次重大的庆典活动，也是面向 21 世纪，以“聚焦校友，弘扬学术”为宗旨，广结海内外朋友，谋求跨越式发展的一次重要庆祝活动。在学校发展的核心竞争力上进步明显。大学科建设格局基本确立，学科综合实力增强。国家重点学科从 11 个增加到 20 个。具有博士学位授予权的一级学科从 12 个增加到 22 个，涵盖了 115 个二级学科，设有博士后科研流动站的一级学科从 12 个增加到 23 个。国家重点实验室从 2 个增加到 4 个，教育部人文社科重点研究基地增加到 7 个。科技创新能力有较大提高，人文社科继续保持领先优势。自然科学的科研经费不断增加，获准“863”、“973”、国家杰出青年基金等重大、重点项目不断增多。人文社科研究综合竞争力在全国高校稳居前 5 名，一批学术精品在国内外产生较大影响等。

他在 1986 年获石油部科学技术进步一等奖；1988 年获国家科技进步三等奖；1992 年获国家测绘科技进步二等奖；1993 年被评为有突出贡献中青年专家；1997 年获国家教委教学优秀成果一等奖；1998 年获国家测绘科技进步一等奖；2000 年获国家科技进步二等奖。

社会兼职主要有：国际 GPS 地球动力学服务局协调成员、“GPS World”杂志编委、教育部科技委资环学部主任委员，湖北省科协副主席、湖北省天文学会副理事长、武汉市人民政府决策咨询委员会主任等。

（二）办学理念

刘校长执掌武大时，正是高等教育大改革、大调整、大发展的时期。为了适应高等教育发展的需要，他提出了许多治校的理念。

如高校要按照高等教育发展的客观规律办事，正确处理好规模、质量、结构和效益的关系，处理好阶段性发展与长远规划之间的关系，处理好全面发展与特色发展之间的关系。要大力实施人才强校战略，落实以人为本，努力营造人才辈出、人尽其才的人才环境和尊重知识、尊重人才、尊重劳动、尊重创造的文化氛围。要努力提高科技创新与社会服务能力，认真策划重大科研项目，培育一大批基础理论和高新技术成果，特别是具有深远影响的原创性成果。要不断提高国际化办学水平，积极营造有利于国际交流合作的大环境，实施“走出去”战略，积极谋划在发达国家华人华侨集居的地区筹办海外学院，进一步扩大留学生教育规模，拓展学校的国际发展空间，提升学校的国际知名度。要进行管理体制和运行机制改革，推动学术组织结构性改革，协调好行政权与学术权的关系，推进依法治校与民主管理，推动学校管理方式现代化和管理手段信息化等。其中关于“人本教育”“本科为本”的理念尤其值得一书。

1. 人本教育

人本教育的理念，是刘校长在掌校期间十分重视且着力推行的一种理念。2004 年在两岸校长论坛上，他全面阐释了自己的人本教育理念。

他说，我们所在的大学是研究型大学。所谓研究型大学，是那些给研究以优先权，开展高层次研究生教育并以拥有可观的研究经费体现其核心素质、竞争力和影响与推动社会发展能力的大学。它以“研究”作为自己最突出的特点和出发点；以服务社会、引领社会与经济的全面发展和进步为生存根基；以传授高深学问，培养高级专门人才为根本使命；以探究高深学问，探索科学真理为最终目标。

在这样的大学里，应该推行什么样的教育理念呢？他认为应该推行人本教育理念。

他说，所谓人本教育，即教育的“人本化”，主要是指大学应坚持“以人为本”的理念，无论是教育教学活动，还是各项管理工作，都应遵循“一切从人出发，一切为了人”，将“人性化”原则始终贯穿于大学的发展之中。

他说，大学无论从功能还是从目标来看，其主体主要是教师和学生，因而

“人本化”的内涵主要包括两个方面的内容。

(1)以教师为重。大学乃大师之学，无大师则无大学。现代大学普遍认识到，教师质量是决定学校声誉、生存和发展的关键变量，因此各大学在引进学科带头人和杰出专家学者时都不遗余力，不惜重金地去聘请。以教师为重，并不仅仅意味着高工资、高报酬，而是指要尊重教师的学术和人格，注重发挥教师的热情和潜力，着重弘扬教师在学校教育教学及管理工作中的主人精神。西方“教授治校”的传统就是“教师为重”的最好体现。

(2)以学生为先。从大学产生和发展的历史可以看出，无论社会如何变化，大学怎样发展，培养人才始终是大学最基本的功能。因此，作为核心主体、目的主体的学生是大学重要的组成要素。“以学生为先”强调教育教学的改革和管理应首先着眼于全体学生的全面发展，应优先促进学生形成良好的认知、美好的情感和完好的个性。不仅关心学生知识的获得和能力的增强，更要关注学生综合素质的提高和人生智慧的凝练；不仅关心学生的现实就业，更要关注学生的长远发展。

他说，“以教师为重”和“以学生为先”都是“以人为本”的体现。“以教师为重”主要是从发展学术的角度提出的，强调学术权力的绝对性和重要性(与行政权力相比)；“以学生为先”则主要是从培养人才的角度提出的，强调学生发展的优先权，强调学生接受教育的主观能动性和自主权(与教师的教育控制权相比)，两者统一在“大学(自主、自治)发展”之下。

在人本教育理念的指导下，对学生应该施行什么样的教育呢？他说，应该是强调基础和博学，促进全人性的教育。

他认为，与普通大学相比，研究型大学培育的是“精英人才”，甚至可能造就出各行各业、各个层次的“领袖人物”。在科研方面，基本理论研究和基础科学研究往往在研究型大学占据更为重要的地位。因此，无论从人才培养工作，还是从科学研究活动，研究型大学都应该十分重视对“做人”的人文精神教育和如何“做事”的科学精神的培养。

针对“做人”与“做事”两个培养目标，他强调：

一要推行通识教育。他说，当前人们对大学中过度专业化和功利性倾向提出了批评和质疑，“通识教育”改革便应运而生。“通识教育”是对所有大学生普遍进行的共同内容的教育，即“通”、“宽”、“全”式的博雅教育，旨在克服专业教育的狭隘和偏见，努力造就知识宽广、基础深厚、博学多才、素质全面，能对不同学科或专业进行融会贯通的人才。只有把通识教育和专业教育结合起来，才能培养出具有全面素质基础且精通某一专门学问的高级人才。他说，提出通识教育并不是要否定专业教育，而是希望将通识的理念贯穿在专业教育的全过程中。“专业教育”以通识理念为指导，以通识教育为基础和前提。只有建立在通识教育基础上的专业教育才是高水平的。

二要推行全人教育。“通识教育”的重点在于培养学生自强律己、厚德爱人的人文精神和求真务实的科学精神。他说，人的发展固然离不开对知识的掌握，但要达到人的全面发展和人类社会的全面进步这一目标，仅依靠“通识教育”是不可行的。为此，他认为，大学还必须推行“全人教育”。“全人教育”强调尊重自然与人性的尊严，寻求天人物我之间的和谐，即人与自然的和谐共生、人与人的和平共处、个体身心的和美共进。它要培养的是“具品德、重责任、讲伦范、兼才干”的“全人”(或完人)。除了具有一定的知识、能力和素质外，“全人教育”还特别强调人生智慧的获取。科学只能提供知识而不能提供智慧，智慧是知识与判断力的综合，是人综合运用自己已具有的知识、能力和素质，并自觉自由地按原创性思维和批判性思维方法进行独立思考后的结果，是人类高级智力活动的特有表现形式。

三要开展创新和研究性教育。他说，发展中国家与发达国家的知识差距，尤其是知识创新能力的差距，大大超过了财富的差距。可见，创新能力是一个国家或民族发展的决定性推动力。因此，培养学生的创新意识，激发学生的创新热情和精神，发展学生的创新能力是大学的第一要务。研究性教育，主要是指教师和学生均以研究者的身份参与到“教”与“学”的活动之中，教师启发式、创造式地教，学生探索性、批判性地学，伴随着师生不断的探索、发现和创新，教育的目的得以圆满实现。研究性教育主要包括以下两方面内容：

创新性教学。“创新性教学”是指教师应加强教学的创新性研究，将“如何教得更好”作为研究课题来做，以先进的教育理念和教学思想为指导，不断改进教学方法和手段，调整和更新课程体系及教学内容，积极探索人才培养的新经验、好做法。教学不仅仅是教师讲、学生听，也不是简单的照本宣科，更不是一成不变的重复性劳动，教学是一门充满了教师智慧的艺术活动。他说，随着知识经济时代的到来，社会的智能化、信息化和现代化程度不断加快，为了顺应社会和经济发展对高等教育提出的新要求，教师必须开展“创新性教学”，并注重在教学中展示自己最新研究成果。

研究型学习。美国的“研究型大学本科生教育全国委员会”指出，探索、调查和发现是大学的核心，大学里的每一个人都应该是发现者、学习者，因此教师要教导学生进行以探索为本的学习。“研究型学习”强调学生学习方法的掌握和学习能力的培养，提倡学生进行自主学习，并将自学与讲授、讨论与讲座等结合起来；在考评方式上，“研究型学习”注重将知识、技能考核与读书笔记、自学心得和学生科研活动相联系。对于那些成绩优秀、善于钻研的学生来说，通过自学、参加教师的课题、进入科研实验室等多种途径，他们也履行了“研究者”的工作。

“研究性教育”强调教师和学生作为“研究者”的身份参与教学，鼓励教师积极参与科学研究活动，以科研促教学，深入开展教学研究活动和教学改革实践；允许学生就教学中的问题发表独立见解，鼓励创新和冒尖，注重培养学生的求异思维、研究意识和科研能力。

四要促进沟通和理解，实施开放性教育。在知识经济时代，知识和智力也注入了资本，并成为决定经济发展的关键内生变量。除土地、资本、劳动三要素外，知识也成为社会财富的主要分配形式，知识被视为致富的有效手段。作为保存知识、传播知识和生产知识的发源地，大学日渐从社会的边缘走向社会的中心，并成为社会关注的焦点。因此，大学的开放性日益明显。他认为，大学的开放性主要体现在以下三个方面：

社会化。“社会化”是指大学教育要面向社会。大学应根据社会的理智需求，做出明智变化和积极回应。“社会化”并不意味着大学是风向标，“社会化”也不是指社会流行什么，大学就迎合什么，而是要对社会的变化进行客观、全面和理智的分析，然后再决定是否回应及怎样回应。在推行市场经济的今天，大学的教育教学改革应充分考虑到经济和社会的发展需要。如人才培养数量和规格要根据人才市场和用人单位的要求适时调整，尤其要关注的是人才培养规格。我国《高等教育法》明确规定，高等教育的任务是培养具有创新精神和实践能力的高级专门人才。当前，社会对人的实践能力要求很高，因此大学应该加强实践教学环节，加快实验教学改革和实习基地建设，为学生提高综合性实验能力和从事社会实践活动创造条件。

现代化。“现代化”是指大学教育要面向未来。大学应从教育观念、教学形式、教学方法、教材到教学内容等多方面进行现代化的变革。大学教育的现代化首先表现为教学观念的现代化，随着教育理论研究的深入，产生了诸多新的教育理念，教师应不断学习并运用新的教育理念指导教学。大学教育的现代化，最突出的表现在教学内容的现代化和教学手段的现代化。教学内容的现代化是指，教师应从事科学研究，不断钻研学术，将学科前沿知识和最新研究成果充实到教学内容、课堂教学中去。计算机科学的发展和网络技术的完善，使教学手段发生了革命性的变化，多媒体教学、电子课件、网络教学和远程教育等，弥补了“黑板+粉笔”的缺陷，大大提高了教学效率和教学效果；实践教学环节中的仿真控制和模拟实验同样发挥了现场操作所不能凸显的作用。

国际化。国际化是指大学教育要面向世界。面向世界既是大学教育的目标，也是大学教育发展的手段。大学只有通过国际化才能实现多元文化的撞击，保持创新的活力。经济全球化和世界一体化进程的加快，使大学的开放程度不断加大，研究型大学以一流的教学与科研环境吸引了来自世界各地的学生和访问学者前来留学。这种开放式、国际化的招生方式不仅保证了“高、精、尖”人才的培养，而且使大学永远保持鲜活的生命力。大学教育的国际化主要表现在管理人员、师资队伍和学生来源的国际化，包括招收留学生、中外合作培养学生、举办国际性学术会议、课程设置的国际化、引进外文原版教材、开展双语课堂教学和开展国际科学研究的合作等。通过大学教育的国际化，大学本身要增强参与国际学术竞争的能力和学生在经济全球化方面的适应力和竞争力。

总之，他强调，研究型大学要坚持“以人为本”的教育理念，尤其不能忽视学生这一主体在教育教学活动中的主动性和自主性，“人本化教育”是研究型大学教育和管理活动的前提。培养“具品德、重责任、讲伦范、兼才干”的“全人”是研究型大学的目标，确保教育的“开放性”则是实现“全人教育”的保障，而推行“研究性”教育是“研究型大学”教育活动的基本特质。[①]

2. 本科为本

21 世纪前后，随着国家“211 工程”、“985 工程”的实施，一批研究型大学在中国产生。这些大学在加强研究性功能的同时，却弱化了大学的人才培养功能，尤其是本科教育的功能。针对这一趋向，刘校长提出了自己的人才培养理念，即“本科为本”的理念。

他说，近 10 年来，我国一批研究型大学正在努力创建国内外知名高水平大学或世界一流大学。当前，结合自身实际，科学制定本科教育的质量战略，积极探索研究型大学本科教育发展模式，显得尤为重要。

他认为，高水平研究型大学以研究和创新为基本特征，一流的本科教育应成为立校之本。综观世界一流大学的成长，没有一所大学不是以本科教育为基础的。20 世纪末以来，美国研究型大学中出现了变革本科教育的浪潮，目的就是加强本科教育，提高本科教育教学质量，保证大学的长远和可持续发展。本科教育之所以在高水平研究型大学中处于基础性的重要地位，是因为本科教育是学科发展的基础，不仅为学科生存与发展提供了丰富的资源基础(如大批学者、实验室、仪器设备、图书资料等)，而且学者们往往通过本科教学综合化、系统化讲授，提升自己的学术能力。本科教育是大学经济生命的“血液”，决定着大学的经济生活，我国重点大学从政府获得的办学经费中的主要一部分就是用于本科教育。

本科教育质量是形成“名校”品牌的第一要素，公众是通过本科教育直接认识大学的。一流的本科教育是建设一流研究生院，培养高素质、具有探索精神、创新能力的硕士、博士人才的基础条件。只有本科阶段受过良好的熏陶和训练，到了研究生阶段才能脱颖而出。

他说，正是基于以上考虑，武汉大学在四校合并后经过三次教育思想大讨论，确立了全力打造世界一流本科教育的奋斗目标，在员工中牢固树立起

---

① 刘经南:《研究型大学教育理念之思考——在 2004 年两岸校长论坛上的发言(节选)》，载《中国高教研究》2005 年第 3 期，第 7~9 页。

以学生为本、本科教育为本的共识，使学校在发展中产生了巨大的凝聚力；并从以下两个方面来落实“本科为本”的理念。

(1)向世界一流本科教育的质量观与质量战略看齐。武汉大学从打造世界一流本科教育的奋斗目标出发，在教育质量上确立厚积薄发、重视创新、参与国际竞争的质量观。在人才培养过程中强调四个基本要求，即责任感和使命感；人文底蕴和科学素养；创造、创新、创业的精神和能力；全球视野。四个方面综合起来形成两种能力：自主创新力和国际竞争力。其中，把自主创新力作为人才质量的核心要素，把国际竞争力作为人才质量的检验标准。

在宏观战略上采取以下三个原则：一是在规模上，从“快速发展”转变为“适度超前发展”，注重规模、结构、质量和效益四者协调发展，将本科生招生人数从合校之初的11300多人逐步减少并稳定在7500人左右，把发展重点切实放在质量提升上。二是在战略布局上，确保本科教育优先发展地位，充分利用学科综合优势、科研资源和开放环境，打造高质量本科教育，使本科生享受到研究型大学最优质的教育资源。三是在管理服务上，形成全校为本科教育服务的办学局面，努力营造领导重视教学、教师倾心教学、科研促进教学、管理服务教学、后勤保障教学的办学氛围。

(2)将本科教育发展思路与质量控制相统一。进入高等教育大众化阶段，武汉大学坚持走精英教育之路，致力于创造教育、创新教育和创业教育的有机统一。创造教育在于营造适宜产生创意的教学情境，通过开展各种创造性教育活动，激发学生的创造精神，开发人人都具有的潜在创造力。创新教育是对传统教育进行改革和改良，在教育理论、教育体制、教学制度、教学内容、教学方法和教学手段等方面进行创新，实施反映时代精神的新型教育。创业教育是着力培养学生的创业精神、创业技能和创业人格的教育，鼓励学生自主创业、建功立业。三者的共性在于给学生以“创”的精神，启迪学生“创”的思维、意志和品质，培养学生“创”的学识和能力。

以“三创”教育为核心，学校积极探索具有研究型大学特点的本科教育。一是努力建设以通识为基础的培养模式，利用武大学科综合优势培养基础扎实、博学多才的本科生，使他们获取持续发展和厚积薄发的能力，使他们成为具有多学科知识背景和多视界思维模式的创新人才。二是努力建设以探究为特征的教学模式，促进教学与科研互动，促进教师与学生互动，提倡学生进行自主性学习、研究性学习和合作性学习，注重培养学生严谨的思辨能力和批判性思维方式。三是努力建设以能力为取向的实践模式，通过加强实践教育和创业教育，着力培养学生的“三创”精神和实践能力。四是努力建设以人格为核心的育人模式，重视培养大学生健全的人格，致力于人的全面发展。结合以上四个方面，学校积极探索以基地班培养基础学科拔尖人才，以双学位班培养复合人才，以试验班培养特色人才，以中外合作班培养具有国际经历的人才的培养新路子。

为实现本科教育发展目标，武汉大学在质量控制上坚持全面质量管理，对教学输入、教学过程、教学输出等各个环节进行多角度、多渠道的全程质量监控，努力构建科学的、系统的本科教学质量监控体系。为此，学校努力构建有效的教学奖惩机制、长效的教学督导机制、实效的考核组织机制、高效的教学反馈机制。对于教学督导机制，学校实施多主体的教学质量评价和全程性质量监控。为此，学校努力推动教学质量监控的“三个转变”，即从教师教学质量的单一主体评价向多元主体评价转变，从单因素的课程质量控制向多因素的教学质量综合控制转变，从封闭、静止的管理向以校园网为载体的开放、动态监控转变。①

(三)讲话选录

1. 武汉大学基本建设重点工程暨杨家湾建筑群奠基仪式讲话(选录)(2003年11月29日)

今天奠基的重点工程暨杨家湾建筑群，是武汉大学在珞珈山校园进行的第二次大规模校舍建设，关系到学校今后几十年的学科建设与发展，不仅寄托着几代专家学者的心愿，也是全校师生员工十分关注的大事。为了抓好工

① 刘经南：《办好本科教育是大学之本》，载《中国教育报》，2007年1月12日，第4版。

程建设，学校成立了重点工程建设指挥部，加强领导，精心设计，精心施工，要把杨家湾建筑群等重点工程建设成为武汉大学新的标志性建筑。我们坚信，随着这些工程的完成和校园建设总体规划的实施，学校的学科建设、人才培养、科学研究的条件和校园面貌将得到显著的改善，将成为功能分区布局合理、科研学术氛围浓厚、山水绿化校舍和谐、新的标志性建筑与早期标志性建筑交相辉映的山水园林式学校，实现2010年把武汉大学办成我国中西部最好和国内外知名的高水平大学的奋斗目标。

武汉大学的建设离不开教育部、湖北省、武汉市政府以及社会各界和广大校友的关心与支持，我们真诚地欢迎各级政府和社会各界继续以各种方式支持学校的建设，欢迎海内外广大校友为母校的建设与发展添砖加瓦，欢迎有实力的建筑企业通过公开、公平、公正的竞争，参与学校的工程建设。(以上讲话来自武汉大学档案馆馆藏档案)

2. 在武汉大学110周年庆典大会上的讲话(2003年11月29日)

在新的世纪，为适应国家全面建设小康社会的需要，学校适时提出，抓住21世纪前20年的战略发展机遇期，以服务求支持，以贡献求发展，争取到2010年左右，成为以综合性、研究型、国际化为基本特征，拥有雄厚综合办学实力，国内外知名的高水平大学，为国家经济建设和社会发展贡献一批重大科研成果，培养一大批高级专门人才，使武汉大学成为国家及湖北(武汉)地区培养高级专门人才和解决国民经济建设及社会发展重大理论与实际问题的重要基地，成为我国中部地区最具影响力的学术、科技、文化和教育中心。争取到21世纪中叶，跻身世界公认的一流大学行列。

“大学之道，在明明德，在新民，在止于至善。”武汉大学虽然历经沧桑，但她始终激情昂扬，与时俱进，科教兴国的信念不变，人才强校的理想不变，建设世界一流大学的夙愿不变。不平凡的办学经历和丰富的办学实践为历代武大人积累了宝贵的精神财富，那就是自强弘毅、求是拓新。这就是武大精神的凝结。这种精神曾经激励一代又一代的武大人，以民族振兴、社会进步为已任，培育人才，弘扬学术，报效国家，舍己奉献。今天，我们武大的师生员工将继续弘扬这种精神，以提高学校服务社会、影响社会的能力为目的，不断增强以人文和科学精神高度统一为背景的凝聚力，以多源财政为后盾的经济实力，以人才、团队、基地为依托的学科创新和科技创新能力，以国际化为特征的学术竞争力，努力实现学校的跨越式发展。

我们不仅要拥有世界一流的校园环境，我们还将建设一群又一群世界一流的现代化教学大楼，培育一批又一批世界一流的学术大师和优秀团队，添置一波又一波的高精科研设备和图书资料，创造一拨又一拨的世界一流的人文社科和自然科学技术成果，产生一轮又一轮的有国内外影响的办学经验。(以上讲话来自武汉大学档案馆馆藏档案)

3. 崇高责任　阳光人生——在2008届毕业生毕业典礼上的讲话

在去年的毕业典礼上，我以“感恩、责任、智慧、超越”八个字作为给毕业生的临别赠言，今年在这八个字的基础上，我想再强调两点：崇高责任和阳光心态。

中国的《大学》一书开篇就讲：“大学之道，在明明德，在亲民，在止于至善。”阐旧辅新，大学的第一要务就是要培养道德健全的人，要发扬光明的、至高的德性，感化和服务社会大众，逐步接近至美至善的天地境界。大学如何“明明德”，又如何“亲民”，正是我们的崇高责任之所在。

5月12日，我国四川等地发生了8.0级特大地震，造成人民生命、财产的惨重损失和巨大创伤。大地震面前，举国同心同德，共赴国难；寰球五洲援手，大爱无边。多难兴邦，无数奉献和感动让中华民族凝聚在一起，众志成城，感恩前进！在抗震救灾一线有很多武大校友的身影，他们奋力疏通道路，抢救伤员，安置受灾群众，排除堰塞湖险情；学校全体师生积极献血，踊跃捐款，献计献策，抚慰受灾同学，投身志愿行动。这充分高扬了武汉大学报效中华、振兴中华、科学救国、人文立国的优秀传统！这就是高等教育的“明明德”！是教育履行崇高责任的生动诠释！

追求真理、追求卓越的同时，感召社会，帮助他人，践行对社会的崇高责任。这样的社会责任，正是“在亲民”古训的现代版！

实际上，崇高责任不仅是中国的，也是世界的。在全球化的今天，中国的高等教育日益走向国际化，最需要的是有中华文化之根的世界公民。“有根”的世界公民，就是具有崇高责任意识和能力的人。具体说，我们要爱自己的父母、亲人、朋友，懂得感恩；还要“老吾老以及人之老，幼吾幼以及人之幼”，具有博爱之心和悲悯情怀。我们要有平等意识，勇于捍卫人的尊严和价值；要对国家和社会负责，还要对我们生活于其中的地球负责。我们要成为民族精神的传承者，还要成为世界各个民族文化的欣赏者、沟通者，学会竞争合作、和谐共存、共同发展。在未来的日子，希望同学们能按照“有根的世界公民”的要求，履行崇高责任，规划阳光人生。(以上讲话来自武汉大学档案馆馆藏档案)

4. 密切联系加强交流共创校友工作新局面——在武汉大学 2008 年校友工作会议暨第五次校友代表大会上的讲话(选录)

学校以培养具有国际竞争力的拔尖创新人才为目标，大力推进本科教学改革和研究培养机制改革。本科教育以创造教育、创新教育和创业教育为指导，通过实施本科教育与教学改革卓越工程，不断深化课程改革、实践教学、教学方法、学习方法等方面的改革，努力构建具有研究型大学特点和武大特色的本科教育新体制、新机制和新模式。研究生教育以提高研究生创新能力为核心，大力推进培养机制改革，实行以科学研究、知识创新和技术创新为主导的导师责任制和资助制度，并大力推进研究生联合培养和跨学科培养，深化硕士研究生以两年制为基础的弹性学制改革。为了提高生源质量，学校在坚持实施招生“阳光工程”的基础上，完善本科生自主招生机制，改革研究生招生办法，探索建立创新人才和特殊人才的选拔机制。通过一系列的改革创新，我校人才培养质量稳步提升，社会影响进一步扩大。

站在新的历史起点上，学校在深刻分析世界高等教育形势和自身实际的基础上，科学规划发展蓝图，明确了建设综合性、研究型大学的发展定位，确立了新世纪建成国内外知名高水平大学的“三步走”发展战略：

第一步是在 2013 年即建校 120 周年前后，把学校初步建成国内外知名高水平大学，一部分学科在国际上达到先进水平；

第二步是在 2023 年即建校 130 周年前后，把学校基本建成综合性、研究型、国内外知名高水平大学，建成一批达到国际先进水平、对经济社会发展具有强大推动作用的学科群；

第三步是在 2043 年即建校 150 周年前后，把学校全面建成国内外知名高水平大学。

武汉大学的发展定位是综合性、研究型大学，目前学校多数指标在比例关系上已接近研究型大学，但规模总量还不够，文化、制度、组织架构等方面还有较大差距，以一流师资为主体的教师队伍和以一流职业管理人员为主体的管理队伍尚未形成，科学研究质量总体上还有待提高，标志性的科研转化成果不显著。为此，学校提出了六个努力的方向：一是进一步凝练具有国内外知名研究型大学共有的办学理念和自己的鲜明特色；二是塑造具有研究型大学特点的先进文化和师生员工高度认同的大学精神，并体现于学校的管理和运行制度之中；三是努力做出社会广泛认可、引领区域或行业发展的贡献，或产出对社会、经济、科技、文化发展有标志性影响的成果和人才；四是形成具有创造一流成果、培养一流人才、凝聚一流学者的组织架构和运作机制；五是在科研成果的广度、科研经费的数量和占财政收入的比例等方面都达到国内一流水平；六是引导学者的主流真正把实现“自由探索”作为人生的第一目标。

建设高水平研究型大学，既要大力加强科学研究和研究生教育，更要坚持以本科为本，努力办出高质量的本科教育。为此，学校鲜明地提出努力打造世界一流本科教育的奋斗目标。为了打造具有研究型特点的世界一流本科教育，学校制定并开始组织实施本科教育质量与教学改革卓越工程，在“三创”教育实践、名师与教学团队建设、品牌专业建设、课程资源建设、教学管理现代化、开放教育和教学质量管理等方面进行全面规划，并分阶段、按步骤、有重点地推进实施。

校友工作是学校的一项基础性、长期性、战略性工作。今后一段时期，学校将把“三个服务”作为校友工作的目标，即校友工作要努力为促进校友个人事业发展服务，努力为学校建设与发展服务，努力为地方经济社会发展服务。学校将为此不懈努力，使校友工作永远充满生机与活力。

校友资源是最具亲和力、最有潜力的优质资源。在大学发展中，校友们为学校提供的不仅仅是物质资源，更重要的是精神资源、品牌资源、育人资源、智力资源和信息资源。我们越来越深刻地体会到，校友是学校建设国内外知名高水平大学、打造世界一流品牌、在社会上树立良好声誉的重要支柱。这主要体现在：校友的成就是检验学校办学水平的一面镜子，是提高学校社会声望的重要依靠；校友们对教育教学工作的意见和建议，是学校改革与发展的“航标”；校友在学校招生就业及与对外交流合作中，是必不可少的桥梁和纽带；校友的学识、品格、人生经历和奋斗精神，是在校大学生学习的优秀教材；校友是学校人才引进的有效渠道、物质力量的重要源泉。做好校友工作，不仅是因为校友对学校发展有特殊意义，更重要的是，关注校友、关心校友是母校应尽的责任与义务。学校对学生的培养不能只局限于在校学习期间，还应当贯穿到他们一生的发展之中。因此，为校友一生的发展服务，应当成为全校校友工作的基本理念。自上次召开校友工作会议和代表大会以后，学校各院系、各部门对校友工作的认识增强了，积极性提高了，但是与校友工作的实际状况和需求还存在一定的距离。学校将继续提高认识，进一步把校友工作摆在学校发展的重要位置，使全校上下、校内校外一起努力，共同促进校友工作的发展。(以上讲话来自武汉大学档案馆馆藏档案)

5. 在第六届教职工第十七次工会会员代表大会上的报告

当前，实施人才强校战略，要着重抓好以下五个方面的工作：一是深入调研、认真思考、谋划未来，做好科学的人才规划，既要求数量适宜，又要求结构合理；二是强调人才工作对创新团队和学术梯队的促进作用，要立足学校实际，加大对学术带头人、后备领军人物和优秀中青年骨干的培养；三是积极探索人才组织新模式，大力推进人才团队建设；四是继续深化教师职务评聘制度和干部选拔任用制度改革，完善人才工作体制和机制；五是落实以人为本，努力营造人才辈出、人尽其才的人才环境和尊重知识、尊重人才、尊重劳动、尊重创造的文化氛围。

要通过深化科技体制改革，主动融入国家创新体系；要通过建立有效激励机制，积极引导创新人才、创新团队和创新平台建设；要认真策划重大科研项目，培育一大批基础理论和高新技术成果，特别是具有深远影响的原创性成果；要进一步促进产学研紧密结合，大力促进科技成果转化与产业化，积极谋划并推动具有较强实力的科技企业上市。

必须不断提高国际化办学水平。必须在以下五个方面做出努力：一是要在全校树立面向世界的办学意识，积极营造有利于国际交流合作的大环境；二是以“引进”促“提高，进一步加大引人、引智和引资的工作力度，充分利用国际办学资源发展自己；三是实施“走出去”战略，积极谋划在发达国家华人华侨集居的地区筹办海外学院，进一步扩大留学生教育规模，逐步发展国际远程教育，努力拓展学校的国际发展空间，提升学校的国际知名度；四是继续加强与世界一流大学、一流学科、一流科研机构、一流学者之间的交流合作，特别要积极争取国际科研项目和参与国际科研合作；五是扩大教师、学生交流项目和联合培养项目，努力培养一大批具有国际视野和国际交往能力的优秀人才。

必须深化管理体制和运行机制改革。围绕建立科学合理的管理体制、高效运转的管理机构、行之有效的管理制度、高素质的管理队伍的目标，下一步管理改革的重点主要有以下几个方面：一是推动学术组织结构性改革，探索建立与本科教学、科研与研究生培养、社会服务功能相适应的基层架构体系，在院系内部逐步建立专业性较强的实体性研究机构，使科研所(中心)、实验室在促进科技创新和通过科研培养优秀研究生的作用凸显出来。二是协调好行政权与学术权的关系，努力增强学院在办学中的自主能力和充分发挥教授及各类专家在学术管理中的重要作用，有步骤地简政放权，逐步建立起以学院为主体的管理模式，建立基层党委、行政、教授委员会、教代会协调联动机制。三是推进依法治校与民主管理，进一步推行校务公开，推进机关管理从规治型向规治服务型转变。四是推动学校管理方式现代化和管理手段信息化，努力提高办事效率和服务水平。

“十一五”计划(草案)提出，经过 5 年努力，我们要建成若干一流学科群，汇聚一批一流学者，培育若干一流创新团队，培养一批一流学生，产出一批具有重大影响的学术成果，形成特色鲜明的学术风格，显著提高学校学术水平和人才培养质量，到 2010 年左右，把武汉大学初步建成国内外知名的高水平大学，一部分学科达到世界一流水平，为在本世纪中叶把武汉大学全面建成国内外知名的高水平大学奠定坚实的基础。

组织实施“基础学科振兴计划”，重点建设文、史、哲、数、理、化、生等基础学科。

按照基础学科与应用学科源流相济、优势学科与特色学科相互依托、支撑与带动相协调的建设思路，建立和完善 10 个左右优势突出、特色明显、覆盖面广，并对学校发展具有巨大推动作用的学科群。

全校各单位要切实把本科教育作为学校发展的根基，促进本科教学质量再上一个新台阶，确保 2006 年教育部对我校进行的本科教学评估获得优秀。要以先进的教育理念为指导，进一步深化教学改革，完善人才培养模式，优化教学过程管理，为提高教育质量创建坚强有力的保障制度和体系。要加强学生创新能力和实践能力的培养，努力提高学生社会竞争力。在学位与研究生教育方面，要改革培养体制，更好地培养创新性人才。要以科研项目和科研团队为基础，把研究生有机组织到创新活动中去，使他们的创新潜力得到充分发挥。

要以优势学科的合理布局为指导，选择重点领域支持培养一批代表学科前沿研究水平的杰出人才。以促进人才聚集、学科生长和协作攻关为目标造就若干开展前沿科学领域研究的优秀创新团队，以此带动学校学术水平和学术地位的提升。要通过推动科研管理体制创新，建立和完善鼓励原创性、注重实际价值的科研评价与激励机制，努力创造有利于凝聚优秀人才和促进优秀人才脱颖而出的机制、条件和环境。

学校将进一步改革教师聘任制度，实行短期与长期相结合、专职与兼职相结合、固定与流动相结合的多元聘用制，实行教师职务评聘分开。在教师管理上，实行由身份管理向岗位管理转变，完善引进高层次人才的政策，全方位构建“人才绿色通道”。要妥善处理引才、育才、惜才、用才之间的关系。要在全校努力营造尊重知识、尊重人才、尊重劳动、尊重创造的校园氛围，真正做到事业留人、待遇留人、感情留人、环境留人。（以上讲话来自武汉大学档案馆馆藏档案）

十五、顾海良校长

(一)个人履历

顾 海 良
武汉大学校长
2008.11—2010.12

顾海良，男，汉族，上海市人，教授、博士生导师。1951年1月出生，研究生学历，经济学硕士，1984年3月加入中国共产党，1969年1月参加工作。

1969年1月至1973年9月在安徽省和县毛巷公社插队；1973年9月至1975年9月在安徽省和县五七大学(中师)学习；1975年9月至1978年2月任安徽省和县毛巷学校教师、校长；1978年2月至1982年2月在安徽大学经济学系本科学习；1982年2月至1984年12月在中国社会科学院研究生院经济系学习；1984年12月至1996年2月任中国人民大学马列所教师、副所长、所长。1991年6月晋升为副教授，1994年晋升为教授，1995年遴选为博士生导师；1996年2月至1998年7月任国务院学位委员会办公室副主任(1996年9月至1997年1月在中央党校干部进修班脱产培训学习)；1998年7月至2002年2月任教育部社会科学研究与思想政治工作司司长。

2001年12月至2002年8月任武汉大学党委副书记(主持党委工作)；2002年8月至2008年11月任武汉大学党委书记；2008年11月至2010年

12 月任武汉大学校长。2010 年 12 月任教育部党组成员(副部长级)，2011 年 1 月兼任国家教育行政学院院长。2002 年 4 月当选为湖北省第八次党代会代表，2003 年 3 月当选为第十届全国人大代表，2007 年 4 月当选为湖北省第九次党代会代表，2007 年 6 月当选为中国共产党第十七次全国代表大会代表，2008 年 2 月当选为第十一届全国人大代表。

出版和翻译著作 20 余部，其中《画说〈资本论〉》获 1996 年“五个一工程”奖，《世界市场全书》获 1996—1997 年度中国图书奖，《邓小平的经济思想》获第二届普通高校人文社科研究优秀成果二等奖，《马克思劳动价值论的历史与现实》获第四届普通高校人文社科研究优秀成果一等奖、第五届吴玉章人文社会科学奖一等奖，《马克思经济思想的当代视界》获 2006 年中华优秀出版物奖、2007 年第一届“三个一百”原创图书出版工程奖、2007 年中国出版政府奖图书提名奖。公开发表论文近 300 篇。

1991 年获北京市优秀教师奖；1994 年获宝钢优秀教师奖；1996 年获国家教委“国家级教学成果奖”。

社会兼职包括：国务院学位委员会学科评议组理论经济学组成员、教育部社会科学委员会委员、全国马克思主义经济学说史学会会长、中国《资本论》研究会副会长、全国科学社会主义学会副会长、中国学位与研究生教育学会副会长、湖北省社会科学界联合会主席。

(二)办学理念

顾海良校长执掌武大期间，坚持以培养完整而健全、能适应社会发展的人为目标，通过不断地解放思想、整合资源和探索创造，先后形成了以“五学”为主的办学理念，通过塑造“和合”的办学氛围，旨在使新武大不断走上“通变”之路，以创建中国特色、世界一流、国际知名的高水平大学。

1.“五学”理念

在合校 10 年来的办学实践中，武汉大学形成了尊重学者、崇尚学术、依靠学科、端正学风、培养学生的办学方针，通过“五学”方针的实施，实现培养“三创”型人才的育人理念，最终推动我校实现跨越式的发展。所谓“五学”就是顾海良校长说的，学校的发展要注重五要素的协调发展，即“学者、学术、学科、学风、学生”①的协调发展。

第一，学者。尊重学者历来就是武汉大学的传统，合校 10 年来新武大秉承并发扬这种传统，给优秀的学者以做学问的空间和资源，努力建设一批高水平的学者队伍，通过学者的存在来夯实学校发展的基础。正如顾海良校长所讲的，学者是一所学校办学的基础，是办学的根本条件，对高等教育来讲，“悠悠万事，学者为大”。2008 年 12 月，他在《尊重学者　崇尚学术》一文中，进一步阐发了对于学者意义的理解。他说，大学之大，首先在于大学者、大学术。尊重学者、崇尚学术，自然就成为大学生存和发展的精神根基，也自然成为大学不懈的价值追求。尊重学者，就是要尊重学者的劳动和创造，这是大学讲究“四个尊重”的基本要求，也是大学营造和谐学术天地、优良学术环境的根本所在。在大学，尊重学者首要的是为学者们学术研究和学术创新提供宽松、宽容和宽厚的环境和条件，为新思想萌芽的成长提供阳光和沃土。尊重学者，也要尊重不同的学术流派、学术观点，要增强学术研究的自由。尊重学者，还要尊重学者的个性，尊重他们学术探究的成就，包容他们学术探究中的失误。②

第二，学术。学术对于一个学校来讲，是学校核心竞争力的生命所在，学术水平的高低直接影响着学校的竞争力，回归学术就是回归大学本质，是大学精神的核心内涵，是迈向世界一流的深层依托。崇尚学术，既是对大学的学术地位的认可，也是对大学的学术追求的认同。崇尚学术，应着力于呼唤学术精品、弘扬学术精神和营造学术环境。呼唤学术精品，就是要形成努力创新、力求精品的学术精神。学者要树立精品意识、上品意识，拒绝平庸、杜绝赝品。弘扬学术精神，就是要弘扬锲而不舍、追求卓越的学术品格，笃实力行、献身真理的学术风采，以及述所未述、发所未发的学术内涵，甘为人梯、奖掖后学的学术气度。这些学术精神的养成，是大学一流学者应具备的深厚的学术底蕴、深邃的学术眼光和深广的学术气度

① 顾海良：《2010 年新年致辞》（2010 年 1 月 1 日），载《武汉大学年鉴（2010）》，武汉大学出版社 2012 年版，第 55 页。

② 顾海良：《尊重学者　崇尚学术》，载《中国青年报》，2008 年 12 月 1 日。

的重要标志。

第三，学科。大学不仅要依靠学术立校，而且要注重培养人才，而培养人才关键是依靠学科建设，所以学科也是大学发展的基础。顾海良认为，学科是学校的基础之一，学者和学科是联系在一起的。任何一个学校，哪怕是世界上最著名的学校也不能把所有的学科都办成优势学科。所以，一个有核心竞争力的高校在于把握两个方面：优势学科和学科优势。所以，学校要增强核心竞争力，就要敏锐地发现自己学校的学科优势。只要有学科优势的星星之火，就可能形成优势学科的燎原之势。

学科是学校发展的必然载体。以学科建设为龙头，是学校发展的必然选择，是提高教育质量的重要举措，是搭建高端学术平台的根本方略，也是增强服务社会能力的基础。为此，学校要突出重点、统筹兼顾、协调发展，继续重点支持基础学科发展，巩固传统优势学科，做好对引领学科的重点建设；通过优势学科与一般学科的交叉会聚，带动一般学科快速发展。通过创新平台和基地建设带动一批领域相关学科的发展，为学校的可持续发展注入新的能量。

第四，学风。学风是学校的灵魂，是学校发展的必要保证。优良的学风是一所学校跻身中外名校的根本。大学中的学科要得到发展，不仅要靠学者的学问和学术水平，更要靠良好学风的建设，如果没有好的学风，学科建设就是空谈，所以建设一流大学，端正学风也是大学发展的一个重要方面。顾海良校长认为，学校有没有良好的学风，能不能形成自己学校的学风特色，也是学校办学极其重要的方面。它是衡量高等教育服务产品质量高低的一大标准。对学校来讲，如何锤炼自己的学风，不应该成为一个被动的行为，而应该成为一个主动的行为，应该把学校发展历史上最优秀的东西继承下来，把现代高等教育一切优秀的东西吸收进来，然后结合自身特点形成自己学校的良好学风，形成一个良好的育人环境。

第五，学生。大学的最终目的是为了将学生培养成真正全面发展的人，学科、学术、学风等，最终还是要落实在学生头上，学校的工作要以学生为本，即一切为了学生，为了一切学生，为了学生一切。武汉大学在 2004 年中央 16 号文件颁布后，提出高校的以人为本，在根本上就是以生为本。大学不仅要授学生以知识、育学生之能力，还要成学生以创新精神、立学生之民族振兴的情怀。学校要重视发挥包括教学、科研、管理、服务等在内的教职工队伍的主体作用，切实做到教书育人、管理育人、服务育人、环境育人，创造性地做好大学生的教育管理工作，真心实意地关心、关注和关爱每一位学生，努力为学生营造良好的成长成才环境。

2.“和合”理念

“和合”、“和而不同”是武汉大学合校10余年来最值得称道的办学理念，它是顾海良校长对学校在新世纪头10年改革和发展、成长和进步的集中概括，这一概括与武大百余年历史所凝结的办学传统，有着精神上的赓续和理念上的融通。这一理念映照了武汉大学10年发展历程，也日益转化为学校发展的核心竞争力。

第一，“和合”、“和而不同”的理念，是基于新武汉大学是由原武汉大学、武汉水利电力大学、武汉测绘科技大学和湖北医科大学四所学校合并而成，需要在人事、机构、制度、文化和理念等各方面的实质性融合而提出的。如何整合四校的优势资源，形成一个统一和协调的政体，实现1+1+1+1>4的效应，需要构建一种“和合”的办学文化，需要“和合”理念来推动。可以说，老武汉大学是一所以文理为主的综合性大学，直接面向现实需求发展的空间和能力受限；原武汉水利电力大学、武汉测绘科技大学和湖北医科大学，从本质上讲都是单科性院校，来自于基础学科的支撑力量必然较为薄弱，而合并实现了优势互补，从根本上解决了这一发展性问题。“和合”二字昭示了四校相和的深远意涵——文、理、工、医交叉融合、有机合成，正在并继续展开新的综合大学的壮丽发展前景。所以，合校之后的学校以“和合”理念为指导，不仅很快实现了人、财、物统一管理，进行了学科重组与院系调整，而且在理念、制度、文化等方面，注重凝聚四校之人心，整合四校之精华，紧扣教育质量核心，坚持人才培养根本，抓住学科建设龙头，突出学者学术要素，大力推进校园和谐。和合发展，生生不息，合校以后的武汉大学不仅形成了学科高度综合的优势，而且经过几十年发展快速提升的科研优势、国际化办学优势，初步显现了交叉融合发展的广阔前景，丰富了武汉大学作为一所综合性、研究型、国际化大学的内涵。

第二，“和合”彰显了中国文化的精义，武汉大学倡导“和合”反映了武大人愿意追迹前哲，走“和合”之路。正如顾海良校长所言，和者，和谐、和睦、和平、谦和之义也；合者，联合、合作、融通、协作之义也，“和合”联用，旨在阐发万事万物和谐默契、相异相成的本质关系。① 诸子百家，众说纷纭，但在“和合”诠释上却有少见的契合，无论是孔子的“君子和而不同，礼之用、和为贵”，庄子的“两者交通成和，而物生焉”，还是墨子的“兼相爱，交相利”，荀子的“天地合而万物生”，都强调“和合”乃世间万物平衡协调发展之源，是事物发展、产生新质之本，是大道运行之规律，也是人道政教的目标。“和合”，应是我们今后为人、为事、为学所应秉持和弘扬的精神。冯天瑜教授讲到，和合之“和”，涵和谐、和平、祥和之义，“和”并非若干独立要素的机械相加与拼凑，而是多样性的统一，和“和而不同”之“和”。和合之“合”涵结合、融合、合作之义，绝非没有区别地归于一统，而是差异性存在物的互动与涵化。“和合”联用一词首见于《国语·郑语》，其文曰：“契能和合五教，以保于百姓者也”，讲到殷人契为使百姓安身立命，将五种不同的人伦之教加以融合，行施于社会。“和合五教”正是人文教化多样性的统一，“和合”体现了儒学对人的生存、意义及社会和自然世界的思考和认知。和合是儒学所普遍认同的理念，并纵观儒学演变的全过程，其目的是达到人和而天和，人乐而天乐的天人和乐的和合境界，昭显了不同要素组成中的融合，寻求的是空间上诸要素的协调发展，强调了矛盾中和谐与协调的重要性。正是基于对“和合”理念的深切认知，武汉大学致力于吸取古今中外的优秀文化精髓，形成海纳百川的大学文化气度，只有这样才能实现精神式的跨越，超越自己，超越前人，超越时代，得到精神上的升华，这样的大学才会有宏图大志，登高望远，才会胸襟宽广，包容一切。

第三，“和合”理念是时代精神的恰当注脚。在科学发展观统领下构建社会主义和谐社会的时代背景下，“和谐”已经成为这个时代最强劲的主旋律，弘扬和谐文化、建设和谐社会是整个社会孜孜以求的不懈追求。所以，在这一背景下，建设“和谐武大”，不只是校区和校园的概念，而是指整个学校办学氛围的和谐。在如何形成武汉大学的和谐的办学氛围上，体现“和而不同”、尊重差异，多元共生。

---

① 顾海良：《2010年毕业典礼讲话》(2010年6月22日)，载《武汉大学年鉴(2010)》，武汉大学出版社2012年版，第71页。

通过一系列办学实践，武汉大学已经初步形成了“和而不同”、“和合”共生的办学氛围，各种规章、制度、机构、文化得到实质性的融合，助推着学校各项事业的科学发展。

3.“通变”精神

“通变”一词语出刘勰《文心雕龙·通变二十九》：“凡诗赋书记，名理相因，此有常之体也；文辞气力，通变则久，此无方之数也。”刘勰鉴于当时文坛的泥古不化，力倡不拘常规，适时变动，主张“通古以求变”，即在探知本源的基础上，寻觅变化，做到“通则不乏”、“变则可久”。所以，“通变”之精义在于继承先古、吸纳中外文化净化的前提下，植根现实，面向未来，求得创新，寻求的是时间上的承袭和进取。对于武汉大学来说，“通变”就是在继承武大百余年历史中所凝结的“自强、弘毅、求是、拓新”校训精神的基础上，不断地顺时而变，志存高远、求真求新，努力将学校建设为世界一流的、国际高水平知名大学。

“通变”的意蕴在于“通则不乏”、“变则可久”，重在通晓变化之理，讲求应时而动、顺势而为、适时而变，追求与时俱进、锐意改革、着力创新，基本精神就是强调“会通”与“运变”的统一。① 可以说，只有通古方能充实起来、方能有所依凭，此所谓“通则不乏”；只有“求变”才能迎来新的生机，此所谓“变则可久”，武汉大学追迹前哲，走通变之路。在新世纪的头10年发生了三个对学校今后发展产生深远影响的变化：一是本科生和研究生结构的变化，即学生结构的变化；二是教师队伍结构的优化；三是财政状况方面的增长。

第一，学生结构的变化。在四校合并的2000年招收了12523名学生，其中本科生9441名，研究生3082名，两者的招生比例为1∶0.3。随后的10年里，每年招收的人数都在增加，但减少了本科生招生数量，扩大了研究生的招生规模，学校本科生和研究生的招生比例从原来1∶0.3达到了现在1∶0.9。学校留学生的情况也发生了极大变化。由合校时的125人增加到现在的2000多人。

第二，教师员工结构发生的变化。合校时教职工总数是9496人，其中专任

---

① 顾海良：《2010年毕业典礼讲话》(2010年6月22日)，载《武汉大学年鉴(2010)》，武汉大学出版社2012年版，第72页。

教师3126人，其他人员6370人。10年后总人数为8151人，但专任教师的数量已经升至3604人，并且在逐年增加，而其他的人员数量则在逐年减少。各个学科尤其是基础学科的专职教师数量都有一定幅度的增长。此外，师资中的学缘结构、学历结构、年龄结构在优化，具有海外博士学位的中青年学者人数增加显著。

第三，财政状况的变化。2000年学校的财政收支近10亿元，到2009年财政收支已经达到28亿元。其中，人文社会科学经费和自然科学经费增幅很大，固定资产由合校时的12亿元增加到40亿元。此外，在岗教职工人均收入也有相应增加。

武汉大学如今正以培养“创造、创新、创业”的“三创”型人才为育人理念，不断提动“学科、学术、学风、学者、学生”的协调发展，并以此学校发展的基本层面，不断地推进学校的“和合”与“通变”。这种“和合通变”也正是武大精神的继承和发展，是新时期的武大精神，即和谐融通、顺势而变，志存高远、求真求新，刚健有为、自强不息。在这种精神的指引下，武汉大学的组织结构和组织文化越来越多样化，越来越体现出与时俱进的特点，越来越融合了原四校的精华，体现出了历久弥新的风采。(本部分参见骆郁廷主编的《流风甚美——武汉大学文化研究》一书第二章，武汉大学出版社2013年版)

(三)讲话选录

1. 解放思想　开拓进取　实现研究生教育的新发展(选录)(2008年4月)

导师队伍建设，这里也有几个问题需要引起我们的高度重视。一是导师的责任。先前的导师责任界定有过多的政治化倾向，其导师责任并不明晰。其实，导师的责任主要包括：学术指导与人格提升、教书育人与为人师表(传道、授业、解惑)，对研究生的自我学习与创新实践能力的培养，博士研究生与导师的关系既是师生又是科研的合作者。二是导师的权力，导师作为研究生培养的第一责任人，有权参与研究生招生、录取的相关工作，提出录取建议、决定是否愿意录取；有权推荐奖学金和助学金获得者候选人；有权淘汰综合素质和学业不合格的研究生。三是导师岗位的规范，这包括对导师的动态管理，制定科学的考核评价制度，打破导师终身制；加强导师的职前和在岗培训，规范研究生培养过程等。

招生方式的改革。扩大导师选择和面试的录取权重，研究生招生录取的根本性转变就是要考查学生的逻辑思维，检测学生的综合素质和能力，了解学生对科学问题的敏锐性、理解力和进取心，通过这三个方面来加强对研究生的面试考核，这些是可以通过谈话和讨论问题来达到这个目标的。

培养过程的改革。建立以科学研究为主导的导师责任制，与科学研究紧密联系的导师资助制，理顺导师和研究生的关系(主导和主体)，统筹各方面资源(校院系的资源、社会各方面的资源)，发挥导师的积极性，实行“双导师制”。所谓“双导师制”是指由学校、企业各配备一名导师，共同制定培养方案，选择科研项目，组织论文答辩的联合培养制度。

课程设置和教学方法的改革。博士生以科研为中心的培养模式；实行以科研需要设置课程、安排课程和学习时间的培养模式，形成以“解决问题”为切入点，把“解决问题—获取知识—解决问题”的课程教学与课题研究相结合，加大研究型课程、方法论课程以及两者相结合课程的开设力度等。(以上讲话来自武汉大学档案馆馆藏档案)

2. 完善内部治理结构　建设现代大学制度(选录)

“完善大学治理结构”，要正确理解和把握三个基本前提。一是对大学治理结构内涵的理解。大学治理结构分为外部治理结构和内部治理结构，大学内部治理结构主要是指大学内部利益相关者之间各种权力的分配、制约和利益实现的制度规定、体制安排和机制设计，集中体现大学管理的结构、运行及其规制的主要特征和基本要求。本文涉及的是大学内部治理结构问题。二是对大学治理结构的制度和体制前提的理解。治理结构是以一定的制度和体制规定为前提的。党委领导下的校长负责制，是中国特色社会主义高等教育的基本制度，也是中国社会主义大学管理体制的基本特征。坚持党的领导，实行党委领导下的校长负责制，是完善大学内部治理结构必须坚持的前提和方向。三是对完善大学治理结构旨意的理解。大学治理结构的目标和方向，是现代大学发展目标与功能的体现与实现。

培养学生成长成才是大学一切工作的出发点和落脚点，任何时候都是大学的根本任务，而教学、科研、社会服务和引领社会则是现代大学的基本功能。大学根本任务是大学功能的中心坐标，大学功能是实现大学根本任务的必要路径。完善大学治理结构，必须围绕“培养什么人、怎样培养人”的根本问题展开，必须有利于推进教育教学改革，有利于激发教师的积极性和创造性，有利于学生的全面发展和素质提高，有利于学科的建设发展和交叉融合，有利于营造良好的学术氛围，有利于形成优良的学风、校风和作风。

完善大学内部治理结构，应着重把握和处理好以下四个基本问题：

党委领导下的校长负责制是新中国成立后特别是改革开放以来我国高校领导体制长期探索的历史选择，是高等学校坚持社会主义办学方向和落实国家教育方针的根本保证，也是我国高等教育制度和体制的基本特征。大学治理结构，要以坚持和加强党委领导下的校长负责制为前提，要以改进和完善党委领导下的校长负责制为圭臬。

“党委领导是核心。”正确认识、把握和实现党委领导核心的地位和作用，是加强和改进党委领导下的校长负责制的首要任务，也是完善大学治理结构的基本要求。党委对高校，不仅是思想政治上的领导，而且是改革发展稳定全局上的领导，突出表现为把握高校的思想政治领导权、对重大问题和重大事项的决策权和对重大决议执行情况的监督权。党委负有对事关学校发展的战略性、全局性、根本性的问题作出决策的重大职责。

高校党委的领导核心地位，集中体现于党委和行政的关系上。党委一方面要充分行使领导权，领导学校的全局工作，另一方面又要充分调动校长和其他行政领导的积极性、主动性和创造性，大力支持校长独立负责地行使职权。党委书记作为党委的“班长”，重要的是要摆正书记个人与党委集体之间的关系、善于处理好书记个人在党委决策过程中的作用与校长在行政实施过程中的职权之间的关系。理顺党委集体领导和校长个人负责之间的关系，把党委领导和校长负责有机地结合起来，形成高效的管理体制和运行机制，是完善大学治理结构的根本要求。

“校长负责是关键。”校长负责是实施党委领导下的校长负责制的基本要求，也是完善大学内部治理结构的必然选择。校长是学校法定代表人和行政主要负责人，全面负责学校的教学、科学研究和其他行政管理工作。加强和改进党委领导下的校长负责制，关键是要发挥校长的行政领导作用，使校长独立负责地行使行政管理职权。校长不只是党委决策的执行者，实际上也是党委决策的主要成员之一。正是在这一意义上，在大学治理结构中，校长既是学校党委决策的具体执行者也是主要决策者。党委的“职责”和校长的“职权”，体现了大学治理结构的重要内涵。因此，“校长负责是关键”，重要的就是体现在对学校党委的负责上。对学校党委负责，才能维护党委的领导核心地位，促进党委领导职责与校长职权之间关系的和谐协调，更好地维护和实现社会、学校和师生员工的根本利益。这是完善大学治理结构的重要基础。

“教授治学是根本。”大学内部治理结构的架构就在于党委领导的核心地位、校长负责的关键作用和教授治学的根本要求这三者之间的有机结合。党委的政治领导、校长的行政职权和教授的学术权力，构成高校管理体制和运行机制的基本方面，构成大学内部治理结构的基本要素。党委领导、校长负责和教授治学这三个方面，也涉及高校基本资源即政治资源、行政资源和学术资源的优化配置问题。显然，能否实现高校资源的最优配置，是大学内部治理结构质量与效率的衡量标准。(以上讲话来自武汉大学档案馆馆藏档案)

3. 在武汉大学“珞珈讲坛”首讲式上的讲话(选录)

我认为，一个大学之所以称为“大”，就是因为它有大学者、大学术，学者和学术无疑是一个大学的灵魂，是一个大学的根基，也是一个大学的生命所在。所以，对学校而言，如何尊重学者、崇尚学术是学校发展的根本所在。回顾武汉大学115年的发展历史，我们的精神和生命所在就是对学者的尊重、对学术的崇尚。即使在武汉大学最艰难困苦的时候——我们西迁乐山8年期间，对学者的尊重和对学术的崇尚依然渗透在每个老师和每个学生的心中。今天，不管时代和社会发生什么样的变化，一个学校如何做到尊重学者、崇尚学术，是检验和衡量它发展水平、发展内涵和发展前景的根本所在。

基于这样一些原因考虑，我们利用武汉大学这个得天独厚的资源——老图书馆开设“珞珈讲坛”有着特别重要的意义，我们老图书馆本身就是按学术殿堂的风格来建筑的。刚才主持人李清泉副校长已经讲了，学校将定期举办“珞珈讲坛”。我们以后将邀请海内外一些著名的一流学者到这里来讲学，包括一些诺贝尔奖的获得者、世界公认的各学科的带头人、著名学者。我们希望，经过若干年的积累后，我们的学者会以曾经在“珞珈讲坛”发表过演讲而自豪；我们也希望这个地方能成为我们的学生在学校4年学习期间记忆最深刻的场所，不仅在这儿进行自习会给你们一生留下深刻的回忆，我们更希望在这里举办的学术讲座在你们一生中也会留下深刻的记忆。我自己在中学时就听过一次华罗庚教授的讲课，40多年过去了，那场讲座的具体情景、华罗庚教授讲的内容可能记不清楚了，但是他给我留下的一种优良的学术精神、深邃的学术眼光、深刻的学术思考和大师的学术风范40多年来一直在影响着我、鼓励着我。所以，我希望“珞珈讲坛”给同学们留下的不仅是科学的知识和科学的道理，更是科学的精神和科学的风范，使整个武汉大学在校以及走出学校的老师和同学们都能真正地树立起尊重学者、崇尚学术的精神。这种精神是武汉大学内在的精神，也是大学的内在精神。

4. 在2009级新生开学典礼上的讲话(选录)(2009年9月10日)

同学们，世界唯一不变的就是世界每天都在变。世界是如此，人生更是如此。特别在从高中生转变为大学生时，将会面临着学习方式、生活方式等一系列重要的变化。在此，我真切地希望大家尽快实现“三个转变”。

一是尽快实现学习方式的转变。大学与中学的学习方式和思维方式有很大的差别。如果说中学的学习注重于老师对课本知识的传授、侧重于知识的消化吸收；那么大学的学习则强调学习的自主性和研究性，追求学习的主动性和创造性。大学的学习实在是一个“博学之，审问之，慎思之，明辨之，笃行之”的过程。武汉大学为你们营造了自由、宽松和开放的学习氛围，希望你们在今后的学习中，勤于读书、善于思考、明于辨析、敢于怀疑、勇于实践、锐意创新、止于至善。

二是尽快实现生活方式的转变。大学开启了你们新的生活方式。你们中的许多人第一次离开家庭，离开父母和家人的庇护，开始了校园的集体生活。“天行健，君子以自强不息；地势坤，君子以厚德载物。”希望同学们能够尽快适应新的生活方式，自信、自尊、自重、自立、自强和自爱，发扬艰苦朴素的美德，保持乐观豁达的心态，培育坚韧不拔的意志，坚守诚实正直的品格，砥砺思想，升华人生。

三是尽快实现社会角色的转变。同学们考上武汉大学，可以算是同龄人中的佼佼者。今年全国有1020万学生参加高考，共录取629万人。包括武汉大学在内的全国名列前十位的著名高校共招约6万新生。你们从一千多万考生中脱颖而出，在全国600多万大学新生中名列前茅。大学以其独特的社会流动方式，对人力资源进行有效的配置。你们应该成为未来的社会英才，承担起崇高的社会责任。特别是在共和国60华诞之际，更应该把今日的大学生活，与为实现国家的富强、人民的幸福、民族的振兴和人类文明的进步而奋斗的理想和信念紧密地连结起来!

5. 在庆祝建校116周年大会上的讲话(选录)(2009年11月30日)

办好一所大学，无疑需要很多条件。良好的生源、一流的设备、充足的资金等不可或缺，“学者、学科、学术、学风、学生”是一所大学的核心要素。但我始终认为，最为重要的是要有一流的师资队伍，特别是要有大师级的学人，这是提升高等教育质量的关键所在、办好一所大学的根本保证。尊重学者、崇尚学术，是大学生存和发展的精神根基，是大学不懈的价值追求。回顾武汉大学116年的发展历史，我们的精神和生命所在就是对学者的尊重、对学术的崇尚。今天，不管时代和社会发生什么样的变化，一所大学如何做到尊重学者、崇尚学术，仍然是检验和衡量其发展水平、发展内涵和发展前景的根本所在。百十余年来，尊重学者、崇尚学术，已经成为武汉大学优良的学风和校风，面对新时期新要求，我们还有很长的路要走。但是，“尊重学者、崇尚学术”始终应该成为今后我们发展道路上的座右铭。

6. 学校工作报告——在武汉大学第六届教职工代表大会第六次会议上(选录)(2010年3月1日)

一要提高战略思维、创新思维、辩证思维能力。这是党中央对领导干部提出的明确要求，也是学校贯彻中央部署、理清发展思路、抓住主要矛盾、突破工作难点的需要。思维能力决定领导能力。战略思维、创新思维、辩证思维能力是领导干部的必备素质，是践行科学发展观的基本要求。面对新时期新形势、新要求、新任务，我们必须统揽全局、兼顾各方，增强把握事物发展趋势和方向的能力，开阔眼界、开阔思路、开阔胸襟，超前思考、超前谋划、超前研究，从全局和战略高度的新视野上，从高等教育改革发展的新要求上，谋划武汉大学未来的发展；我们必须解放思想，超越陈规，增强以多种途径破解发展难题的能力，转变思维习惯、突破思维定势、克服思维惰性，以创新思维研究和解决问题，以“是否适应经济社会发展新需求”、“是否满足人民群众的新期待”、“是否符合高等教育发展新规律”为衡量标准，构建有利于“激发活力、提高效率、促进开放、提升质量”的新观念、新体制、新机制；我们必须抓住关键、找准重点，增强洞察事物发展规律的能力，以普遍联系、变化发展和对立统一的视角认识事物、处理问题，从劣势中看到优势，从危机中看到机遇，从落后中看到希望，从差距中看到潜力，正确处理好改革、发展与稳定的关系、重点突破和整体协调的关系、当前利益和长远发展的关系，做到胸怀全局、统筹兼顾、突出重点、整体推进、协调有序，向改革要动力，向创新要活力，向发展要实力，向和谐要合力。

二要提高谋划发展、统筹发展、优化发展、推动发展的本领。当务之急是要紧密结合刘延东同志对武汉大学发展提出的新目标和新要求，以提高教育质量为目标，以办人民满意的大学为宗旨，谋划凸显武汉大学特色和优势的发展道路和发展模式，推进结构优化，促进学校办学内涵、质量和效益的提升；要研究如何实现学术资源、行政资源、社会资源的统筹和优化配置，解决优质资源总量不足、配置不尽合理、发展不平衡、综合优势发挥不够充分的问题；要正确处理教学、科研和社会服务的关系，更加突出教学的中心地位，围绕如何能够提高学生的实践能力和创新精神、如何培养高素质的创新型人才的目标，深化教育教学改革，进一步强化教师的育人责任，实现教育内容方式的拓展、教育方法的创新、教育生态的优化和教学资源的优化配置；要突出科学研究为社会服务的职能，进一步提高服务社会、引领社会的能力，把科学研究与国家战略需求、创新型国家建设与区域经济社会发展实际紧密结合起来，进一步推动产学研用结合，构建多层次、有梯度的社会服务体系，加快知识成果向现实生产力转化，推动人文社会科学为国家决策服务、为提升国家软实力服务，在提高贡献力的过程中体现学校的综合实力和核心竞争力；要围绕提升学校学科整体水平、形成鲜明的学科体系和有特色的学科群体的目标，研究如何加强重点学科建设，如何突出新的学科增长点，如何在学科体系、学科群体的建设上有更大的进展、有更明显的成效；要积极推进人才、项目、基地一体化发展战略，通过强化重点项目的前瞻策划，转变科研项目的组织模式，促进大交叉，组建大团队，提高承接大项目、产出大成果、获得大奖项的能力，推动学校科研工作由量的增长向质的提升转变；要开拓国际化办学新路径，推进与政府、行业和企事业单位的共建合作，构建多方位的合作交流体系，实现深度合作共赢，不断提升学校办学水平；要把师资队伍建设，特别是把发现、培养、引进和使用高层次人才作为创建高水平大学的一项战略任务，努力营造杰出人才脱颖而出、更快成长的良好环境。（以上讲话来自武汉大学档案馆馆藏档案）

十六、李晓红校长

(一)个人履历

李 晓 红

武汉大学校长

2010.12—2016.11

李晓红，男，汉族，1959年6月出生，重庆合川人。1982年加入中国共产党。十一届全国政协委员。十二届全国人大代表。中共十八大代表。工学博士(中国重庆大学、美国加州大学伯克利分校联合培养)，教授、博士生导师，澳大利亚昆士兰大学荣誉教授，中国工程院院士。

历任重庆大学资源与环境学院院长、校长助理兼科研处处长、副校长，2003年1月任重庆大学校长，2004年7月明确为副部长级干部。2010年12月—2016年11月任武汉大学校长。2016年11月任教育部副部长。

他在武大任校长近6年，在学校党委的坚强领导下，与校领导班子精诚团结，带领武大人创造了一个又一个“奇迹”，学校进入历史上最好的发展时期之一。一是凝心聚力，营造良好氛围。他上任之时，正值学校面临发展困境，迫切需要全体武大人振作精神，克难奋进。他提出通过弘扬武大文化、振奋武大精神引领学校发展。2011年12月，学校一次新增5位院士。他号召大家：“团结起来，振兴武大。”“提振精气神，再攀新高峰。”他借学校120周年校庆，开展了大规模的武大精神讨论。二是瞄准一流，提升核心竞争力。他通过分析论证，提出学校新“三步走”战略，从提升学校在中国高等教育第一方阵中的位置，到综合实力跻身亚洲高校30强，再到力争进入世界高校200强，描绘出宏伟蓝图。为此，他确立“一手抓发展、一手抓民生，一手抓校内、一手抓校外”的思路。对外先后与国家部委、大型企业以及高校、科研机构、文化单位签署战略合作协议，推进协同创新与文化大繁荣大发展。多方筹集资金，学校财力倍增。对内不断推进综合改革，促进学科交叉融合，开展机构调整，深化学分制改革，完善科研激励机制，推进全员聘任工作等举措，不断缩小与世界顶尖大学的差距。

6年来，在他带领下，学校从学科建设到教学科研，从人才队伍到国际化办学，成绩不断涌现。2015年获得“全国文明单位”荣誉称号。2015年同时进入三大世界大学排行榜USNews、QS、泰晤士报高等教育400强，进入中国大学世界排名最高的“G9集团”；2016年跻身QS排名亚洲大学50强。进入ESI全球前1%的学科达14个，其中化学进入前1%并跻身世界百强；测绘科学与技术跻身世界一流学科。学校牵头的两个平台入选“2011协同创新中心”，诞生了杂交水稻国家重点实验室、国际法国家高端智库、全国重点马克思主义学院等一批“国字号”平台。参与合办昆山杜克大学，共建武汉大学—杜克大学研究院，全面打响国际品牌。诗琳通地球空间信息科学国际研究中心、30多项中法科研合作、4所孔子学院等，向世界展示武大，让武大走向世界。图书馆总馆、枫园教学楼、万林艺术博物馆、研究生教学科研大楼、文科综合大楼等建筑的完成或新建，校园又添无数新景。八一路地下通道、珞珈雅苑教工住宅等工程顺利实施，给师生带来福祉。①

他自1982年以来，一直从事水射流破碎煤岩技术及其在矿山安全与环境工程中应用的研究开发工作，建立了多相振荡射流及其破碎煤岩理论，创新性地研发出多相振荡射流抽采瓦斯技术和多相振荡射流破碎硬煤岩技术。先后主持国家杰出青年基金“固体磨料在自激振荡流中的混合机理及脉冲磨料水射流的研究”，以及国家自然科学基金重点基金等20余项国家及省部级项目的研究工作。

曾以第一获奖人身份获国家科技进步二等奖2项、三等奖1项，省部级科技

① 参见杨欣欣、陈丽霞、肖珊、付晓歌、严航：《珞珈晓来别样红——武汉大学六年发展回眸》，载《武汉大学报》第1410期。

进步奖 5 项、国际性学术奖 2 项。

(二)办学理念

2010 年 12 月 24 日李晓红就任学校校长，到 2016 年 11 月离任，6 年的时间里提出了许多办学理念。如“独特的文化和精神是一所大学的灵魂、大学的根”；“建设世界一流大学，必须有优秀的大学文化与精神”；“我们要推进世界一流大学和一流学科建设，要建设具有卓越精神的大学，要建设中国最美丽的大学”；“必须全力打造世界一流本科教育，必须培养一流的人才”；“武大就是要有大气魄、大视野、大胸怀、大贡献、大发展”；要把武汉大学办成一所“顶天立地”的大学；“学生是大学的立校之本，作为老师，关爱学生是天职”；“要一手抓发展，一手抓民生，让改革的红利惠及师生员工”等。

他在充分调研的基础上，经过认真的思考，提出了要将武汉大学办成一所“顶天立地”的大学，同时这一所大学要在“树木树人”上下工夫，要具有赶超世界的“国际视野”等理念值得重点一提。

1.“顶天立地”

2011 年 1 月，他在拜访湖北省委书记李鸿忠时谈了一个观点，就是武汉大学这所著名高校的使命应该是“顶天立地”。“顶天”就是实现武汉大学的办学目标：建设中国特色、世界一流、国际知名的高水平大学。学校要全面提升学科建设、人才培养、科学研究水平，而且要达到世界一流水平，是很难的，但我们可以在中国特色上多做点文章，让更多指标跻身世界一流。“立地”就是要为地方经济服务，要融入湖北省经济建设与社会发展，为湖北省的两型社会建设和城市圈发展做贡献。武汉大学要主动投入到湖北省和武汉市的建设，以服务地方为核心，建立融洽的校地关系。①

“顶天立地”这一战略目标能否实现？他对学校的现状进行了分析：从武汉

---

① 李晓红：《顶天立地，推动人文社科研究再上新台阶——在 2010 年人文社会科学研究工作总结大会上的讲话》，载《武汉大学报》第 1225 期。

大学的基本办学条件、国内大学排名、国际大学排名来看，并将耶鲁大学、南京大学、武汉大学进行对比分析。结果发现，武汉大学的差距主要体现在：第一，缺少具有世界重大影响的一流学科，2010 年进入 ESI 学科数 7 个，在国内处于第二梯队，但排位均较靠后；第二，原创性学术成果不足，诺贝尔奖等国际大奖、*Nature* 和 *Science* 论文、高被引论文科学家、国家三大奖一等奖等指标均为零；第三，领军、拔尖人才缺乏。院士、千人计划人数等，与排名前面的学校相比有差距。结论是：武汉大学是世界知名的国内一流大学，但与第一方阵学校有较大差距，离世界一流大学办学目标有很大距离。

虽然存在差距，但建设世界一流大学是有基础与希望的。他说，百年老校，基础雄厚，影响深远；合校 10 年，综合实力不断增强，为武汉大学进一步发展奠定了坚实基础。全国公认武汉大学本科教育属于一流，人文社会学科居于一流前列，自然科学特色与优势明显，争创一流学科潜力大、空间大。

如何建设世界一流大学？他提出了五点思考。

一要有“五大”精神：大气魄——目标一流，勇于超越；大视野——面向世界，放眼未来；大胸怀——团结奉献，人本和谐；大贡献——支撑发展，引领未来；大发展——提升实力，实现跨越。

二要坚持四项原则：坚持内涵发展、创新发展、特色发展、国际化发展。

三要实现跨越。打造世界一流的师资队伍——大师；培养世界一流的学生——杰出校友；构建若干世界一流的学科——20 个以上 ESI 学科；取得世界一流的科研成果——对国民经济发展或推动科技进步产生重大影响、三大奖一等奖、高水平论文；具有全球声誉与影响——办学国际化、师资国际化。

四要有战略步骤。到 2015 年，提升学校在中国高等教育第一方阵中的位置(现在是第 7~10 位)；到 2023 年，初步建成国内外知名高水平研究型大学，综合实力跻身亚洲高校前 30 强行列(现在是第 68 位)；到 2043 年，力争进入世界高校 200 强，在世界一流大学格局中占领一席之地，屹立于国际名校之林。

五要有发展规划。要根据发展目标，分别制定长远、中期和近期发展规划。①

---

① 李晓红：《在 2011 年工作研讨会上的讲话》，藏武汉大学档案馆，档号：5-201-2011-xz11-019。

推行“顶天立地”发展战略两年多来，学校呈现出欣欣向荣的景象。

在“顶天”的征程中，2011 年张俐娜、龚健雅、舒红兵当选为中国科学院院士，李晓红、李建成当选为中国工程院院士。与袁隆平院士合作共建的杂交水稻国家重点实验室成功获批。英国《泰晤士报高等教育副刊》发布的 2011—2012 年世界大学排名，学校进入世界大学 400 强。在 2013 年全国公布的学科排名中，学校的马克思主义理论、地球物理学、测绘科学与技术、图书情报与档案管理 4 个学科位列全国第 1 位。

在“立地”的远航中，以“扎根湖北、立足中原、面向全国，以贡献促贡献，以服务求支持”的思路，推行了“科教兴鄂”和“人才强省”战略。2011 年实施了科教兴鄂专项行动计划，开展自主创新领航、人力资源开发、高端智库锻造、区域协调发展促进、医疗卫生援助、新农村建设服务等行动计划。积极参与东湖自主创新示范区建设，目前已建成智能电网研究院、云计算研究中心，还组织、策划、参与了 12 个产业联盟。2012 年邹薇教授提出的湖北经济发展“黄金十年”的建议，被省政府采纳。

2.“树木树人”

2013 年 3 月 22 日，学校为迎接 120 年校庆，举行了校友林启动仪式，校长李晓红在仪式上首次阐述了“树木树人”活动的理念和意义。3 月 25 日，他又在珞珈山水 BBS 发表题为《树木树人　追逐梦想——办一个有特色的校庆》的帖子。他说：“校园环境是一所大学的学术、文化、制度等各方面的综合效应，对学生的心智和人格产生潜移默化、润物无声的濡染、滋养和陶冶作用。”“树木”和“树人”密不可分。

在这里，他谈到了“树木”的意义及与“树人”的关系。办大学，首先要有“大楼”，也就是办学的条件和保障。“树木”就是条件和保障建设中的一个组成部分。“树木”从 20 世纪 30 年代珞珈山新校区建设起就开始了，到目前为止已种植不下 60 万株树木，只不过这些树木多具有绿化校园的意义。这次“树木”活动更增添了无数的人文情怀。开展以“树木树人”为主题的活动，落脚点是传承爱校情结，弘扬校友文化，追逐美丽梦想。“我们希望通过这些活动，给历史留下一些记忆，给未来留下一些回忆。以此加深师生、校友对学校的感情，凝聚爱校兴校强校的力量，提升学校的整体育人水平和实力。”李晓红说。

随着校庆的日益临近，“树木”活动如火如荼地开展起来。3 月 22 日，校友林启动仪式举行，全体在校的校领导，地方校友会、企业家校友和老校友代表，师生代表近 200 人参加了植树活动。校友林栽种于新建成的校大门广场和八一路下穿隧道两侧及各学部选定的绿地广场，校友可选定树木认捐，可以选择纪念树认养，也可以直接捐赠树木。来自老校长故乡的咸宁市赠与武大 1 棵金桂和 2 棵银桂；昆山市人民政府向学校捐赠 200 万元，种植近百棵玉兰树；中国建筑第三工程局捐资 200 万元，在工学部一号楼前认捐了一片银杏林。

他说，“树木”是为了更好地“树人”。“建设最美丽的校园是一种责任，对于拔尖创新人才培养具有重要意义。”在这里，他不仅阐明了“树木”与“树人”的关系，而且指出了“树木”的意义——为了更好地培养拔尖创新人才。如何培养拔尖创新人才，他在《把牢质量生命线　致力培育拔尖创新人才》一文中指出：在我国教育事业从教育大国向教育强国、从人力资源大国向人力资源强国迈进的新的历史起点上，武汉大学的人才培养目标定位为：致力于培养具有国际竞争力的拔尖创新人才。如何培养拔尖创新人才呢？

一要树立正确的人才培养理念，做好组织规划和顶层设计。要遵循教育教学规律和拔尖人才成长成才规律，因材施教，既借鉴已有先进经验，又发挥武汉大学的多学科综合性大学的特色，探索创新拔尖学生培养模式。

二要探索拔尖创新人才培养模式。要优化课程体系。要因材施教，实行个性化教学模式，营造有利于个性化培养的氛围与环境。要加强国际合作培养。要强化创新实验能力。

三要优化师资等资源配置。由德才兼备的教授组成基础课程教师团队，注重学科兼备，保证教学型和研究型、理论型和实践型、基础研究型和应用研究型齐全。

四要坚持开放办学，加快推动高等教育国际化进程。必须立足于教育国际化内涵式发展，实现国际教育本土化，通过引进世界一流大学的教学理念、课程体系、教学方法、教学管理、优质教材、优秀教师等教育教学资源，将先进的教学思想、管理理念、管理模式和办学经验内化、固化在人才培养的全过程和教学管理的各个层面。

五要坚持科学管理，积极推进人才培养体制和机制改革。改革体制和机制，首先需要更新学术观，改革评价机制，处理人才培养与科学研究、社会服务等关系。其次，进一步加强制度创新，保障和推动拔尖创新人才培养工作。最后，倡导创新环境和文化氛围的营造。① (本部分参见骆郁廷主编的《流风甚美——武汉大学文化研究》一书第二章，武汉大学出版社 2013 年版)

3. 国际视野

建设世界一流大学，必须具有国际视野，这是李校长执掌武大以来一直十分重视的一项工作，也是其办学理念中的一项重要内容。

2010 年，他在人文社会科学研究工作总结大会上指出，“顶天”就是实现武汉大学的办学目标：建设中国特色、世界一流、国际知名的高水平大学，要让更多指标跻身世界一流，② 提出了学校要有国际视野的设思。2011 年，在全校的工作研讨会上，他作了《认清形势、明确任务、凝聚人心、争创一流——在 2011 年工作研讨会上的讲话(摘要)》的报告，进一步阐明了学校应该具有国际视野的一些思想。通过对比分析，他认为武汉大学缺少具有世界重大影响的一流学科，原创性学术成果不足，领军、拔尖人才缺乏，离世界一流大学办学目标有很大距离。但又认为，建设世界一流大学，有基础和希望。百年老校，基础雄厚；合校 10 年，综合实力不断增强；全国公认的一流本科教育、人文社会学科居于一流、自然科学特色优势明显等。因此，他提出要有大气魄、大视野、大胸怀、大贡献、大发展的“五大”精神来建设世界一流大学。

作为他国际视野思想落实的一个重要项目，武大与美国杜克大学合办的昆山杜克大学(筹)2012 年 12 月正式挂牌。他在挂牌仪式上作了《兼容并蓄，大道致远——武汉大学以高层次国际合作开拓发展新空间》的讲话，再次深入阐述了国际视野的一些内涵。他说，当今时代，扩大教育开放成为世界各国提升教育水平、增进文化交流的战略选择。武汉大学应该主动适应经济社会对外开放的时代

---

① 李晓红：《把牢质量生命线　致力培育拔尖创新人才》，载《中国高等教育》2011 年第 19 期，第 5~7 页。

② 《顶天立地，推动人文社科研究再上新台阶——在 2010 年人文社会科学研究工作总结大会上的讲话》，载《武汉大学报》第 1225 期。

要求，以全球化的办学视野和国际化的发展战略，加快推进中国特色，世界一流大学建设，通过加强高层次国际合作开拓发展新空间，不断提升核心竞争力和国际影响力。

在如何建设上，他说，一要把传统办学优势与当今世界现代大学先进办学理念结合起来。要把握世界高等教育发展潮流、内在规律与竞争格局，正确处理本土化与国际化、办学特色与国际标准的关系，把国际化办学作为一项发展战略，推动从“礼节性交往”向“实质性合作”、从“知识输入”向“互利共赢”、从“交流”向“交融”转变，以海纳百川的胸怀和兼容并蓄的态度，学习借鉴世界一流大学的先进办学理念、成功办学模式和有效管理经验，努力走出一条既具有中国大学特色，又吸纳有世界大学精髓的发展之路。二要善于吸纳国内外优质教育资源推进学校内涵建设与质量提升。要面向全球，实行对外开放，善于引进和运用国内外各种优质教育资源，加快自身发展。三要借助国际合作大平台增强学校参与世界高等教育竞争的能力。在经济全球化时代，人类社会面临许多共同、重大、复杂的科学问题，需要世界各国科学家、不同高校加强学术交流、开展协同创新。学校要敏锐地感知并占据世界科学前沿，提升自主创新能力。四要通过畅通“国际直航”，支持学者自信地走向国际学术舞台中心。他说，一所大学的国际影响力，根本上取决于其学者的国际参与度和学术的国际影响力。武汉大学要努力创造条件，采取多种措施走出国门，到世界顶尖大学或一流科研机构研修、访问或攻读学位，参加国际学术会议或加入国际性学术学者组织。五要按照“国际标准”，为实现“中国梦”培养大批拔尖创新人才。他说，培养一大批具有国际视野、通晓国际规则、能够参与国际事务和国际竞争的拔尖创新人才，其先决条件之一是广泛而活跃的国际教育环境。

在其思想指导下，近几年来，学校积极拓展国际交流与合作的工作内涵。通过参与实施“千人计划”，引进“诺贝尔奖”获得者、外国科学院院士等外籍专家来校任教。通过全球招聘具有国际视野和卓越领导才能的学院院长，推动学校内部深层次改革与发展创新。与一批国际学术组织、著名大学和科研机构共同组建了“环境与健康国际合作中心”、“中美联合交通研究中心”、“海外留学人员开放实验室”、“图书情报学国际合作研究院”、“中法肝胆疾病研究院”等高层次合作大平台。李德仁、舒红兵、刘耀林等一批专家学者走上国际学术舞台，担任国际学术组织负责人、国际学术刊物主编和编委。在学生培养方面，学校携手世界名校联袂打造“尖子生”，先后与美国、法国、德国、澳大利亚等国家的著名高等教育机构联合开设 30 多个中外联合培养项目，每年向 60 多所世界一流大学选派交流生。

这一系列的举措，使武大的国际地位不断攀升。正如他在 2015 年新年献辞中所说的，武大人用心血和汗水铸就了学校新的辉煌，在全球三大权威大学排行榜 QS、THE、US. news 中，武大国际综合排名均进入 400 强；在 *Nature* 首次发布的体现研究水平的“自然指数”排名中，武大位列全球第 105 位。这也是“国际视野”理念指导下结出的硕果。

(三)讲话选录

1. 做顶天立地的武大人

——2012 年 9 月 6 日在武汉大学 2012 级新生开学典礼上的讲话(选录)

第一，做一个心胸宽阔、昂扬向上的武大人。同学们在学校要独立面对生活中的酸甜苦辣，心智的成熟、身心的健康，积极的心态、坚强的意志，是学习生活的必备素质。2 个多月前，也是在这里，我在 2012 届毕业典礼上，将我留学时一位 80 多岁美国老人送给我的话转赠给了毕业生，就是，“要永远对自己说，Today is a good day(今天是个美好的日子)”。今天我把这句话也转赠给你们，希望大家用积极的心态点亮自己的未来！人们常说：心态决定行动和际遇。我们不能改变压力，但能改变对待压力的态度；我们不能消灭压力，但可以教会自己去享受它。不管遇到多大的风浪，不管遭受何等的困厄，都要坚定地昂首前行。你们的学长——计算机学院的张五州，家境贫寒，靠奖学金和兼职维持生活，进校后屡屡碰壁，因各种原因，先后被院学生会、校学生会和多个社团拒绝加入，为此还大病 2 个月，但他坚持勤奋学习，连续多个学期综合成绩年级第一，多次获得各种奖学金，并获得全国信息安全大赛二等奖、全国大学生数学建模竞赛湖北省一等奖，毕业时拿到世界一流大学——美国杜克大学的全额奖学金继续深造，他昂首走出去了。自强弘毅、坚忍不拔，这就是武大人的精神品格！

第二，做一个追求真知、求是拓新的武大人。英国哲学家怀特海曾经这样诠释教育：教育就是把课堂上学的内容、考场上考的内容都忘掉后剩下来的东西。在我看来，那“剩下来的东西”不仅是一种思考的习惯、一种智慧的眼光，更是一种创新的精神。武大人历来不乏这种创新的精神，它不仅在李国平院士、高尚荫院士、谢鉴衡院士、王之卓院士、吴于廑教授、韩德培教授等大批武大学术大师身上得到体现，而且在创下诸多“中国第一”的武大校友身上也得到体现：第一座核电站的总设计师欧阳予，第一台联合收割机的设计者马骥，第一位卫星测轨专家周炜，第一台大型电子计算机的技术总负责人张效祥，第一家民营保险公司泰康人寿的创立者陈东升，他们都是以“武大人”这个光荣的称谓创造了奇迹。今日的武大，有鼓励“创造、创新、创业”的良好氛围，有学分制、主辅修制、双学位制等自主学习的弹性机制，有“弘毅学堂”、各类基地班与实验班等培育拔尖人才的肥沃土壤。我希望同学们，在严谨为学、追求真知的同时，勤于独立思考、敢于打破常规、勇于质疑定论和超越前人，为未来积蓄守正出新的力量。把专业做到一流境界，把创新做到国际水准，这就是武大人的学业水平！

第三，做一个情趣广泛、智慧博雅的武大人。大学不仅是知识的传授，更是一种精神与文化的传承；正如孔子所言“君子博学于文，约之以礼”，大学所培养的“人”，不仅仅是一个“职业人”，更应该是一个全面发展的人、一个人格完善的人、一个智慧博雅的人。武汉大学从建校之初就强调综合性，大校门背面刻下的“文法理工农医”六个字就是老一辈武大人对学科综合发展追求的见证。我希望同学们在大学的殿堂里广泛涉猎，触类旁通，兼具人文情怀与科学素养，常怀独立之精神与自由之思想，文理工医交叉融合，德智体美全面发展。人文爱乐合唱团是一个学生自发组织的业余社团，却多次获得国际合唱比赛金奖；文学院的袁文魁、资源与环境科学学院的王峰发起成立记忆协会，频频夺得“世界记忆大师”称号；以陈铭为代表的辩手，延续了武大在国际大学辩论赛中的辉煌，武大学生辩论队已在国际上成为一张响亮的名片。把业余做到专业水平，把兴趣做成高端事业，中西融汇、古今贯通，这就是武大人的情怀与博雅精神！

第四，做一个眺望世界、敢于担当的武大人。怀特海曾经说过“在中学阶段，学生是伏案学习；在大学阶段，他需要站起来四面瞭望”。大学不是与世隔绝的象牙塔，社会发展、时代进步的每一次脉动都在这里留下了回响。我希望，作为社会精英的武大人，应该放眼世界，先天下之忧而忧，后天下之乐而乐，置身社会，敢于担当，乐于奉献，勇于承担社会责任。武大学子已经用切实的行动诠释着对世界的关爱、责任与担当：新闻与传播学院的李可欣，休学一年，到山区陪伴留守儿童，与孩子们同吃同住，一起爬山下田，引导他们学习、做家务，在留守儿童心中种下金色的太阳；由学生志愿者组成的“梦想花开”团队，到边远贫困地区用富有创意的场景布置建造“魔法教室”，为大山里的孩子打开智慧文明之窗。站起来眺望世界吧，武大人！目光再远大些，胸怀再广阔些，你们的忧患与责任、你们的学识与智慧、你们的激情与行动正是应对未来挑战的力量！用知识奉献社会，关爱民众，兼济天下，这就是武大人的高尚品德！

2. 顶天立地，开创未来——在武汉大学120周年校庆典礼上的讲话(选录)(2013年11月29日)

我们梦想的武大，是一个水平一流的武大。其综合实力和核心竞争力跻身世界强校之林，她将在服务国家战略、引领社会发展、创新人类文明的历史进程中，具有更大的担当、作出更大的贡献、产生更深远的影响。

我们梦想的武大，是一个环境优美的武大。其山水与建筑交相辉映，科学与人文完美融合，她将是“美丽中国”的首善之区和世界最美的大学之一，是大师汇聚和学子向往的神圣殿堂，是探究真理的理想之地，是拔尖人才成长的沃土。

我们梦想的武大，是一个精神卓越的武大。她始终坚守大学本质，始终充当引领人类文明与社会进步的灯塔，持之以恒地追求至真、至善、至美，并与时俱进、顶天立地、不断超越！

但无可讳言，我们也绝不回避，今日的武大距离这一梦想还有不小的差距，许多深层次问题还需要我们深刻反思。

我们要反思，如何坚守和履行好大学的根本使命。我们在为大学如今的地位和作用感到欣慰的同时，不得不为大学的功利化倾向感到忧虑。大学的根本使命是什么？是培养人才！但至今我们还没有完全形成研究型大学四大功能相互促进、共同服务于人才培养的有效机制。

我们要反思，如何保持和彰显自己的特色。当前我国正在推进从高等教育大国向高等教育强国转变，我们不得不为中国大学的“同质化”倾向感到担心。如何固守住武大特有的禀赋？这需要我们在深刻把握武大百年文化传统的基础上，做好特色的凝练与彰显。

我们要反思，如何构建充满生机活力的现代大学制度。当前中国大学冲击世界一流水平，缺乏的不是硬件，而是一流的管理。我们现行治理结构是否充分体现了以学生全面发展为中心、以学术自由发展为宗旨的核心理念？现行体制机制是否有助于提升学校的国际竞争力？这需要我们努力构建一套充满生机活力的现代大学制度体系。

我们要反思，如何在文化传承中实现新的超越。在武大的文化“基因”里，我们在提倡批判和质疑的同时，是否应该多一些理解与包容？我们在支持独立与自由的同时，是否应该增强团队与协同的力量？我们在争论或清议的过程中，是否更应该加快实干的步伐？

3. 2014年新年贺词(选录)(2014年1月1日)

回首2013，我们以内涵发展夯实办学基础。学校4个学科在教育部评估中位列全国第一，11个学科进入ESI世界排名前1%，学科整体实力不断攀升；合校以来首次斩获国家科技进步特等奖，北斗卫星和杂交水稻研究受到习近平总书记高度肯定，科技创新能力不断增强；教育部人文社科成果获奖数我校位列全国第二，向政府提交的咨询报告和被采纳数在全国高校中均排名第一，武大人文社科继续保持三甲地位，并成为国家“新型智库”的重要力量；武大学子在国内外大赛中屡获殊荣，“三创”教育成效显著。

回首2013，我们以综合改革激发办学活力。学校以协同创新平台建设为契机，深入推进人才制度、科研体制、资源配置等综合改革，办学效能得到有效激发；通过本科生院等机构调整带动教育教学改革，人才培养体制继续优化；通过扩大院系办学自主权，基层办学活力继续增强；学校首开学生和教职工两个“一站式”服务，拓展了改善民生的新途径和服务师生的新方式。

回首2013，我们以百廿华诞凝聚发展共识。学校一改传统的校庆形式，成功举办了具有鲜明武大特色的学术校庆、文化校庆、师生校友互动的校庆，不仅彰显了办学成就，还对未来发展进行了深刻反思，“武大梦”和“武大精神”激励师生员工凝心聚力、奋发图强，一股强大精神动力充盈在每个武大人的心间，学校呈现蓬勃的发展态势，社会声誉进一步提升。

回首2013，我们以第八次党代会谋划未来。学校通过召开党代会全面总结经验，认真分析形势，进一步明确了实现“武大梦”的实施路径，做出了今后5年改革发展的重大部署，团结向上的气场不断增强，共谋发展的信心更加强大。

回首2013，我们以前所未有的力度改善办学条件。学校积极争取“外援”，中央、地方政府对学校的支持力度加大，广大校友回馈母校的热情空前高涨；校园综合治理取得明显成效，文物建筑修缮完成阶段性目标，“树木树人”活动蓬勃开展，“美丽武大”再着新装；一批教学楼和学生公寓落成，校史馆和“十八栋”历史文化基地建成，艺术博物馆封顶，办学条件进一步改善；校大门牌坊和汉林广场延续历史文脉，八一路下穿通道如期完工，长期以来因校区分割带来的困扰得到彻底解决。

憧憬2014，我们要优化内部结构，合理配置教育资源。我们将按照世界一流大学的架构加强顶层设计、统筹谋划，对学科结构、院系结构、人才培养结构进行优化调整，通过整合资源、强化优势，推进国际高水平学科建设和拔尖创新人才培养。

憧憬2014，我们要转变教育方式，主动适应外部环境变化。我们要勇敢迎接新一代信息技术对传统大学教育教学方式带来的巨大冲击，打破校园围墙壁垒；我们要热烈拥抱教育国际化给大学带来的开放机遇，为培养具有国际竞争力的拔尖人才开创新篇章。

憧憬2014，我们要深化综合改革，推进现代大学制度建设。我们将大力推进教学、科研、人事、分配等制度改革，让办学活力竞相迸发；我们将以大学章程出台为契机，进一步完善中国特色现代大学制度体系。

憧憬2014，我们要发展卓越文化，以先进思想引领改革创新。我们要传承武大精神、弘扬武大文化、彰显武大特色，将先进的办学理念与武大特有的禀赋交融交汇，潜心铸就武大之魂，用先进的思想文化引领改革发展。

4. 在2014年教师节庆祝大会上的讲话(选录)(2014年9月12日)

今年是第30个教师节，我自己也正好从教30年。作为一名教师，30年来，我见证了国家改革开放带来的翻天覆地的变化，特别是见证了中国高等教育从弱变强的不平凡历程。在这个伟大的历史进程中，教师无疑作出了巨大贡献。所以，今天我有两点感触尤为深刻：

一是为师之骄，是作为一名教师的崇高荣誉感。看着一拨又一拨年轻学子在自己的目光中成长，看着一代又一代优秀人才从自己的身边走出，对每一位教师来说，都是最大的自豪。作为老师，能够用自己的理想和学识帮助学生实现梦想，并融汇到国家民族的伟大梦想之中，这更是莫大的荣耀！

二是为师之责，是作为一名教师的神圣使命感和高度责任感。怎样才能成为好老师？正如习总书记所说，做好老师，要有理想信念，有道德情操，有扎实学识，有仁爱之心。要成为一名符合党和人民要求、学生喜欢和敬佩的好老师，就要言传身教，用师德和学识为后学树立榜样。

武汉大学有着尊师重教的优良传统，近年来，通过深化改革和队伍建设，学校人才培养工作取得了显著成绩，如在今年的国家级教学成果奖的评审中，学校分别荣获 3 项一等奖和 5 项二等奖，在全国高校中名列前茅。这些成绩彰显着学校的声誉和影响力，可以说，武汉大学的教育教学在全国高校具有越来越显著的引领作用和示范效果。

党的十八大报告强调：要把“立德树人”作为教育的根本任务。借此机会，我想用三个词与大家共勉。

一是“厚德”。“师也者，教之以事而喻诸德者也。”教师的第一职责是“传道”，坚定理想信念、涵养为师之德，向学生传递正确的人生观、世界观和价值观。同时，要把自己的温暖和情感倾注到学生身上，用欣赏增强学生的信心，用信任树立学生的自尊。

二是“博学”。教师的本职是“授业解惑”。老师自古就被称为“智者”，扎实的知识功底、过硬的教学能力、勤勉的教学态度、科学的教学方法是老师的基本素质，其中知识是根本基础。不仅要有胜任教学的专业知识，还要有广博的通用知识和宽阔的胸怀视野，既授人以鱼，又授人以渔，在各个方面给学生以帮助和指导。所以，教师自身也必须始终处于学习状态，站在学术前沿，严谨笃学，不断提高自己。

武汉大学有一批具有大家风范的学者，是产生博学鸿儒的神圣殿堂。希望广大教师尤其是青年教师，学习老一辈学者“板凳甘坐十年冷，文章不写一句空”

的精神，不断产生有分量、有影响力的教学科研成果。

三是“筑梦”。“善之本在教，教之本在师。”一流的师资是一流大学的根本保证，是支撑世界一流大学建设的基石。当前，武汉大学正如火如荼地参与“高等学校争创世界一流大学行动”，建设世界一流大学的过程，就是不断汇聚并培养一流学者和优秀学生，共同努力、创造辉煌的过程。

5. 校长说校训：励学敦行　明志致远(选录)(2014年10月15日)

振叶以寻根，观澜而索源。从建校早期的“朴诚勇”，到国立武汉大学时期的“明诚弘毅”，再到今天的“自强、弘毅、求是、拓新”，武大校训既一脉相承也与时俱进，凝练和承载着这所大学丰赡、厚重的精神内涵，成为学校宝贵的精神财富和育人资源。

武大校训蕴含着匡时济世、艰苦卓绝的“自强”精神。“天行健，君子以自强不息。”晚清重臣张之洞创办武大前身——“自强学堂”的良苦用心就在于“自强之道，以教育人才为先”。自那时起，武大就走上了革故鼎新、自强图存的发展之路。百余年来，“自强”精神已经成为武大人不断汲取前行动力的源头活水。武大师生也自觉将自身发展与国家民族命运系于一体，在辛亥革命、中共建党、抗日战争、新中国成立，乃至改革开放等重大历史事件中，都留下了武大人深刻的烙印。

武大校训蕴含着坚韧刚毅、志向超迈的“弘毅”精神。“士不可以不弘毅，任重而道远。”曾任武大教务长的朱光潜教授提出，武大培养人才应“养成宏毅豁达的胸襟气宇”。武大的先贤们也正是以这样的气魄，于20世纪30年代在武昌城郊的珞珈山披荆斩棘，奇迹般建造起中西合璧、气势恢宏的建筑群落。武大历任校长都强调学校要担当起国家和社会宏大使命，应“造成华夏隽才”，以求“学盛国斯强”“继起文化中心的责任”“图谋民族之复兴”，办一所“顶天立地”的世界一流大学。对师生而言，堪当大任就须“弘毅”。武大人一直就具有这种精神。抗战时期，学校西迁乐山，武大学子置个人生死于度外，冒着敌机的轰炸便迅速奔走施救，叶圣陶先生见此情景由衷感叹道：“教育奏效，青年有为，舍己为群，何事不成!”

武大校训蕴含着朴实勤严、追求真理的“求是”精神。“修学好古，实事求是。”追求真理，崇尚学术，体现在科学上追求至真，道德上追求至善的统一。这也是百余年来武大人持之以恒所尊崇的学术品格。黄侃先生训诂治学的严谨，李达老校长对主观唯心论和“顶峰论”的无畏抵制，查全性院士对恢复高考制度的大声疾呼等等，无不体现了武大学人独立思考、献身科学的学术精神。

武大校训蕴含着锐意进取、勇创一流的“拓新”精神。“苟日新，日日新。”百年武大有着“敢为天下先”的美誉。自强学堂开创自然科学专门教育，即领当时教育风气之先。武大也是全国大学中最早实行学分制和招收女生的高等学校之一。改革开放初期，学校顺应时代潮流和国家社会的需要，致力于教育教学的探索和创新，被誉为中国高等教育改革的“特区”。如今，武汉大学实施“三创教育”，创设“弘毅学堂”，在培养创新型拔尖人才上不断赢得美誉。

武大校训植根于中国优秀传统文化的土壤和百余年的办学实践之中。站在新的历史起点上，着眼于建设水平一流、精神卓越的武大，我们要进一步讲好校训故事，生动传递校训精神，使其所蕴含的丰富人文内涵和深邃价值意蕴成为涵养社会主义核心价值观的重要资源，在坚守大学之道中不断彰显大学的责任担当与经邦济世情怀。（来源：《人民日报》）

主要参考文献

1. 王冀生著:《大学理念在中国》,高等教育出版社 2007 年版。

2. 刘道玉等著:《高等教育改革的理论与实践》,武汉大学出版社 1985 年版。

3. 刘道玉著:《创造教育新论》(第二版),武汉大学出版社 2009 年版。

4. 刘道玉著:《创造教育概论》(第三版),武汉大学出版社 2009 年版。

5. 刘道玉著:《创造:一流大学之魂》,武汉大学出版社 2009 年版。

6. 刘道玉著:《一个大学校长的自白》,长江文艺出版社 2005 年版。

7. 顾海良主编:《新时期我国学位与研究生教育改革的理论与实践》,武汉大学出版社 2009 年版。

8. 骆郁廷、谢红星主编:《大学文化与档案建设》,长江文艺出版社 2013 年版。

9. 骆郁廷主编:《流风甚美——武汉大学文化研究》,武汉大学出版社 2013 年版。

10. 武汉大学年鉴编撰委员会编:《武汉大学年鉴(2010)》,武汉大学出版社 2012 年版。

11. 郑登云编著:《中国高等教育史》上册,华东师范大学出版社 1994 年版。

12. 余立主编:《中国高等教育史》下册,华东师范大学出版社 1994 年版。

13. 宋秋蓉著:《近代中国私立大学研究》,天津人民出版社 2003 年版。

14. 吴贻谷主编:《武汉大学校史》(1893—1993),武汉大学出版社 1993 年版。

15. 谢红星主编:《武汉大学校史新编》(1893—2013),武汉大学出版社

2013 年版。

16. 武汉大学百年校庆办公室编：《百年树人、百年辉煌——武汉大学百年校庆记盛》，武汉大学出版社 1994 年版。

17. 徐正榜、陈协强主编：《名人名师武汉大学演讲录》，武汉大学出版社 2003 年版。

18. 王运来主编：《道与术——中国著名大学校长的办学理念与治校方略》，南京大学出版社 2014 年版。

19. 韩延明著：《大学理念论纲》，人民教育出版社 2003 年版。

20. 眭依凡著：《大学校长的教育理念与治校》，人民教育出版社 2001 年版。

21. 程斯辉主编：《新中国著名大学校长(1949—1983)》，湖北人民出版社 2007 年版。

22. 程斯辉著：《近代中国大学校长研究》，人民教育出版社 2010 年版。

23. 谢红星主编：《武汉大学历史人物选录》，崇文书局 2012 年版。

24. 王杰著：《中外大学史教程》，天津大学出版社 2008 年版。

25. 薛毅著：《王世杰传》，武汉大学出版社 2010 年版。

26. 周叶中、涂上飙编著：《武汉大学研究生教育发展史》，武汉大学出版社 2006 年版。

27. 涂上飙主编：《乐山时期的武汉大学》，长江文艺出版社 2009 年版。

28. 涂上飙著：《民国时期的研究生教育发展史》，湖北美术出版社 2014 年版。

29. 涂上飙主编：《武汉大学历史探究(第一辑)》，湖北美术出版社 2014 年版。

30. 涂上飙编著：《国立武汉大学初创十年(1928—1938)》，长江出版社、湖大书局 2015 年版。

31. 涂上飙著：《武汉大学史话》，社会科学文献出版社 2016 年版。

32. 涂上飙、刘昕著：《抗战烽火中的武汉大学》，河南大学出版社 2015 年版。

33. 武汉大学档案馆馆藏部分档案。

后　记

大学之“大”，一要有大楼、二要有大师、三要有大学理念。可见，大学校长的办学理念对大学发展的重要性。为使学校的广大师生员工对历届校长的办学思想有一个基本了解，以进一步推进大学的“双一流”建设，我们试着对学校校长的办学理念作了一些最粗浅的归纳分析。如他们关于大学的目的、使命、功能的阐述，关于大学内部、外部关系的认识，关于大学内部结构的构建，关于大学人才培养、科学研究、社会服务及文化传承创新的应有理念，关于大学的国际视野及未来发展的思考等。

受资料和理论水平的局限，有以下几点要作特别的说明：

一是没有收录所有对象。书中之所以选取13位校长进行研究，主要是他们治校时间相对较长，留下的档案材料相对丰富。李达、王星拱两位治校时间分别达13年、12年，虽然年代比较久远，但还是有不少档案材料留存下来了。改革开放以后的校长，档案材料相对较多，因此都收录了。

二是没有穷尽所有材料。尽管13位校长的材料相对较多，但受多种因素的影响，书中不可能穷尽校长们全部所讲所谈的内容。因此，书中所谈校长的办学理念应该是粗浅而不全面的。

三是没有收录合并学校的校长。2000年合并进来的武汉水利电力大学、武汉测绘科技大学和湖北医科大学，因档案材料的整理鉴别吸收消化还需时日，为避免出现差错，本书没有收录。

谈大学理念，应该具有丰富的高等教育实践及深厚的文化理论功底。实践的欠缺和理论的不足都可能导致研究结论和研究深度的局限。因此，书中不足乃至错误在所难免，敬请各位方家批评指正。

著者

2016 年 12 月 21 日